小学数学
合作学习进行时

编 著：朱凤书　常秀杰　王长弟　侯晓梅
　　　　罗长红　张殿军　李　勇　李艳辉
顾 问：张建芬　温思涵

开明出版社

图书在版编目（CIP）数据

小学数学合作学习进行时 / 朱凤书，常秀杰等著.
—北京：开明出版社，2015.10
ISBN 978-7-5131-2248-1

Ⅰ. ①小… Ⅱ. ①朱… ②常… Ⅲ. ①小学数学课－
教学研究 Ⅳ. ①G623. 502

中国版本图书馆 CIP 数据核字（2015）第 225501 号

责任编辑：王　拓
封面设计：王　月

书名：小学数学合作学习进行时
作者：朱凤书　常秀杰　等
出版：开明出版社（北京海淀区西三环北路 25 号　邮编 100089）
经销：全国新华书店
印刷：保定市中画美凯印刷有限公司
开本：787×1092　1/16
印张：18
字数：286 千字
版次：2015 年 10 月第 1 版
印次：2015 年 10 月第 1 次印刷
定价：38.00 元

前　言

　　合作学习研究从 20 世纪 70 年代开始之后得到迅速发展，研究的队伍也不断地壮大，目前已辐射至世界大多数国家，美国、英国、澳大利亚、德国、芬兰、日本和中国等国家形成一股教学变革的潮流。合作学习教育思想在 2001 年美国 12 项最新教育研究中，被视为当代最广泛推广的教学改革。

　　2001 年教育部颁发的《基础教育课程改革纲要（试行）》提出新课程改革目标之一是：改变课程实施过于强调接受学习、死记硬背、机械训练的现状，倡导学生主动参与、乐于探究、勤于动手，培养学生搜集和处理信息的能力、获取新知识的能力、分析和解决问题的能力以及交流与合作的能力。这也是在全国中小学校逐步推行的素质教育所坚持的理念。从此，全国开始大力推动合作学习，我国成为少数以政策法规推动合作学习实施的国家之一，使得合作学习研究更向前一步推进。

　　我校从 2012 年开始关注合作学习的教学实践研究。在我们教学变革前，我们对课堂进行预研究，研究发现，当前我们的教学仍然是以教师为中心的师问生答教学模式来开展，教师更多考虑的是教什么学科知识。甚至有的教师由于担心自己不讲，学生就学不会，课堂上就采取"一言堂"，从头讲到尾。因此，教师已经习惯作为"知识权威"，作为"课堂上的主角"，忽略学生作为学习者的主体作用。

联合国教科文组织国际 21 世纪教育委员会的报告《学习：内在的财富》提出 21 世纪教育的四大支柱：学会认知、学会做事、学会共同生活和学会生存。其中心思想主要是体现合作精神和学会学习。因此，基于未来社会对人的要求——学会合作和学习，我们认为，学习本身追求的不仅是高分，更重要的是学习的过程中，孩子们能发现自己的特点，懂得如何交流，这是小组合作学习可以做到的。通过合作学习孩子还可以培养元认知的能力，因为合作中孩子也会作一些反思，反思促进了孩子的元认知发展。合作学习教学理念以合作为主要核心，可以帮助学生学会学习，提高学生元认知发展的能力。课堂应该是为了学生学习而设计，它不是教师展现自我的舞台，而应该是学生展现自我的舞台。在瞬息万变的时代里，我们不能等我们的学生全副武装起来后才发现要面对的世界已经完全不同。

虽然已进入新时代，随着教育改革的推进和教育政策的调整，国内中小学教师已经开始在教学工作中使用合作学习。但大部分的合作学习课堂主要体现在形式上的讨论，"真实"的合作学习课堂很少出现在教学过程中，造成"换汤不换药"的状况。例如，大家都在追求一些可见的形式：小组讨论、小组汇报、课桌椅改变为"圆桌会议式"。教师虽然以合作的名义进行教学，但实际是学生与学生之间的假合作，学生与教师之间的不合作（刘玉静，2006），结果是"穿新鞋，走老路"，依旧强调以教师为中心的灌输性教学。

为了解决以上问题，我们在 2013 年 2 月决定以合作学习教学的行动研究作为我们课堂教学变革的主题。教育变革的首要主体是教师。在变革蓝图理念与真正落地实施之间，教师扮演着重要的角色——教师是变革的行动者，教师是教育变革的重要力量之一，也是变革的主角。教育变革成败取决于教师的所思所为，事实就是如此简单，也是如此复杂。因此，我们在 2013 年 2 月邀请北京大学陈向明教授在我校进行参与式体验培训，以及温思涵博士的合作学习教学理论培训。在科研之上，我们为理论和实践搭上一座桥，有了这一座桥，我们可以通过每天在课堂的实践和行动来理解合作学习的理论之间的联系。

为了使合作学习的理念能够在数学课堂上萌芽、成长、结果，我们采取了行动研究的研究方法，以"问题—策略—结果"的循环使用方式，环绕合作学习活动来设计，我们的选题从认真审视自身课堂和合作学习教学中的问题开始，通过分析产生问题的原因，积极探索解决问题的策略。

我们基于以下四个问题而展开行动研究：

问题一：教师在实施合作学习教学时，怎样促进小组之间的建设和管理？

问题二：基于合作学习的数学课堂有什么样的教学模式？

问题三：基于合作学习的数学课堂下，教师怎么设计教学活动？（教师会遇上什么样的问题，以及有什么样的解决策略？）

问题四：在合作学习课堂上，教师应该如何进行干预和指导？

本书的结构共分为三大部分：第一部分是"从理论到实践"；第二部分是"实践中的问题与对策"；第三部分是"现场专家点评及媒体报道"。

第一部分共有七章。

第一章是导言，说明了我们是怎么开展合作学习教学的、为什么我们要开展合作学习教学，以及我们的研究方法的选择。

第二章主要是介绍合作学习的理论和相关研究。

第三章主要是提供与合作学习教学相关的学习内容，因为合作学习教学是需要了解学生是如何学习和学生的学习特质。我们需要理解不同认知风格和学习风格之间的重要差异，为教师提供一些建议，帮助他们调整自己的教学以适应不同风格的学生，达到发展学生合作学习能力和个性化教育的目的。

第四章我们主要回答研究问题一：教师在实施合作学习教学时，怎样促进小组之间的建设和管理？我们要从三大方面来讨论合作学习的课堂规则的建立和管理：一是课堂文化的重建；二是学习小组组建；三是创设小组交流的空间。课堂文化的重建主要有五大点：一是在小组合作学习中，组员之间形成了相互依赖、相互促进的原则；二是在小组合作学习中，学生体会到过程比结果重要；三是在小组合作学习中，学生体会到真实比正确重要；四是在小组合作学习中，学生体会到进步比优秀重要；五是在小组合作中，学生真正体会到我是课堂的主人。合作学习教学中的小组建设才刚刚开始，在每日的课堂当中，由于教师的个性和学生的不同，同一种教学方式不同人使用就会发现不同问题，因此，我们在实践策略篇，提供了 13 个关于小组建设的问题和解决策略。

通过实践和研究，我们在第五章回答了研究问题二：基于合作学习的数学课堂有什么样的教学模式？基于合作学习教学设计理论，我们经历了对"教"与"学"的关系思考，提出了基于合作学习的数学课堂教学模式和流程，以及回答了研究问题四——在合作学习课堂上，教师应该如何进行干预和指导。我们提出本土化的合作学习教学结构模式五大步骤：一是引入环节；二是独立思考环节；三是小组交流；四是全班分享；五是课堂反思。这些均能有效地帮助教师开展合作学习，同时有效地培养学生自主学习和合作交流的能力。但是，合作学习课堂实施中，我们会遇到不少问题。因此，我们将实践中常遇到的问题进行了收集整理，在实践策略篇中的问题 37～44 的 8 个问题，以案例的形式逐一分享我们的问题解决策略。

第六章主要回答了研究问题三：基于合作学习的数学课堂下，教师怎么设计教学活动？研究使我们对合作学习课堂活动设计中的设计要素、教学情境、发散思维、数学价值、学生能力培养等五方面进行再次思考和研究实践。以上这些思考点，使得教学活动的设计在课堂开展中充分揭示数学本质，建立以学生的主体性发展为核心的课堂奠定基础。使学生在课堂上不但要获得人类认识正确结果的间接经验，还要通过学生自主而独立的实践活动、探索活动、创新活动而获得直接经验。

但是教无定法，设计也是如此。面对小学数学课堂的不同知识特点，有不同的活动设计和整合方式，因此，我们在实践策略篇中的问题17—36，以案例的形式来回答活动设计中的相关问题和解决策略。

第七章为研究总结、启示和建议。研究进行总结后，我们再回到教学变革促进者的身份，来思考这些行动带给我们什么样的启示，启示能够带给教师们提供帮助和对教学变革产生更深入有意义的理解。

本书不仅是我们数学教学团队两年来思考和行动的结果，也是我校其他教师共同参与实践的结果。书中所阐述的内容也许没有太深的理论，但是我们试图将合作学习理论与实践之间搭上一座桥梁，它记录了我们每次教学行动的轨迹。我们以一颗平常的心去做这件平常的事，教师们的文章在北京市海淀区家教科研论文评比中多次被评为市级和区级一等奖、二等奖；我校承办三次北京市小学数学教研室吴正宪老师主持的"合作分享交流"课题研究活动，吴老师的指导使我们提高了数学学科的教研实践能力。

辛苦实践的路程后总是有欣慰，酸甜苦辣的付出后总是留下智慧。今后，我们还会再有创新思考、创新探索，为我们的学生和教师们服务，在平凡当中显现出不平凡。

本书中教师在行动研究中的问题、思考、实践，为合作学习理论和实践搭上一座桥。书中由三大部分构成，有合作学习教学理论与行动研究、有实践问题与解决策略、有学术专家的点评，可提供小学教师、教研人员以及有关教育研究人员参考。

本书的撰写得到北京大学教育学院陈向明教授，清华大学教育学院史静寰教授，北京市基础教育研究中心著名特级教师吴正宪，北京市海淀区教科所吴颖惠所长张干萍和严星林主任，海淀区教师进修学校副校长支瑶，北京大学教育学院温思涵博士，清华大学教育学院王振全博士，以及我校张建芬校长、常秀杰、王长弟、侯晓梅、罗长红、李勇、李燕辉、张殿军等教师的大力支持。他们对于我校付出卓越而有成效的智慧劳动，对此我们表示衷心的感谢。

我们刚刚踏上研究之路，我们的思考可能还不够成熟，我们的成果可能还不够丰富，还需要我们在科研和教研的实践中不断地去完善和丰富。书中不足之处，望大家指正。

朱凤书

2015 年 7 月　北京

目　录

A　从理论到实践

C 现场专家点评及媒体报道

A

从理论到实践

第一章 导　言

"一种教育方法的形成，表面上是一所学校的事，是教师工作行为的一种选择。实质上是特定时代、特定民族文化传统以及特定文明发展水平共同影响的产物。"

——张卓玉《讲授为主必然走向探究为主》

合作学习的研究在国外已有近百年的历史，但应用于课堂教学的研究是从 20 世纪 70 年代开始，迅速发展，研究的队伍也在不断地壮大，目前已辐射至世界大多数国家和地区，如美国、英国、澳大利亚、德国、芬兰、日本……，同时中国台湾、中国香港也有不少研究团体。

我国教育部于 2001 年 6 月 8 日颁发的《基础教育课程改革纲要（试行）》提出新课程改革的目标之一是：改变课程实施过于强调接受学习、死记硬背、机械训练的现状，倡导学生主动参与、乐于探究、勤于动手，培养学生搜集和处理信息的能力、获取新知识的能力、分析和解决问题的能力以及交流与合作的能力。这表明知识传授在学校教育中独尊地位开始让位于"知识、能力、态度"等全面发展。借课程改革的东风，各种基础教育的课题研究不断在中小学课堂开展，合作学习便是其中之一。但是十几年过去了，我们仍然感觉到学生缺乏主动学习的热情，缺乏合作与交流的意识和能力，合作学习只是作为"教知识"的载体，没有挖掘合作学习本身的价值。

一、我们行动研究的缘起

我校于 2010 年参加海淀区和清华大学共同主持的"个性化教育的实践研究"教科研项目，个性化教育强调的"基于'每一个'，关注'每一个'，适合'每一个'，发展'每一个'"的教育理念启发我们从关注学生群体转变到关注学生个体。我们开始进行"学生个性化学习方式研究"，大量的个案分析让我们对学生的差异性、独特性有了初步认识。这一理念引领学校在校园文化、课程建设、课堂教学方式等方面开始了有益的探索。探索的过程中，学生参与的积极性不高的问题始终困扰着我们。我们先后在教学情境的创设、先进的教学媒体、分层的教学目标、个性化的指导方案、好的问题设计等许多方面进行探索和实践并取得一定效果，但是我们对于课堂现状仍然心存不满。

2012 年 12 月，学校教学干部在和温思涵博士交流课堂教学的现状时谈到："我们发现老师上课一问一答的上课方式，很死板，这不是问题式的教学，这是'问答式'的教学，学生是被动地在学习，老师是主动的。因为老师主动积极地提出问题，而学生又是简单地回答问题。所以我们应该改变这种教学方式。"温思涵博士建议运用合作学习教学方式作为课堂教学变革的载体。

其实早在 2001 年，老师们曾接触过"合作学习"，对它似乎并不陌生。但教师们对它的认同度较低，觉得这样上课效率低，让学生自己参与活动，不如教师掌控学生学习更有效率。

那么课堂教学存在什么问题？必须要改革吗？合作学习的优势是什么？为了寻找答案，我们再次审视我们的课堂。

（一）再次审视我们的课堂

我们将目光转向学生，重新审视课堂，进行预研究，我们沿着以上的质疑思路，深入分析课堂教学的现状和问题，以课堂观察为切入点，主要揭示教师在课堂上的"问答式"教学方式的实际状态，为"合作学习"教学变革提供可靠的依据。

因此，2012 年 12 月，我们随机选择了我校 4 节数学研究课的教学录像，对课堂实录中教师提问的数量和问题类型进行了分析，有以下四个发现。

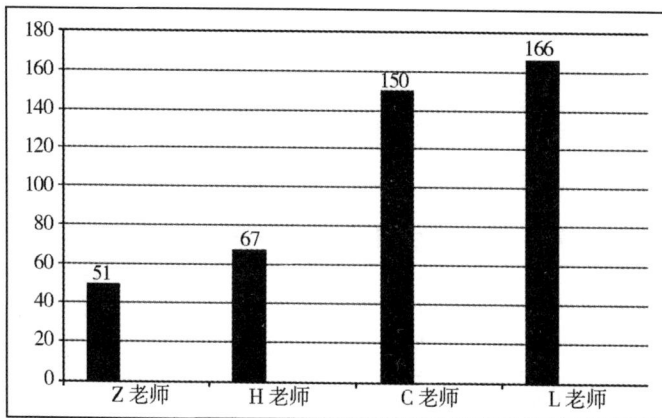

图 1-1　七一小学 4 节数学研究课问题数量统计图

发现一：教师个人话语时间所占比例超过 60%。

图 1-1 是我校 4 节数学研究课中教师提问数量的统计。最多的一节课提出 166 个问题，平均每分钟 4 个问题。4 节课平均提问也高达 90 余次，平均每分钟提出 2.3 个问题。这是典型的师问生答的课堂，学生在课堂上没有问题、没有质疑、没有争论，缺乏激烈的思辨，回答问题成为学生主要的学习方式。我们发现，学生课堂时间被教师的"讲和问"占据着。

发现二：教师课堂中提的问题有一半是记忆性的问题。

让我们再来看看教师提出问题的类型（见表 1-1）：我们把数学问题分成 4 类选择性问题——只要学生回答"是"或"不是"，或两个答案选一个；记忆性问题——学生依靠记忆的信息表达出来，但思考水平较低；思考性问题——学生对已有知识进行加工而获得问题的答案；探索性问题——学生在问题中作各种探索、沟通，通过寻找条件和问题的反馈调节，形成解题思路。前两类问题都直接指向答案，而不是指向思维。

4 节数学课中，前两类问题合计最高的达到 66.6%。这么多的问题指向的是依靠记忆就可回答的事实性答案，而不是指向思维发展。我们再次反思自己的教学发现，教师提问的问题空间狭小，我们教得过细、过碎、题目过小。学生们在课堂当中暴露不出来他们的问题。

同时，这些问题大多是由教师所预设的，这种问答式问题教学强调的是正确答案和快速。但是，回答事实性知识或用读诵来回答问题仅限于低层次的学习目标，往往使学生被动，最终目的只是提供正确答案而非培养思维（Good & Brophy，2002：482）[1]。

表 1-1 数学课堂教师问题提问的统计分析表

问题类型	Z 老师		H 老师		C 老师		L 老师	
	次数	比例	次数	比例	次数	比例	次数	比例
选择性问题	12	23.5%	17	25.4%	43	40.9%	83	50%
记忆性问题	8	15.7%	19	28.4%	27	25.7%	18	10.8
思考性问题	27	52.9%	29	43.2%	28	26.7%	59	35.5%
探索性问题	4	7.9%	2	3%	7	6.7%	6	3.6%
总计	51		67		105		166	

发现三："这是学生没有提出问题的课堂"。

最特别的是在课堂上并没有任何一位学生提出问题，这是教师"一言堂"的课堂，所有问题都是由老师提出来，学生并没有表现他个人的疑问。这也是我们课堂观察分析的疑惑之一——为什么学生不主动提出问题？

"学生没有问题的课堂"主要来自于教师掌控学生学习和教师提出问题，所以学生已慢慢地适应"回答"教师的问题，这是典型以教师为中心的教学。相反地，合作学习的教学模式是以学生为中心的教学模

① 古德 TL，布罗菲 JE. 透视课堂 [M]. 北京：中国轻工业出版社，2002.

式，更多关注学生的学习方式，不只是单一的师生问答互动，还有更多的生生讨论和积极互赖。

发现四：师生交往模式非常单一——轮型的师生交往模式。

传统课堂的教学主要以"师问生答"的问题式教学，它是一种轮型的师生交往模式，师生交往模式非常单一（见图1-2）。这四堂课是典型的轮型交往模式——以教师为核心对学生提问题并由不同学生回答，教师来控制和引导学生回答的次数和内容，学生缺乏生生交流的机会。

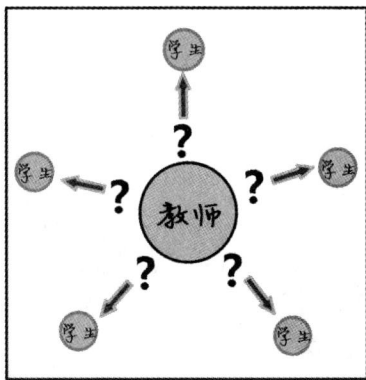

图1-2 传统课堂上的师生轮型交往模式

根据李威特（H. J. Leavitt）的小团体交往模式理论，可以把师生人际关系分成五种：链型、Y型、轮型、环型、全渠道型。轮型交往模式中，教师是处于核心地位，教师与学生之间的交往是多方面的，但是学生之间交往缺乏，不能满足生生交往需求。合作学习模式可能更多是全渠道型交往模式，师生和生生都是多维度地交往，教师不处于核心地位，师生关系密切，课堂气氛活跃①。

从轮型一对一的师生交往方式要进入全渠道型交往方式，教师要从传统教学进入新的教学方式，教师们将面临教学风格的改变，从备课、到课堂话语、活动设计等教师专业发展的学习。

---

① 丁念金. 问题教学 [M]. 福建：福建教育出版社，2005.

　　教师和学生的课堂交往模式决定了课堂上的气氛与师生人际关系，特别是"以教师为中心不断地对学生提问，并由不同学生回答，缺乏生生交流的机会"（温思涵和史晓宁，2015）[①]。师问生答的课堂呈现的是一种学习的被动性，互动的单一性，对教师而言却是运用娴熟的教学方式，代表了教师教学多年的习惯和风格。教师之所以采用这种提问的讨论方式，真实目的是为了"让学生更顺利地回答教师的问题"。教师是教学策划的绝对权威者，精细化的设计为学生铺设了一条通往目标的路，较少考虑学生的真正需求，学生的意见、需求无法得到应有的尊重；然而传统课堂中的合作学习仅是"点缀"。

　　数学课堂的状况就像图 1－3 一样在我们的脑海中不断浮现：

图 1－3

　　如果把"通过小河到达对岸"比作课堂教学目标，教师在课堂中提出的一系列问题就好比铺在河中的一块块石头，过多的、精心化的设计为学生达到教学目标铺设了一条道路，学生行走在教师精细化的设计里，我们似乎能够感受到学生的思维在流淌，似乎孩子们也顺利过了河。但是，学生的思维是停滞的，他们感觉不到是在"过河"，留下的经验仅仅是"踩石头"。这种现状使得学生没有独立过河的机会，没有完整思考问题、解决问题的经历，精心铺设的石头把孩子们的思维切割

---

　　① 温思涵，史晓宁. 把语文课堂还给学生——基于合作学习方式下语文教学创新实证研究 [J]. 创新人才教育，2015（1）3744.

得支离破碎，直接导致孩子们越来越不会学习、不会思考、更不会独立行走。

我们发现这样的课堂最大的问题是：学生的思维空间被老师挤占了。课堂上没有充分的学习时间，没有足够的思维空间，学生的学习如何发生？我们强烈感受到课堂教学方式的变革势在必行。只有把课堂时间还给学生，把思维空间还给学生，才能真正实现课堂教学的有效，才能真正实现关注学生的发展。

（二）合作学习教学实施计划

在开展合作学习教学前，我们设计了开放式教师问卷，其中有两个开放性问题，主要是想了解教师对合作学习的理解和教师需要学校提供什么支持。问卷调查结果如下：

题目1：对于我们即将开展合作学习教学，你有哪些困惑或想法？请写出来。

调查结果：

1. 学生水平差异明显，时间如何掌控？班容量大，如何有效指导学生小组学习？

2. 有没有什么模式？

3. 时间的掌控；小组成员的合理划分。

4. 有个别学生参与不积极，小组合作学习纪律不好控制。

5. 困惑：分组的标准。

6. 教学任务不能完成。

7. 时间有限，但是有些小组还有交流的内容，直接叫停，似乎又打击了学生的积极性，怎么处理？对于一些学习习惯不好，注意力不集中的学生采取哪种方式更好？

8. 参与合作内容"跑题"怎么办？影响考试成绩吗？

9. 有时时间紧，讨论不充分，有的学生不会听，不积极参与讨论。

10. 语文阅读课中的小组合作如何落实，有什么好策略？如何提高学生对合作学习的兴趣？

11. 个别学生参与不积极；时间不能用得很充分或不够。

12. 讨论过程中学生跑题怎么办？小组合作学习中教师怎么发挥指导作用？如何提出有价值的讨论问题？

13. 不会指导，对小组合作方法很迷茫。

14. 不会指导，汇报不清晰。

15. 怎样让学生的表达度高以及把控场面。

16. 汇报过程不好把握。

题目 2：你对于我们即将开展合作学习教学有哪些建议？请写出来。

调查结果：

1. 多些实例。

2. 希望获知更多具体策略、方法。

3. 具体的操作方法指导；哪些问题值得小组合作。

4. 希望能平衡学生参与不积极与学生纪律不好控制的问题。

5. 学习一些成功的合作学习案例。学习合作学习策略和方法。

6. 提供一些教学模板。建议全员参与。

7. 希望多学习。

8. 与评价方式挂钩。

9. 真正能够提高学生的质疑与解疑能力；能够真正有效学习。

10. 想更多了解，推荐一些书籍看看，了解一些理论知识。

11. 要有实效，怎么组织？

12. 希望通过小组合作能够让孩子真正有收获并在这个过程中感到快乐。

13. 给出几节标准课堂，先模仿再有自己的特点。

根据温思涵[①]的问卷资料分析，教师在开展前对合作学习的困惑与

---

① 温思涵. 小学教师如何开展合作学习的研究［M］. 北京：北京大学出版社，2015 年.

问题基本上分为三类：

一是不同学科对合作学习的关注内容是不同的。语文老师更关注的是教学内容的细致性；数学老师关注的是如何质疑、聆听和修正答案；英语老师关注的是学生英语水平的参差不齐、两极分化。

二是传统培训效能低下。教师们认为培训活动会增加他们的负担，没有什么实质效果。一般培训与教师课堂教学没有直接关联。教师希望学校提供实操性支持，包括提供课例观摩、提供具体可操作的教学案例、组织理论学习等三个方面。

三是合作学习不容易操作。教师们对合作学习的理念表面上是认同的，但是多数教师认为学生人数过多、时间限制和学生参与不均衡，导致小组合作不容易操作。

这三类问题主要是关注技术规范。技术规范决定着教师面临变革时的教学方式，它一般建立在教师具体的经验和评价制度中，技术规范的评价是依据行动的后果①。同时，以上问题体现出教师的偏好和习惯。整体上，教师更关注于如何做（how），关注具体操作的细节，尤其是"小组"合作学习部分，比如如何分组、如何指导；对于什么（what）是合作学习较少关注；而且教师并不关注为什么（why）要改变教学方式。教师所提出的有关新教学方法——合作学习的问题和困惑，大多是以教师为中心，更多的是重视教师个人操作上的需求。

一线教师关注怎么做（how）的操作方法，可以运用在自己的教学实践中。教师希望从实践中获得新知识，获得对学生、学校、教学方法的理解，这应该成为教师职业实践学习的一部分。也就是说，教师从实践入手，更关注教学操作行为，而不是为什么要改变。

---

① Schniedewind N. Educating Teachers for Socially Conscious Cooperative Learning，Teaching Cooperative Learning：The Challenge for Teacher Education[M]. State University of New Your Press，2004：47 – 64.

因此，基于前期课堂分析和问卷调查中的教师需求，我校制订了一套合作学习教学实施方案（见表1－2），以便有效地顺利推进合作学习教学。

表1－2　合作学习教学实施方案

内容部分	方式	内容	学校参加者	预计时间和次数
第一部分	外聘专家培训	培训一:参与式学习 培训二:合作学习理论	三、四年级教师、教学主任、教学校长	短期,每次三小时
第二部分	合作学习示范课	专家示范:温思涵博士示范课(每月一次) 每周2—4堂公开课展示与讨论(排出每周教师示范课表)	三、四年级实验班的语数英教师、教学主任、教学校长	长期:每学期
第三部分	读书课	书目:《合作学习与课堂教学》 讨论:合作讨论有关教学问题与经验分享	三、四年级实验班的语数英教师、教学主任、教学校长、校长	短期:一个月
第四部分	模课活动	承办市合作学习研究课活动 承办区合作学习研究课活动 和兄弟校合办研究课活动	三、四年级实验班的语数英教师、教学主任、教学校长	上级单位:市教研室、区教研室 同行:友好兄弟校
第五部分	合作学习教师进度报告会议	专家报告;教学干部总结 语文、数学、英语教师教学反思书面和口头分享	三、四年级实验班的语数英教师、教学主任、教学校长、校长	两个月一次,每次两小时 每学期末总结活动

（三）我们是如何开展探索实践的

组建研究团队

2013 年 2 月底，我们正式开展合作学习校本研究，我们确定以三、四年级中的 8 个班级作为实验班，组建了包括校长、学术专家、一线教师共同参与的研究共同体。和以往不同的是，校长亲自参与每次讨论，参与的教师不仅仅是数学教师，而是邀请参与合作学习班级的所有任课教师共同参与，全学科教师参与更有利于实现教师从面对个体到面对小组的转变。

另一个重要的不同是，外部学术资源介入教师常态工作——备课、解疑、听课与讨论，以前的团队中专家只是阶段性地、片段地干预课堂，常态介入的优势在于可以在课堂中检验理论的可行性，及时发现问题并及时干预。例如：2010 年我校参与海淀教科所和清华大学史静寰老师组成的个性化教育课题组的研究团队，并进行整体规划学校教学发展；2013 年 2 月份北京大学陈向明教授培训，以及温思涵博士深入合作学习常态课与教师面对面交流指导；2013 年 10 月份吴正宪老师及区教研部门的老师们参与学校研究指导。

选择适当的合作学习教学模式

在诸多的合作学习的方法中，我们首先尝试使用小组成就区分法（STAD），STAD 是 1978 年美国斯莱文（R. E. Slavin）开发出来的，它是学生团体学习方法中最有代表性的一种，也是最容易实施的一种方法，适合用在初次接触合作学习的教师和学生中使用，同时也适合各年级和所有科目。结合我校的教学实践，我们把 STAD 简化成以下教学环节：明确目标—独立学习—小组交流—全班分享—测评反思。教师课前的工作重点是确定目标、设计活动，在课堂上主要是适当支持、调控进展。

"做中学"

教师是课堂变革的核心因素，教师观念转变和技术学习需要同步进行。因此，我们采用"做中学"的方式，根据不同阶段面临的困难寻求行动上的支持，在行动中转变观念，加深理解。

研究小组的老师们尝试在自己的课堂中实施这一教学方式。我们开始在小组角色的确定、倾听能力的培养、发言人培训、质疑的方法等多方面进行尝试，并开始使用小组评价。第一个学期，我们围绕合作技能培训、评价反思、学习单设计、小组合作学习的方法四个内容共上研究课 87 节。

（四）在实践中发现的问题

在课堂实践研究的过程中，我们不断地发现问题、解决问题。初期，课堂上学生乱了，课讲不完了，没有时间进行课堂练习，原有经验和新教学方式发生强烈冲突，老师对合作学习提出质疑，有些家长也对合作学习的课堂提出质疑，老师的懊恼、焦虑和学生的兴奋同时出现在课堂上。

老师们意识到，课堂出现的问题主要是学生太适应原来"听"老师讲的学习方式，放到小组中就表现出缺乏倾听的能力，讨论时要么没人说，要么都在说。这时，老师们发现"建立小组学习规则，培养合作技能"成为首要工作。

为了建立学习规则，老师们想出很多办法。例如，特殊手势用于结束讨论，活动计时器提醒孩子时间。相对规则的建立，好的合作技能培养更困难。我们从每个成员的职责培养开始，面对课堂中开始交流时每个人都在说，没有倾听的现状，我们将"什么是好的倾听"放在第一位。罗长红老师上研究课——"好的倾听"，和同学们一起讨论出怎么说怎么做，才是好的倾听者。接下来，老师们先后进行了"好的讨论""怎样质疑""怎样做小组长""好的发言人"等专题研究课，我们放慢教学的进度和节奏，耐心进行学习技能的培养。

与此同时，我们开发评价工具，针对技能和学业水平进行针对个人和小组的评价，老师和同学逐渐达成共识——在学习的过程中"过程比结果重要，真实比正确重要，进步比优秀重要"，这样的态度对于鼓励孩子参与起到很好的作用。

两个月后，课堂渐渐安静下来，然而我们又发现新的问题——常常前半节课合作学习，后半节课教师问答，我们称它为"有形无神的合作学习课堂"……问题出在哪里？

一方面是教师多年的追问习惯，另一方面是因为学习单设计。最初我们只是将老师上课要问的问题印在纸上，这样学习单不能引发思维的碰撞和共鸣。致使学习单成了"摆设"，要想实现教学目标，还要依靠教师的"追问"。

我们开始尝试研究学习单的设计，在反复调研、修改学习单之后，我们逐渐认识到：学习单就是一个学习活动，要将原来的问题转化成学习活动需要明确以下几个问题：

1. 将问题活动化。将原来的许多问题转化成一个问题，将这个问题植入活动之中，呈献给学生时要让学生知道做什么？预期成果是什么？

2. 考虑所有孩子的学习路径，设计学习材料。

3. 小组交流的话题是什么？预期成果是什么？

学习单的有效使用终于让我们的合作学习初见成效。

解决一个问题，又会出现新的问题。有了比较好的活动设计，学生思考丰富了、表达积极了；而老师们的感受"课堂上插不上话"、"学生讨论常常跑题"、"学生的总结不到位"，又使老师很着急。干预多了，又回到传统课堂；干预少了，学生信马由缰，不能完成教学任务。因此，教师如何适当干预？如何有效支持？成为我们的关注点。

以上描述是我们开展合作学习的第一学期所遇到的问题，为了进一步深化研究，我校数学组教师从以下四个问题对合作学习课堂开展行动研究。

问题一：怎样进行合作学习的课堂管理？

问题二：基于合作学习的数学课堂有什么样的教学模式？

问题三：基于合作学习的数学课堂，教师怎么设计教学活动？（教师又会遇上什么样的教学设计问题，以及有什么样的解决策略呢？）

问题四：在合作学习课堂上，教师应该如何进行干预和指导？

二、研究方法

我们认为教师行动研究是非常符合教学实践工作者的研究方法。澳大利亚卡尔（W. Carr）和凯米思（S. Kemmis）认为，"行动研究是由实践工作者在社会情境下开展的自我反思的探究，目的是提高他们自己的实践，以及他们对这些实践的理解，这些实践得以开展的背景的合理和公正"①。

（一）教师行动研究

教师即是研究者，行动研究帮助教师在研究实践过程中对个性化教育理论、方案、思想、计划产生检验作用，同时容纳各种对解决问题可能产生的设想、理论、技术和方法，这些内容并非是在预设中先假设，而是教师用于实践、在实践中再次修正调整，实践中的研究可表现出其有效性。尤其是当前教育理论和方法不仅需要验证，同时更需要在符合中国本土文化的环境下证伪和突破，也需要在符合本土化的教学和学习情境中补充修正，否则很难形成本土化的实践理论。

（二）研究模式

行动研究的提出，为教育理论和教师实践搭上一座桥，提供给教育实践者参与教育研究的一个舞台。本研究主要借鉴凯米思的行动模式，以问题为核心开展研究。

任何研究都是从问题的发现开始，没有问题就不会有研究行动，

① Carr W, Kemmis S. Becoming critical: education, knowledge and action research [M]. London: Routledge, 1986: 164 - 165.

没有研究行动，教学就是一种机械呆板的活动。因此，提出问题是研究的起点，而解决问题是研究的终点。我们认为，教师从事合作学习教学研究的主要目标，除了改进教学实践，最重要的是发展学生个性化学习，提高学生学习的主动性和积极性，让每一个学生都能得到发展。

研究问题是一种动态性生成过程，同时要以合作学习理论作为思想指导，环绕自己实际工作中存在的问题来展开研究。其问题主要来源有：一是从学情中寻找问题；二是从过去教学经验中发现自身教学问题；三是从课本教材深挖文本来确定问题。

我们提出图1-4模式，按照研究时间的发展，我们行动研究包含了四个基本环节：制订计划计划（planning）、采取行动（action）、实施观察（observing）与反思（reflecting）。①

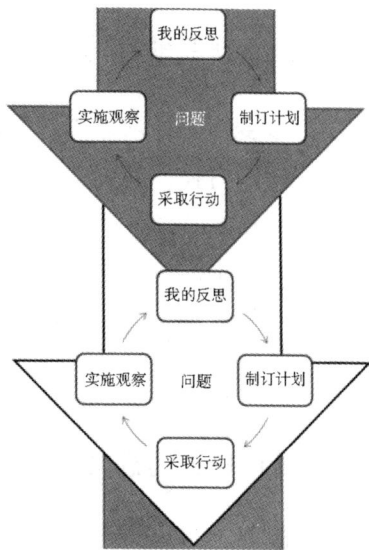

图1-4　行动研究模式

1. 制订计划：教师在制订计划时，关注学生学习情况并收集大量的事实和进行学情调查，有这些材料作为计划的前提。

2. 采取行动：教师在获得了相关背景的信息，经过思考和一定程度的理解后，有目的地开展计划上的步骤。行动本身是机智的、能动的，包含教师对行动的认识和决策。

3. 实施观察：为了使观察更系统、全面和客观，我们采用了教学录像、教师同伴观课、教师同伴课堂观课记录与反思、教师访谈和教师讨论等方式进行实施观察资料的收集。

---

① 郑金洲. 行动研究指导 [M]. 北京：教育科学出版社，2004.

4. 教师的反思：反思是一个螺旋圈的结束，也是过渡到另一个新的螺旋圈的中介。

"问题—策略—结果"的循环使用主要是围绕合作学习活动来设计，我们的选题从认真审视自身课堂，实施合作学习教学中的问题开始，通过分析产生问题的原因，积极探索解决问题的策略。

（三）研究的目的

从改变学生学习方式入手，改善传统的讲授方式，采用真正的小组合作学习的方式，做到在整个学习过程中以学生为主体，力求达到把课堂还给学生，让课堂成为培养学生数学能力的有利条件，让 40 分钟成为促进学生思维发展的宝贵时间，让数学课成为提高学生与人交往技能的天地，让教师成为学生解惑者的目的，切实达成我校培养学生"学会学习"的目标。

（四）研究的意义

采取合作学习的方式可以达到教师和学生共同发展的目标，极大调动学生学习的积极性，培养团队精神和创新意识，提高人际交往的社会技能，提高教师的数学素养和应变能力。

第二章 合作学习理论介绍

本章主要介绍合作学习的定义、理论基础、国内外研究成果和教学设计理论。经过合作学习理论和体验式培训后，我们对合作学习有更深入和实质的认识，对于合作学习理论的理解和体验，使得我们教师将理论顺利地和实践搭上一座桥梁。

一、什么是合作学习

（一）合作学习的定义

关于合作学习的理论研究有三大研究群体：约翰逊兄弟（D. W. Johnson & R. T. Johnson）领导的明尼苏达大学研究小组，斯莱文（Slavin, R. E.）领导的霍普金斯大学的研究小组，以色列特拉维夫大学的沙伦（S. Sharan）的研究团体。

斯莱文认为，合作学习是一种学生在小组中从事学习的活动，对自己和组内其他成员的学习负责任，并根据整个小组的成绩获取奖励或认可的课堂教学技术。斯莱文强调了合作学习的三要素：小组奖励、个人责任和人人成功机会均等。

著名的心理学家沙伦对合作学习的界定是组织和促进课堂教学一系列方法的总称。学习之间在学习过程中的合作则是这些方法的基本特征。在课堂上，同伴之间的合作是通过组织学生在小组活动中实现的。小组通常由3—5人组成。小组充当了社会组织单位，学生在同伴之间相互作用和开展交流学习。

约翰逊兄弟认为，合作学习就是在教学上运用小组，使学生共同活动以最大程度地促进自己及他人的学习（约翰逊兄弟，2004）。他们认为：合作学习具有其他学习方式所不具有的以下五个要素：

1. 积极互赖（positive interdependence）：学生不仅为自己的学习负责，同时也为同伴学习负责，使小组之间形成一种"休戚相关"、"荣辱与共""人人为我，我为人人"的关系。

2. 面对面的促进性相互作用（face-to-face promotive interaction）：给学生充分的时间，面对面交流，让学生在小组学习中相互促进彼此的学习。

3. 个人和小组责任（individual and group accountability）：明确的个人任务和责任，每个人都必须为小组作出努力。

4. 社会技能（interpersonal and small group skills）：教师必须教会学生一些社会交往技能，使学生都能进行有效的交流和沟通，有效解决小组的冲突和问题。

5. 小组反思（group processing）：小组成员针对小组活动历程进行评价和反思。

我国台湾师范大学黄政杰教授在《台湾省国民小学合作学习实验研究》一文中指出：合作学习是一种有体系、有结构的教学策略，依学生能力性别等因素，将学生分配到异质小组中，鼓励学生彼此帮助，相互支持，以提高个人学习效果，并达到团体目标。

我国学者伍新春和管琳认为合作学习必须具备以下五大要素：积极互赖、个人责任、异质分组、社会技能和小组反思。但这五大要素的地位和作用不同，其中积极互赖和个人责任是核心要素，异质分组是基本要素，社会技能是前提，小组反思是促进要素。

上述界定都是从教学论的角度来看合作学习，但认识的视角有所不同。综合以上著名学者的观点，我们认为，合作学习包含以下五大要素：异质分组以保障积极互赖、个人与小组的责任、面对面的交流与合作、社会技能和小组反思。这五个要素也是开展合作学习的步骤顺序。

（二）合作学习的种类

传统的学习小组和合作学习小组在五个方面的本质上深度、要求、关注点的差异（见表2－1）：

表2－1　学习小组的比较

五个方面	传统学习小组	合作学习小组
相互依赖	低水平的相互依赖。成员只是自己负责,关注的焦点只是个人的成绩	高水平的积极互赖。成员为自己和其他人的学习负责,关注的焦点是共同的表现
责任要求	只有个人责任	同时具有小组和个人责任。成员相互督促,以保证自己和他人为高质量的工作负责
任务关注	讨论任务时几乎没有关注别人的学习	小组成员促进彼此的成功。他们真正地共同工作并且帮助和支持其它人努力学习
小组技能	忽视小组工作技能。指定一个领导来监督成员的参与	强调小组工作技能。教给成员社交技能,并期望他们使用。所有的成员分享领导的责任
个人反思与奖励	对工作质量没有小组的反思,只奖励个人成绩	对工作质量以及小组工作效能,都要进行小组反思。强调连续的进步

约翰逊兄弟[①]提出合作学习的种类有三种：正式的合作学习、非正式的合作学习和基于合作的小组。

1. 正式的合作学习

时间安排是一节课到几星期，内容是任何学习任务，保证学生积极

---

① 约翰逊 DW, 约翰逊 RT. 合作学习［M］. 伍新春，郑秋，张洁，译. 北京：北京师范大学出版社. 2004.

参与到材料的组织。在实施正式的合作学习时，教师是扮演着辅导者和支持者角色，如同"兼职的导游"，而不是"舞台上的主角"；学生才是舞台上的主角。教师的教学角色挑战不是给学生讲完所有的学习材料，而是与学生一起挖掘。使用正式合作学习，教师决定课程的目标，在小组的大小和教学材料的选取上进行决策，向学生解释学习任务和合作目标结构，在小组活动时进行监控，并在必要时进行干预，然后评估学习结果和小组历程。

教师除了使用正式的合作学习，教师还可以使用非正式的合作学习和基于合作的小组。

2．非正式的合作学习

时间安排是几分钟到一节课，内容是可以直接教学，保证学生能对教师要教的材料进行认知加工。目前国内课堂的小组学习大多使用的是非正式的合作学习，课堂结构主要是教师直接教学和学生讨论或回答问题。讲授是目前中小学最常见的教师行为，它也占据着课堂的主导地位。它常常导致以教师为中心的讲授，学生在教室的角色变成被动的"观众"。通常在教授过程当中，教师引入学习，常常提出各种问题要求学生回答，最后总结。虽然有些学习内容适合使用直接教学，但这种讲授方法存在几个问题：学生注意力不集中；聪明而具有听觉学习优势的学生容易在听讲中受益；只停留在事实信息的低水平；学生往往不喜欢这种方式。

3．基与合作的小组

它的时间是长期的，有可能是一个月或一学期，内容是异质小组的稳定关系，成员相互支持、帮助、鼓励。比如互相订正作业。小组成员的主要任务有几个特点：成员是异质的；定期沟通交流和鼓励（例如，每天或每周）；持续的时间在一个学期或一年为期，甚至可以一直到学生毕业。当学生知道基于合作的小组将一起学习到毕业，他们将会更加投入，寻找各种方法互相激励小组成员，共同工作的问题和任务也不会被忽视和拖延。如果班级越大，学习内容越复杂，基于合作的小组就越重要。让学生们建立长期的合作关系，这是一种有意义的社会支持系统，小组成员产生了长期的关爱和承诺关系，可改变学生的学习态度，甚至是学生心理健康的必需品。

二、合作学习的理论

纵观国内外有关合作学习的文献，我们很容易发现，合作学习之所以能成为一种深受世界许多国家关注和欢迎的教学理论和策略，其中有一个很重要的原因就是它有着深厚的和科学的理论基础。因此，想要真正理解合作学习的深厚内涵，把握其精神实质，还必须对它的理论基础有一个全面的了解。合作学习是一种复合活动，因此它的理论基础也自然具有复合性和多元化的特色，其主要理论基础有以下几个方面的内容。

（一）群体动力论

关于群体动力（group dynamics）的研究可追溯到 20 世纪初的格式塔学派创始人之一考夫卡（K. Kafka）他指出，群体是成员之间的互赖性（interdependence）可以变化的动力整体（王坦，2007）。后来他的同事勒温（K. Lewin）对他的观点进行了解释：群体的本质就是导致群体成为一个"动力整体"的成员之间的互赖（这种互赖通常由共同目标而创设），在这动力整体中，任何成员状态的变化都会引起其他成员状态的变化。后来，勒温的弟子道奇（M. Deutschland）在 20 世纪 40 年代提出了关于合作与竞争的理论，这对合作学习的发展产生了直接的影响。道奇认为，在合作性的社会情境之下，群体内的个体目标表现为促进性的互赖（positive interdependence）。也就是说个人目标与他人目标是有紧密性的关系，个人达成了目标的同时，他人的目标也跟着实现。接着，道奇的研究生约翰逊（D. W. Johnson）与他的兄弟（R. Johnson）在前人的研究理论基础上拓展为"社会互赖论"（social interdependence theory）。社会互赖论假设：社会互赖的结构方式决定着个体的互动方式，也决定了活动结构。积极互赖的合作产生积极互动，个体之间互相鼓励可促进彼此的学习；在没有互赖的个体化努力的情境下，会出现互助的现象（D. Johnson & R. Johnson，1993）。从社会互赖视角来看待学习方式，一切教学基础、所有教学所依赖的深层背景就是合作。因此，约翰逊兄弟明确地指出课堂中存在着合作、竞争与个人努力三种目标结构，并由此构成三种不同的教学情境。

从群体动力的角度来看，合作学习的理论核心可以用简单的语言来表述："当所有的人聚集在一起为一个共同的目标而工作，靠的是相互团结的力量。相互依靠为个人提供了动力，使他们 A. 互勉，愿意做任何促进小组成功的事；B. 互助，力使小组成功；C. 互爱，因为人都喜欢别人帮助自己达成目的，而合作最能增加组员之间的接触（刘玉静，2011）"。

（二）教学工学理论

教学工学（classroom instructional technology）理论中影响课堂学习质量及社会心理氛围的因素主要有三个：任务结构（task structure）、奖励结构（reward structure）、权威结构（authority structure）。斯莱文教授认为，这三个要素是教学工学的统一体。任务结构构成学校每天上课的各种活动的混合。任务结构具体包括：（1）教学方式方法，如讲解、提问、作业练习、操作等；（2）教学组织形式，如全班教学、分组教学或个人自学。奖励结构指的是运用何种方式来强化学习行为的结果，它涉及奖励类型、奖励频数和次数及奖励的可接受性。（3）权威结构主要是在课堂这一社会系统中，教师或学生控制教学活动的程度①。

以上三种课堂结构中，合作学习首先将任务结构中的教学方式从传统的师生之间单向或双向交流，拓展为全渠道型多向交流；其次，合作学习还将分组教学作为教学的基本组织形式确定下来，并强调小组成员

---

① 刘玉静，高艳. 合作学习教学策略 [M]. 北京：北京师范大学出版社，2011.

的质异性，主张将小组成员按学业成绩、能力水平、个性特征、家庭背景等因素合理搭配，形成一个合作性的异质学习团体。奖励结构中，从传统的竞争奖励转换成小组成员之间合作性的奖励。权威结构中，强调以学生自主控制学习活动为主，教师的身份是指导员、辅助员、支持员等。整体看来，最突出的是奖励结构，也是合作学习的特色所在。

（三）动机理论

动机理论（motivational theory）主要研究的是学生活动的目标或奖励结构。根据道奇界定三种目标结构：（1）合作性结构，在这种结构当中，个体指向目标的努力有利于他们共同目标的达成；（2）竞争性结构，在这种结构中个体的目标努力会阻碍他人的目标达成；（3）个体性结构，在这种结构中，个体指向目标的努力对他人的目标达成没有影响[①]。从动机理论看来，合作性目标结构创设了一种只有通过小组成功，小组成员才能达到个人目标的情境。根据约翰逊兄弟指出合作的目标结构应该在课堂中处于主导地位，应占整堂课大约 60% ~70% 的时间，个体化的目标结构大约占课堂时间的 20%，而竞争性的目标结构只能占课堂时间的 10% ~20%，他们比喻合作就像森林，而竞争和个体化努力是树木。如表 2 - 2 显示，教师选择哪种目标结构，就决定了学生之间的互动方式，最后也决定了学习成果。

因此约翰逊兄弟[②]认为，学习动机是借助人际交往过程产生，其本质体现了一种人际相互作用建立起来的积极互赖关系。激发动机的最有效手段是在课堂教学中建立起一种"利益共同体的关系"，可通过共同的学习目标、学习任务分工、团体奖励、角色扮演、资源共享来建立。

① 王坦. 合作教学导论 [M]. 济南：山东教育出版社，2007.

② Johnson D W & Johnson R T. 合作学习 [M]. 伍新春，郑秋，张译译，译. 北京：北京师范大学出版社，2004.

表2-2　恰当的社会互赖要素

社会互赖要素	合作	竞争	个体化
1 社会互赖关系	积极的	消极的	无
2 目标的重要性	高	低	低
3 相互作用	促进的	对立的	无
4 责任	个体与小组	个体	个体
5 社交技巧	全部	比较	无
6 任务	所有的，包括复杂的、可分的、新的	简单的、单一的、不可分的、过度学习的	简单的、单一的、不可分的、新的
7 程序、规则	清楚的、模糊的	清楚的	清楚的
8 课堂时间分配	60%—70%	10%—20%	20%

（四）发展理论

发展理论（developmental theory）的基本假定是：儿童围绕适宜的任务所进行的相互作用能促进他们对重要概念的掌握，儿童认知发展和社会性发展是通过同伴相互作用和交往发展起来的。

苏联著名心理学家维果茨基将儿童的"最近发展区"界定为"由独立解决问题所决定的实际发展水平与通过成人的指导或与能力更强的伙伴合作解决问题的确定潜在发展水平之间的距离"[①]。最近发展区不仅体现教师在教学之中，也体现在较强同伴的合作之中。通过小组内部的合作学习、讨论、协商等方式，小组达到一定的共识和解决问题的方法，促进学生的成长。维果茨基对合作活动的影响作了以下描述：功能首先是在集体中以儿童间的关系为形式形成的，然后才成为个体的心理活动……研究表明，反省源自于争辩。维果茨基对最近发展区的定义被后来学者们从两个方面讨论：一个是同伴互教，使有能力的学生当小老

---

① 温思涵. 学习科学视角下的认知学徒制［J］. 中国教师，2012（1）：49—52.

师的角色；另一个是同伴协作，同伴们可平等地进行交流，开展协作。

瑞士著名心理学家皮亚杰（J. Piaget）认为，社会经验知识——语言、价值、规则、道德和符号系统——只能在与他人的相互作用中才能习得。皮亚杰很重视守恒定律的研究，同伴的相互作用能帮助非守恒者成为守恒者。当年龄大小相同的守恒者与非守恒者协同完成要求守恒任务时，非守恒者会逐渐形成和保持守恒的概念。因此，许多皮亚杰主义者强调增加合作活动的运用，可让学生相互学习和讨论任务，并提高学业成绩，因为在讨论中将会产生认知冲突，不充足的推论将会被暴露，最终会得到高质量的认知与理解[①]。

从发展理论来看，合作学习对于学生成绩的影响主要归结于合作性任务的运作，并在学生的认知过程当中，解释小组目标和小组任务也是影响学业成绩的一个重要的变量因素。

总之，合作学习作为一种教学理论与策略，它有着深厚的理论基础，也具有多元性，使得合作学习的教学方法多样化。虽然这些理论的观点略有差异，但是它们具有互补性。

三、国内外研究成果

（一）国外研究成果

20世纪70年代初至90年代初，世界各国的合作学习研究有以下的学术文献和研究值得关注。它们分为两大类，一类是理论，另一类是方法和技术。

1. 理论

（1）师生交往论：1971年，德国沙勒与舍费尔首次提出了师生交往的教学论思想，并与其他一些教学论专家一起把这种教学论思想系统化为交往教学论。他们提出教学过程是一种交往过程，把"解放"作

---

① 刘玉静. 合作学习的伦理审思 [D]. 济南：山东师范大学，2006.

为学生学习的最高目标，要求学校尽可能发展学生的个性，强调学生个性的"自我实现"。他们指出，合理的交往应当具有以下 7 个特征：①合理的交往是一种合作式的交往；②参加交往的各方都放弃权威地位；③在交往中不使民主流于形式，而真正做到民主；④因为交往的参与者实际地位是不同的，因此必须促进相互取长补短的兴趣和理智相处的态度；⑤逐步创造条件，使不带支配性的交往行为称为可能；⑥相互传递的信息是最佳信息；⑦现在的交往将为以后的合理交往创造条件。①

（2）合作学习的理论：1974 年至 1975 年，美国的约翰逊兄弟共同出版《合作学习与独立学习》，并在明尼苏达大学建立合作学习中心（Cooperative Learning Center），还建立了一个学习网站，以便长期贯彻合作策略和操作步骤。这个网络包括美国、加拿大的学校和大学，并延伸到欧洲、中美、南美、中东、非洲和亚洲。1975 年，约翰逊兄弟开发了合作学习方法（learning together，简称 LT），它是基于社会互赖理论所提出。社会互赖理论强调，课堂上学生之间的互赖关系决定了他们的互动方式，从而影响学习的成果。约翰逊兄弟认为合作活动要比竞争、个体化更加富有成效，并提出了合作学习的五个要素：异质分组、积极互赖、个人责任、社会技能、小组反思。这五要素必须结合在一起，不可分割，LT 成为目前最广泛应用的合作学习方法之一。1981 年到 1983 年，美国的约翰逊兄弟又发表《关于合作研究的元分析》。

2. 合作学习方法与技术

（1）学生小组成绩分工法

1976 年，美国约翰·霍普金斯大学的斯莱文开发合作学习的课程叫"学生小组成绩分工法"（Student Team Achievement Divisions，简称 STAD）。STAD 和传统的课堂一样，都有教师教授环节，但是多了学习单的小组讨论设计、测验评价和奖励。STAD 是以小组成就对学生进行有区别的奖励，这正是体现了学生团队学习的关键概念之一——

---

① 王坦. 合作教学导论 [M]. 济南：山东教育出版社，2007：23.

小组奖励。STAD 也强调个人责任，这体现在每个人首先要自己努力学习，还必须独立完成测验。STAD 强化同伴积极互赖，帮助他人学习，证明自己已经通过合作学习达到一定的水平，这也体现了合作学习的互相帮助，同伴的贡献，这也激励所有不同能力水平的学生，尤其是基础较差的学生。这种学习生活和杜威提出的是一致的，他说民主不仅是一种政治形式，它首先是一种共同生活的方式，是一种共同的交流和分享经验的方式。参与特定的活动的个体越来越多地使自己的行为与他人的行动联系起来，考虑到其他人的行动，使自己的行动有意义和方向。①

一般而言，STAD 有五个步骤所组成：①全班授课：教师介绍学习目标和教材内容；②分组学习——老师根据学生的能力水平、性别、社会背景、认知风格等对学生进行异质分组，学生在小组中以相互帮助、指导的形式一起学习材料；③实施测验和小组反思：每个学生都独立完成小测验，在完成测验后及时反思小组合作学习的情况；④记分——教师或学生根据测验的标准答案批改测验，再以学生过去成绩作为基本分数，比较此次测验与基本分数的进步情况；⑤小组表扬——教师对小组总分数较高或达到规定分数的小组在全班进行口头表扬、加分或物质鼓励。②

（2）小组调查法

1976 年，以色列特拉维夫大学的沙伦出版《小组教学（小组调察）》，推出了"小组调查法"（group investigation，简称 GI）。杜威的观点对 GI 产生重要的影响。杜威③认为，科学探究的实质是引导学生

---

① 约翰·杜威. 我们怎样思维经验与教育 [M]. 姜文闵，译. 北京：人民教育出版社，2005.

② 约翰逊 DW，约翰逊 RT. 合作学习 [M]. 伍新春，郑秋，张洁，译. 北京：北京师范大学出版社. 2004.

③ 约翰·杜威. 我们怎样思维经验与教育 [M]. 姜文闵，译. 北京：人民教育出版社，2005.

进行有意义的学习，学生从中体会到知识是如何产生的，没有某种思考的因素，就不可能存在有意义的学习。任何问题的调查都会体现科学方法的本质特征，可以培养学生的科学探究精神和方法。课堂中的合作是以处理民主生活中的复杂问题为先决条件。GI 是学生通过小组合作，根据自己先前的经验、能力和需要来设计小组活动目标，设计和建构学习活动。它整合了四个基本特征：①调查（investigation）指的是教师和学生的学习方式，使用 GI 课堂变成了一个探究的团体；②互动（interaction）是探究的团体为学习提供了社会性的情境，接触、交谈、相互协助和支持成为 GI 主要的互动行为；③解释（interpretation）是指学生将信息和观点变成新的知识过程；内部动机（intrinsic motivation）刺激学生的自主性和自发性。GI 发展学生研究技能、人际技能和合作后的反思，学生在 GI 中经历多层次的、复杂的交流过程，相互学习也提高了学生的内部动机。GI 对学生的技能要求相对较其它方法高的社会技能、认知技能和元认知监控能力。所以它合适于小学高年级以上使用。

（3）拼图法

1978 年，美国加利福尼亚大学的阿朗逊（E. Aronson）在《教育研究与发展》中发表《拼图课堂》，他与同事一起创设了"拼图法"（Jigsaw）的合作学习方案。拼图法是将全班学生分成若干小组，每个小组都有相同的学习内容，教师把材料分割成几部分，由小组成员负责部分的材料，然后再不同小组中把掌握相同材料的学生集中在一起，形成一个专家组，共同学习与研究所承担的任务并加以熟练。然后，全部学生再回到自己的小组去，把自己掌握的部分交给小组成员，让每个人都能掌握全部的学习内容。单元结束后，每个人都要独立完成一个测验，根据测验中的表现给予一个分数。但是没有小组奖励，强调合作技能与积极互赖，尤其是目标互赖（每个人有相同的目标）、材料互赖（分享材料）与任务互赖。但是在拼图法实施的开始也存在一些问题：学生对学习材料的完整内容并没有大概了解，就进入专家组讨论，导致学生头脑中的知识是支离破碎的，无法对学习内容有组织、有系统地掌握。另外，学生拿到材料进入专家组讨论，缺乏独立思考的时间，容易造成少数反应快的学生控制讨论，使讨论流于形式。斯莱文在拼图法的基础上，加上自己对学生学习动机的看法，针对拼图法的缺点进行改革，提出"拼图法第二代"（Jigsaw Ⅱ）。拼图法第二代与之前不同的地方是增加学生独立思考的时间，让学生有机会了解全部的学习内容，还引进了小组竞争和小组奖励，使每个人在测验中的得分换算成进步分。拼图法第二代是现在使用频率最高的合作学习方式之一。

（4）小组游戏竞争法

1980 年，美国约翰·霍普金斯大学的德里斯与爱德华（D. DeVeris & K. Edwards）将教学游戏法（instructional games approach）与组内竞争（intergroup competition）结合起来，提出第一个较为完整的合作学习方案"小组游戏竞争法"（teams games – tournament，简称 TGT）。经研究证实，该方法适合于中小学和中学数学、语文、历史、外语等多科目学习。TGT 模式主要有小组奖励、个人责任和成功机会均等三个要素，但 TGT 特别强调个人责任与成功机会人人均等。它的计分方式是以竞赛名次换取小组积分，充分体现了成功机会人人均等的思想，竞赛的学生是将水平和能力相近的学生分在一起进行竞争，体现了个人责任，也可以有效激励所有学生的学习动机，也才是公平的竞争①。

（5）结构法

80 年代美国卡根（S. Kagan）发表了《合作学习的结构法》。他把自己的研究成果进行一系列商业化的运作和推广，建立了卡根合作学习机构（Kagan Cooperative Learning）。他也是美国教育心理学、合作学习的重要代表人物之一。随着合作学习研究与应用轰轰烈烈地开展，对原来合作学习方式的修正和完善，新的方法也源源不断地被创造出来。卡根提出结构法（structure approach，简称 SA）的起源于都市化进程中竞

① 伍新春，管琳. 合作学习与课堂教学 [M]. 北京：人民教育出版社，2009.

争加剧的忧虑和对种族融合的提倡，因此 SA 高度重视异质分组。卡根对 SA 的基本假设是，课堂互动对学生的社会性、认知和成就的发展都有很大的影响。因此教师要提供机会和指导学生进行互动，教师、学生所进行各种不同的社会互动程序，就叫结构（structures）。结构是由元素（element）构成的。元素是课堂行为的最基本单位，它包含动作的发出者、动作和受众，比如卡根提出"三步访谈法"和"小组调查法"的结构，这也是 SA 独特所在。他认为，SA 的设计应该坚持四个原则，它们分别是同时性互动、平等参与、积极互赖和个人责任。当具备了这四个基本原则，合作学习方法将更有效。理想的 SA 包含结构和相关构造、基本原则、团体建设和班级建设、团队、管理、社会技能等六个基本要素。

此阶段的研究成果使合作学习所倡导的教学模式的各种方法如雨后春笋快速增加，它们都显示出令人瞩目的实效，并逐渐被世界上许多国家接受，也成为主流教学思想与模式和研究应用。值得注意的是，这些合作学习教学模式大多提供形式的合作学习操作方案，达到显著的学习效果。例如，在美国，合作学习广为流传，成百上千的老师在一定的程度上采用它。1998 年的一项调查表明，93% 的高中教师报告说长期使用合作学习方法[1]。古德（T. L. Good）的研究结论指出，合作学习方法在一定课堂上比其他方法更具有弹性，更具有价值。这些方法已经最多地用在 4~9 年级的班级里，对小一小二或高中生而言，这些方法或许相关性更低或更难实施。绝大多数的实验和研究均肯定了合作学习在学业成绩、人际关系和心理健康三个方面具有积极效果，教师们也大量地在课堂上使用它。但是，古德他们指出，虽然教师积极地大量使用合作学习方法，多数教师报告说，他们为学生建构学习任务，教会学生在小组学习团体里合作的社会技巧，但是教师们"普遍没有把个人责任和小组目标联系起来"（Good & Brophy, 2002: 385）。

---

[1] 古德，布罗菲. 透视课堂 [M]. 陶志琼等，译. 北京: 中国轻工业出版社，2002.

（二）国内研究梳理

我国内陆也从 20 世纪 90 年代开始引入合作学习的研究和实践，起步相对较晚。20 世纪末，浙江、山东等地出现了引进美国合作学习的实践研究，并进行了改良，收到了良好效果。合作学习有关的教学实验点已经不下数十处，其中较有代表性的研究有：

1. 浙江省的合作学习研究

我国自 90 年代初期起，在课堂教学中开始引入小组活动。杭州大学与当地初中合作进行"促进初中学生个性最优发展"课题的一个子课题——小组合作学习的研究。它是从教学活动的交往属性研究出发，论证了教学组织形式的本质及其改革趋向，探讨小组合作学习的理论依据，归纳小组合作学习的特点，并就合作学习在具体学科中的运用进行了实践性的研究，课题组还就学生对合作学习法的反应作了一次问卷调查，收到了较好的研究效果。

浙江大学教育系盛群力和金伟民两位教授主持的全国教育科学"九五"规划青年专项课题《个性优化教育的探索》中，也涉及到了小组互助合作学习的问题。此课题探讨了小组互助合作学习的理论依据，归纳了小组互助合作学习的特点，并就合作学习在具体学科中的运用进行了实证性的研究，收到了较好的研究效果。在浙江大学教育系的指导下，杭州市胜利小学开展了《小学课堂交往与合作研究》的课题，有关的专家和实验教师开发了具体细化、操作性强的合作技能"七字诀"。

2. 山东的合作学习研究

山东省教育科学研究所在 1993 年启动了重点课题——中外合作项目《合作教学研究与实验》，这是一项从教学领域全面探讨合作学习的大型实验研究，并得到约翰逊兄弟、斯莱文、沙伦等合作学习专家教授的指导与大力支持。课题实验涉及山东、广东、河南、浙江、北京、天津等 9 省市的百所学校，长达 6 年的实验与研究，成为国内第一个以合作学习为主要内容的省级规划课题。

《合作教学研究与实验》课题的提出主要基于两个方面的考虑：首先考虑的是国内中小学教育教学领域存在的主要问题表现，比如，师生负担过重、学生智力和非智力发展得不到和谐发展、学生合作意识和社交技能的缺乏、后进生问题没有得到根本解决；另外的考虑是借鉴国外合作学习成功的经验。研究对象是以中小学"五四"学制学校，研究方法是采用自然实验法，评价是采取定量和定性分析相结合，主要研究内容有：

1. 合作教学与学生参与程度；

2. 合作教学与师生负性负担；

3. 合作教学与学业成绩；

4. 合作教学与学生良好认知质量与非认知质量；

5. 合作教学与学生的竞争观与合作观；

6. 合作教学与社交技能和适应能力；

7. 合作教学与团体凝聚力、成员潜能；

8. 合作教学与差生转化。

《合作教学研究与实验》这一课题取得明显的实践效益和理论成果。在实践方面，有效地提高了学生在教学过程中参与程度，形成了学生正确的竞争意识和合作观念，促进学生智力和非智力因素，特别是创新精神和实践能力的发展，增强了学生的社会适应能力、社交交往能力以及学生团体的凝聚力。在实验学校里，后进生得到了转化，优等生得到了进一步发展，教学成绩明显提高。在理论方面，通过研究和实验，首次提出了合作教学的性质、原则、模式、策略以及合作教学技能等概念体系。

（三）北京市的主体性教育实验研究

近年来以北京师范大学裴娣娜教授为代表的主体性教育实验，将合作学习作为主体教育的主要策略之一，也对小组合作进行了探讨，研究的主要问题有：理论基础考察；合作学习的目标定位；合作的意识与合作学习的行为表现；合作交往的形式及类型分析；学生合作交往意识及其培养；小组合作学习的方法、策略与合作小组构成的方式；集体、小组、个体三者互动形式及类型；学生合作意识及合作技能现状调查；等等。

国内合作学习研究通过近 20 年的发展，取得了丰硕的成果。近年来国内合作学习相关研究大都是关注合作学习教学技术的研究，主要采取实验法、问卷法、文献法和分析数据等研究方法。但是教育不单单是通过理论推理、问卷调查、分析数据以及实验来回答教育问题，因为，教育是更贴近于人，有关人的学习活动，统计结果只能说明一个结果，数字也无法表达一个人的理解过程，不容易与他人沟通，缺乏情境性因素，更无法说明其研究结果的丰富性和复杂性。[①] 从教师实践角度看来，合作学习还是缺乏系统、科学和本土化的理论指导，现有的合作学习的理论和教学方案还不足以指导当前国内的教学实践活动。所以这导致大部分教师有"食洋不化"的现象，让合作学习的课题容易流于形式，也使教师的教学转变遭遇到很多困难。

因此，我们希望理解教师在合作学习教学实施过程中所遇到的困惑和教师是怎么做的、怎么适应新教学法。"尤其是在当前教师发展中，存在研究的观念与行为的脱节现象——有的老师对新课程观念说得头头是道，但是在课堂教学行为当中依然是沿用旧的做法；有的是在形式上表现出新课程的一些行为和要求，却不理解这样做的道理，更多是模仿他人的教学行为；有的参加不少培训或教育科研活动，但面对实际的操作问题，却无法将所学的知识应用到课堂上"（陈向明[②]，2003；张平，

---

① 温思涵. 小学教师如何开展合作学习的研究 [D]. 北京：北京大学，2015.

② 陈向明. 实践性知识：教师专业发展的知识基础 [J]. 北京大学教育评论，2003（1）：104—112.

朱鹏[1]，2009：56）。这种教育观念与行为的脱节，直接影响教师开展新教学和专业的发展，成为教师专业发展中迫切需要研究的关键性难题。

总之，从研究方法和实践过程性的视角，我们迫切需要使用行动研究的方法来关注教师是如何开展合作学习教学的行动研究。

四、小结

本章主要介绍合作学习的理论和相关研究。依据约翰逊兄弟对合作学习教学的三种分类，一是正式的，二是非正式的，三是基于合作的。合作学习的定义包含以下五大要素：异质分组以保障积极互赖、个人与小组的责任、面对面的交流与合作、社会技能和小组反思。这五个要素也是开展合作学习的步骤顺序。合作学习的理论基础主要有群体动立力、教学工学理论、动机理论、发展理论等。

国外的合作学习研究成果主要强调合作学习的方法与技术开发，其中有学生小组成绩分工法、小组调查法、拼图法、小组游戏竞争法、结构法等几种常见的模式。

虽然国内有不少合作学习的研究和实施的学术团体，但是从教师实践角度看来，合作学习还是缺乏系统、科学和本土化的理论指导，现有的合作学习的理论水平和教学方案还不足以指导当前国内的教学实践活动。所以这导致大部分教师有"食洋不化"的现象，让合作学习的课题容易流于形式，也使教师的教学转变遭遇到很多困难。

最后，理论的认识是我们开展合作学习的基础，如果没有这些基本认识，我们容易进入合作学习的误区。这些误区更多是从字面上来理解合作学习，而忽视它的内涵。

---

① 张平，朱鹏. 教师实践共同体：教师专业发展的新视角 [J]. 教师教育研究，2009（3）：56—60.

第三章　提供合作学习教学相关学习资料

我们认为，合作学习教学以学生发展为本：一是指要面向全体学生；二是指要使每位学生都能得到全面发展；三是以"丰富"应对"差异"，满足不同学生的需求。因此，合作学习教学需要了解学生是如何学习和学生的学习特质。本章主要介绍几种关于个体差异的研究和理论，专家型教师已经认识到学生的不同人格特点影响着他们的学习质量。人格和智力的特定结合通常被称作"认知风格"，而学生的认知风格和学习风格也会影响到他们与教师之间的互动。因此，我们需要理解不同认知风格和学习风格之间的重要差异，为教师提供一些建议，帮助他们调整自己的教学以适应不同风格的学生，达到发展学生合作学习和个性化教育的目的。

一、多元智能理论

应先对加德纳关于智力的定义进行论述，从大众识知的智力过渡到"智能"，且到会已有至少9种智能（成功智能），这个我们很难达到共识。在合作学习教学理念之下，我们认为智能不是一种单一的能力，它是个体指向目标的适应性行为，其中有丰富的元认知（metacognition）的能力，学生对自己的思维过程中的理解，使得他对自己的强项和弱点也有更深入了解。

智能是一项任务的圆满完成，不同的任务需要有不同的智能或者不同的智能组合，所以不同的智能使用不同的符号系统。智能本身就是一个复杂的系统，我们借鉴加德纳（Howard Gardner）的多元智能理论。他在 1983 年提出多元智能论，认为人的智能不是单维的而是多元的，它包括：语言智能、数学逻辑智能、空间智能、音乐智能、身体运动智能、人际关系智能、自我认识智能和自然智能等八个智力中心。每一个都是一个独立的功能系统，但是各种系统可以相互作用从而产生整体的智能活动。

1. 语言智能（linguistic intelligence）：用于听、说、读、写的能力。表现在能连贯地用语言描述事件，表达思想并与人交流的能力。这一能力在诗人、作家和演说家身上得到高度发挥。

2. 逻辑数学智能（logical-mathematical intelligence）：表现在逻辑推理和计算能力方面，用于解决数学中的应用题或计算、结账、进行数学或逻辑证明。这一能力在科学家、数学家、律师和法官身上得到高度发展。

3. 音乐智能（musical intelligence）：用于唱歌、乐器、作曲，以及理解和欣赏音乐比演，比如交响乐。

4. 空间智能（spatial intelligence）：是指人们利用三维空间方式进行思维的能力。用于从一个地方走到另一个地方，或开车到另一个地方看图，在建筑业、雕塑家、画家、航海家和飞行员身上高度发展。

5. 身体运动智能（bodily-kinesthetic intelligence）：是指人能巧妙地操纵物体和调整身体的技能。用于踢足球、跳、赛跑、打保龄球等肢体运动，在运动员、舞蹈家和体操运动员身上表现明显。

6. 人际关系智能（interpersonal intelligence）：是指能够有效理解他人，与他人交往的能力。用于理解他人行为，如何以恰当的方式对他人的评价做出反应，特别是在成功的企业家、教师、社会工作者、政治家、优秀的组织管理工作者和销售人员身上表现明显。

7. 内省智能（intrapersonal intelligence）：是指正确自我觉知的能力，包括洞察自我、了解自我和自我反馈、自我调控的能力，直觉能力和潜意识储存能力，并善于运用这种知识计划和导引自己的人生。特别是哲学家、心理学家、心理咨询治疗家拥有较高的自我认识能力。

8. 自然智能（naturalist intelligence）：是指善于观察自然界中的各种形态，对物体进行辨别和分类，能够观察自然或人造系统的能力及能与自然和谐相处的能力。此智能在农民、植物学家、猎人、生态学家等人员身上有充分体现。

表3-1描述了各种智能类型的典型代表，并且给教师推荐了一些可用于发展不同智力的活动。

表3-1　各种智能类型的典型代表活动①

类型	核心成份	促进智力开发的教学活动
1. 语言智能	对声音、韵律和词的意义敏感，理解语言的不同功能	讨论修辞和象声词
2. 逻辑数学智能	对识别逻辑或者数学模式敏感，能构进行比较长的逻辑链条推理	根据三角型的面积公式，计算建筑物两对角之间的距离
3. 空间智能	能够准确地感知视觉空间世界，必能进行知觉转换	借助于透视法来画图
4. 音乐智能	能够谱写和欣赏节奏、音调和节拍，鉴赏各种形式的音乐和演奏	确定一首歌的旋律和节拍
5. 身体运动智能	控制身体的运动和灵活操作物体的能力	玩老鹰抓小鸡的游戏 跳方形舞
6. 人际智能	对人的各种情绪、气质、动机和需要做出正确和反应的能力	听同学之间的辩论
7. 内省智能	了解自己的情绪，能够辨别这些情绪，并能够根据这些情绪指导自己的行为。了解自己的长处、不足、动机的智力	通过角色扮演来了解一个人的内心世界
8. 自然智能	能够发现并理解自然界的模式	到森林中观察动物的生活模式

---

① Gardner H. and Hatch T., Multiple Intelligence Go to School, [J] Educational Researcher vol. 18, Permission of American Educational Research Association, 1989.

加德纳的多元智能理论，强调对学生的指导应该是多样化的，如果教师在自己的教学过程中只是单一强调某项智能，就会导致学生发展有失衡的现象。因此，多元智能理论对教师在实施个性化教育有这样一些启示。

一是从多元的视角来看待学生智力的构成。

二是在日常教学中应该强调未被表现或不重视的智力发展。

三是教学时并非所有的智能都要在一堂课中完全用到，需要考虑到学生个性化的需求和发展。

二、认知风格与学习风格

数学王长弟老师的班上，有两个学生能力相当。老师在布置作业时，其中一个学生是喜欢按照自己的想法来完成自己的作业，甚至是作业的形式和内容；另一个学生是在做作业之前等着老师给予明确的指示和指导。我们也常常发现有些学生喜欢完成测验性的作业，另外一些学生则是喜欢有机会自己决定课题的内容。这些都是由于他们表达方式受到不同的个性特征影响，导致了不同的认知风格和学习风格。

（一）认知风格

赖丁和雷纳（2003）指出，理解人们之间的思维差异，可以帮助个人更了解自己和帮助实践应用，进而发挥自己的学习潜能。学生的认知风格，反映了一个人的思维方式和学习策略，反映了学习者对于学习活动的要求使用了不同的学习方法与策略做出反应的过程。

认知风格又称为思维风格，指的是个体信息加工方式的心理倾向。认知风格主要有几个重要的研究：

1. 场独立型对场依存型

根据 Witkin el. (1977)①，"场独立型对场依存型"理论是指个体在分析作为场的一部分的某个结构依赖于知觉场的程度。简单地说，知觉场的认知风格有二种：第一个是场依存型。它的特征是以人为中心，环境是一个重要的影响因素，学习者不容易找到重点，容易被误导。另一个是场独立型。它的特征是以事为中心，从经验中学习。

学生的场独立型水平与他们在学生成绩有一定的相关。研究发现，场依存型的学生倾向于在学校情境中的社会交往方面发展他们的优势。他们善于小组合作学习，在小组内完成任务的表现比场独立型表现更好。场依存型的学生对于感知文学和历史的知识背景的课程感兴趣，但是对于抓住核心问题的关键部分相对较弱，需要教师帮助。

场独立型的学生能够忽略无关紧要的信息，直接从复杂的信息中分离或找出重要的知识结构或要素，并且对这些内容进行分析。场独立型的学生喜欢在数学和自然科学课上表现出他们的分析能力，但是怎么影响团队合作的能力相对较差。

虽然"场独立型对场依存型"理论，认为这是一种认知风格，但是学生在学习能力表现差异，并不完全说明指是风格在起作用。

2. 反思型对冲动型

根据卡根的研究发现②，学习者可以分为四种不同的类型：①认知冲动型：在作反应时，对各种可能的选择做出简短的思考后，迅速地做出决定，结果出现的错误较多。②认知反思型：认真谨慎思考所有可能性的选择，再作出反应，结果犯错误的机会相对就较少。深思熟虑。③迅捷型：能快速作出反应，错误较少。④缓慢型：反应较为缓慢，犯

---

① Witkin H. Moore C. A., Goodenough, D. R. & Cox P. W., Field – dependent and Field-independent Cognitive Styles and Their Educational Implications, [J]Review of Educational Research, 47(1), 1977:1–64.

② 赖丁 RJ. 雷纳 SG. 认知风格与学习策略——理解学习和行为中的风格差异 [M]. 庞维国，译. 上海：华东师范大学出版社，2003.

错误较多。

研究发现，反思型或冲动型的风格倾向在小时候就形成了，并且会在很多情境下影响着学生个体行为，尤其是学生的冲动型倾向会影响着学生学习成绩。比如，冲动型学生在推理性问题和视觉辨别问题上经常会给出错误答案。但是通过教师适当的引导，学生可以学会反思，同时不会丧失学习热情。

（二）学习风格

教师通常会用学习风格来说明学生学习偏好，指的是学生对不同学习条件的偏好或需求，比如视觉型的、听觉型的、触觉型的、动觉型的或者是综合型的。我们研究发现，学生的确是有不同的学习偏好，特别是在课堂上，有些学生上课时喜欢表达，有些喜欢听讲，有些是喜欢听课时或讨论时身体不停地摆动。一般来说，比例最大的学习型态是视觉型的学习者，其次是动觉型和触觉学习型的亲自体验者，比例最小的则是听觉型的学习者。这些学习风格特质，对教师在课堂实施中的教学活动充满着重要的警示，这些差异也提醒教师，不同学生需要要不同学习方式和路径，因此教学活动的设计就显得非常重要。

美国学习表现系统公司（Performance Learning Systems，Inc）[①] 研究发现，学习中学习风格形式上的差异所带来的挑战分别如下（表 3 - 2）：

---

① Meyer D. and Weinstein C., College Learning Strategies and College Teaching, New Direction For Teaching and Learning, no. 45, Jossey-Bass Publishers, Spring 1991：15 - 26.

表3-2 学习风格差异带来的困难挑战

1.触觉型的学习者困难包括:	2.动觉型学习者的困难包括:
在情感受伤的情况下学习	解释非语言沟通
在没有教师认可和尊重的情况下学习	建立良好的人际关系
在乏味、无趣或者缺乏装饰的教室中学习	容易辨认的书写
在不受喜爱和尊重的小组中学习	安静就座
缺乏感观刺激,在没有触摸、感觉和操作机会的情况下学习	听讲学习
	拼写练习
	回忆看到和听到的事情
	不通过身体动作和手势表达情感
	在一个活动中坚持很长时间
3.听觉型学习者的困难包括:	4.视觉型学习者的困难包括:
不出声地快速阅读	在看到或者了解需要做什么之前就开始行动
长时间默读	在有噪音或者有人移动的环境中学习
只有书面材料的指导	在没有可视的图画和表格的情况下听讲
需要读写的限时测验活动	面对外貌让人分散注意力的教师
在非常安静的环境中学习	在颜色单调、缺乏装饰的教室中学习
在有声音干扰的情况下集中注意力	在视觉刺激太多的教室里学习
观察重要的细节	

在人格和文化背景上的差异会影响着不同学生完成相同任务时所采用的方式。在学习方式上存在的一种人格差异,主要表现在信息加工的深度。有些学生采用深度加工的方法,比如精致学习,以寻求活动和课程的知识进行更深层的概念或意义的理解;另外一些学生采用表层加工方法,他们强调知识的记忆,而不是对知识进行有意义的分析和理解。有些研究者发现,倾向于深度加工的学生,在不同的情境和学科中的表现更稳定。采用表层信息加工方式的学生,容易受到成绩和外在反馈的激励;而深度加工的学生则往往为了学而学,喜欢探究知识,不太关注外在的评价,因此,可以从学习过程中学到更多的知识。与表层加工相比,当学生进行更为深层的信息加工时,他们就会有更多创造性的知识和作品。

学习形式上的偏好差异，该研究单位也提出与学习风格相互匹配的活动，其表格如表 3 - 3：

表 3 - 3　不同学习风格的适合活动

1. 动觉型学习者：	2. 触觉型学习者：
亲自体验的活动	有可以触摸和感觉的对象
大的动作技能的活动	合作学习活动
需要身体运动的艺术活动	小组讨论和互动
动手操作	个人表达，比如分享
有身体活动的实地考察	需要精细运动技巧的活动
真实的生活经验	艺术活动，比如模型制作
模仿、小品和角色扮演	需要亲自完成的安静活动
舞蹈和运动	同伴互教
学习时的身体活动	讨论情感问题
3. 听觉学习者：	4. 视觉型学习者：
讲座和使用语言的教学	阅读写作
学生演讲	写作和记笔记的作业
听力录音带	视觉艺术，比如画画
讨论和辩论	演视和观察
对话	录像带、幻灯片、照片、电影、视频
讲故事	视觉化和引导式想象
大声阅读	独自安静学习的时间
音乐、说唱、音响	大脑地图和视觉组织
重复听	计算机图像
词语游戏	

学习是多渠道的，学生是通过视觉、听觉、触觉、嗅觉各个渠道来学习。因此，在学习的过程当中，不只有知识的深层加工，还有情感作用。学生个人有他个人的想法，当个人得到尊重，他的情感得到满足，他的需求就得到满足。

三、认知理论的学习策略

人类的脑有多元的能力，不同的区块有不同的功能，有视觉、听觉、触觉、嗅觉、分析、表达、语言等区块，每个区域负责不同的任务，具有不同的功能和特性。课堂的教学，如果采用过于单一化、统一化的学习方式，没有发展个性化的学习策略，那么就会缺乏多渠道的教学，导致个体学习发展受限制。也就是教师的教学，如果是不断地去灌输知识，传递知识，孩子的想象和创造的空间就会比较不发达。所以简单地说，合作学习教学的主要目的是满足学生个性化的需求，通过这种个性化的需求，满足不同孩子的条件。

学习策略基本上具有目的性、规律性、主体性。由于考虑到主体，那么不同的学科，有不同的策略；不同的年级，也有不同的要求。学习策略基本上有三类：第一是认知学习策略；第二是元认知策略；第三种是资源管理策略。

（一）认知学习策略

迈耶（D. Meyer）和温斯坦（C. Weinstein）[1] 指出有三种传统的认知学习策略（cognitive learning strategies），这些策略方法是重复复述（repetition）、精致（elaboration）和组织（organization）。重复复述是指平常教师上课时，要求学生重复知识内容，或者把重点抄下来、记录或画线等。精致策略就是在已知知识上建立一个桥梁去理解链接新知识，这些方法包括运用句子改写（paraphrasing）、做总结、问题解决及信息比较分析。组织策略就是整合与组织信息让它们变得更有结构与系统，信息就更容易记住与理解，特别是复杂的信息。具体方法如分类、做提纲、知识图、整理知识结构要点。

---

① Meyer, D & Weinstein, C. (1991), College learning strategies and college teaching, New Direction For Teaching and Leraning, no. 45, pp. 15 – 26, Spring 1991, Jossey-Bass Publishers.

（二）元认知策略

元认知（meta-cognition）是指认知或关于知与学的知识，元认知知识是对于认知的过程的高级认知，用监控和调节推理、理解、问题解决和学习等活动[①]。伍尔福克（A. E. Woolfolk）指出，元认知是一种知识关于人们对他们自己思考过程的察觉与人们可以知道自己是如何思考的。

元认知有三种知识：陈述性知识（declarative knowledge）、程序性知识（procedural knowledge）和条件式知识（conditional knowledge）。陈述性知识就是当学习时，知道用什么方法和做什么（what to do）。程序性知识就是一种知识知道如何去做某件事情。条件式知识就是理解为什么要做和何时去做，还有确认任务的完成。具体地说，学生在合作学习教学发展之下，能够对学什么、如何学、何时学、何地学及达到何种学习结果产生明确的自我意识和自我体验，这正是元认知策略知识的作用。

因此，元认知策略应用三种基本技能：计划（planing）、监控（monitor）和评价（evaluation）。计划就是选择适合的策略和分配资源去完成任务。监控就是学习者可以察觉自己的理解与观察任务的执行。评价就是在整个学习过程当中，去评估学习结果与效能。很显然地，个体在认知过程的有效性如何，有很大的程度是决定于元认知过程的运作水平。个体学习过程中，学生需要善于分析学习目标、制订学习计划，并且积极监控、调节自身学习活动，这样一来，有助于个体与他人之间的合作学习。合作学习教学中解决如何关注每一个，发展每一个，其中有效的途径之一就是加强学生元认知培养和训练，使得学生能够有效地发展自主学习能力。

[①] Woolfolk A. E. , Chapter 7:Cognitive Views of Learning, Educational Psychology 6th Fifth, Boston: Allyn and Bacon,1995:238－283.

元认知发展随着年龄的增长而提高，它是个体在学习中获得经验而逐渐发展起来的。元认知是认知过程的认知，是一种个体对学习过程独特的认知，因此，具有个体发展的差异性。

（三）资源管理策略

资源管理策略（resource management strategies）是指辅助学生管理其可用环境和资源的策略。资源管理基本上有以下四个策略：

第一个是时间管理，是指学生能够在自己学习过程中确立有规律的学习时段、合理估计学习任务所需时间、使用固定的学习区域、分清任务的轻重缓急。

第二个是学习环境管理，是指选择适宜于学习的环境。

第三个是他人支持，比如寻求教师、同伴的帮助。

第四个是学习资源的利用，比如参考资料的选择与利用、广播电视节目选择与充分利用（新闻调查、科技博览、军事天地、时事纵横、文艺欣赏、曲艺杂谈等）、网络信息资源的充分利用。

四、小结

本章主要提供多元智能理论、认知风格与学习风格，以及认知理论的学习策略的资源材料帮助教师能更有效地理解学生的学习方式和特点。合作学习教学提供给学生一个更宽阔的学习选择与自由，也给教师为成功而教提供支持。

合作学习可以满足学生不同学习需要，使不同天赋的学生充分发挥自己的才能，尊重每个学生独特的学习方式。合作学习教学建立一种以实现学习意愿为目的的个性化教育，即个性化学习，指的是学生根据自己的兴趣、爱好和特长，自愿成组，实现共同学习意愿，按照其规范章程开展活动的学习方式。这一组织形式和运作都异于班级授课制，尊重学生个性差异，直接指向学生主体性实现，势必能成为现有教育组织形式的有效组织补充，能有效促进学生学习方式转变，实现学生自主学习。

第四章 合作学习的小组建设

本章主要回答研究问题一：教师在实施合作学习教学时，怎样促进小组之间的建设和管理？我们要从三大方面来讨论合作学习的课堂规则的建立和管理：一是课堂文化的重建；二是学习小组组建；三是创设小组交流的空间。

一、传统和合作学习课堂的小组差异

研究发现，在传统的课堂中课堂规则是由教师制订的，主要是"认真倾听""举手发言""举手提问""不做与学习无关的事情"。这些与其说是规则，不如说是教师的课堂要求，学生按照要求去做就会得到肯定评价。合作学习的课堂由于教学形式发生了变化，因此课堂规则需要随之发生变化。在学生独立学习环节需要的规则是"独立思考、尝试，不与别人交流""管理好学习时间，不做与学习无关的事情"等；在小组交流的环节需要的规则则是"人人参与的有序发言""声音小，不影响其他小组学习"；分享阶段则需要针对发言、倾听、姿态、思考做出明确的规定。以上这些规则是每节课都需要的基本规则，因此需要经过全体同学参与讨论并达成共识，固定下来之后坚持落实。事实上这些规则不是一成不变的，会随着时间推移，以及学习内容、学生技能的改变而调整。

合作学习的课堂与传统的课堂相比具有以下特征：课堂上实现了师生、生生、组与组等多渠道的交流与互动，通过充分的交流达成教学目标；其次，课堂更加民主、开放，学生处于接纳、关怀、人文、民主的课堂文化之中，教师和每一个学生都是学习共同体中的"平等"的一员。这两个特点给课堂管理带来新的挑战，需要建立新的课堂规则以保障课堂学习活动的有效展开。

课堂规则是规范课堂行为、维持课堂秩序、培育良好行为、促进课堂学习的保障。合作学习的课堂规则同时是发展学生合作能力的载体，规则本身更是文化的具体体现。课堂规则的建立，一旦成为学生的行为习惯，就可以长久地发挥作用，产生积极的管理效益和教学效益。

二、课堂文化的重建

吴玉国[①]在《基于同伴交往的教学研究》一书中指出，课堂文化是班级成员在长期交往中形成的一种共同心理倾向以及表现出来的特色文化氛围。在这个氛围中，学生不仅能够有效地学习知识和技能，而且在和同学共同的学习中获得积极的情感体验，形成共同的行为标准，学习社会技能。作为学习的主体——学生，只有积极主动地投入到学习活动中，与老师互动，与同学活动，与小组互动，与集体互动，才能清楚表达自己的学习需要，在求知的同时获得更好的发展。传统的课堂更多地重视老师与全体学生的交流以及老师与个别学生的交流，即使有生生之间的交流，也是在老师设计下的交流，很少有学生根据自己学习的需要主动发起交流的。

可见，这样的课堂虽然是形式上的学习集体，实际上只是学生独立学习，他们具有的只是单独和老师双向交往，还是老师主动发起，学生被动接受的交往。显然这种课堂形成的课堂文化并不利于学生的发展。吴玉国[②]指出，课堂上，学生之间的关系比任何其他因素对学生学习的成绩、社会化和发展的影响都更强有力，但课堂上同伴相互作用的重要

---

① 吴玉国. 基于同伴交往的教学研究［M］. 南京：南京大学出版社，2013.
② 吴玉国. 基于同伴交往的教学研究［M］. 南京：南京大学出版社，2013.

性往往被忽视。学生之间的关系是儿童健康的认知发展和社会化所必须具备的条件。小组合作学习就为生生之间进行交往，发生关系创设了环境。

小组合作学习为生生之间的多向交流提供了便利。首先，小组合作学习从空间上为学生提供了多向交往的便利。"T"字形摆放桌椅，使教师讲授时，学生能够和教师面对面地交流。在小组内进行交流时，组员可以通过转身，顺利地从单独听课向小组交流过渡。这样组内交流时，组员都能互相看到对方，便于眼神和表情的交流。

其次，有了合作学习的小组，小组成员就有了归属感。他们从心理上彼此接受，感觉到小组是我们共同学习的一个团体，自己和组员都是这个团体的一员，这个团体的发展和我们是有关系的，我们都有责任为这个团体做出贡献，小组优秀就是我们优秀，用学生的话说：就是一荣俱荣，一损俱损。与以往的课堂相比，学生会感觉到在学习的道路上不再孤单，不是"孤独的学习者"，而是有更多志同道合的同行者。遇到问题时，我们会共同面对，互为交流的主动者，我们有信心有能力解决有挑战性的问题。在学习活动中，不仅促进了学习目标的达成，更享受了积极愉悦的情感体验，同时学会了与同学交往，收获了友谊。

再次，小组合作学习的课堂，老师的教学形式发生了改变。原来老师面对的是个体，课堂上更多的是老师主动与集体交流、与个体交流。现在，更多的是老师与小组的交流、组员之间的交流、组与组之间的交流、组与集体之间的交流等等。如此多向交流不仅能促进学生很好地完成学习任务，并且能够使组员之间互相包容、互相接纳、互相欣赏，同时在合作中学习一些合作技巧。

在交流中重建课堂文化，合作学习重视团体合作，学生不再是学习道路上的独行者，而是团体合作的主动参与者，这就为不同学生在学习活动中相互包容、相互接纳、相互支持、相互帮助的课堂文化的形成创造了条件。

合作学习课堂的特质如下：学生们分组学习，以掌握知识为学习目标，小组由高、中、低成绩的学生组成。只要有可能，小组就应包括不同种族、文化与性别的学生，奖励体系既适用于团队，也适用于个体。

总之，我们认为，合作学习至少有三个重要的教学目标：①学业成就；②对多元化的包容与接纳；③社会技能发展。根据合作学习课堂的特质及教学目标，需要重建以下方面的课堂文化。

（一）在小组合作学习中，组员之间形成相互依赖、相互促进的原则

由于小组完成的是共同的学习任务，所以小组成员面对任务时，不存在只要自己独立完成任务而与他人无关的想法，更不存在我要超越他人的竞争意识，而是认识到只有组内同学共同努力，团结协作，才能更好地完成任务。这样在完成学习任务的过程中就增强了组员之间的交往，促进了组员之间关系的融洽与配合的默契。在共同完成学习任务的过程中，不同程度的学生都能得到发展，成绩好的学生根据同龄人共有的年龄特点，共有的兴趣和语言指导需要帮助的组员，在指导的同时能够引发他们更深层次的思考，促使他们得到更好的发展。得到帮助的学生在完成学习任务的过程中，经过自己的努力，把自己的思维过程与全组进行了分享，引发了组员的思考，同样为学习任务的完成贡献了自己的一份力量，他同样赢得了组员的认同与尊重。由此可见，在这样的学习活动中，在小组交流中，他们互为主体，都是以主人身份参与到共同学习活动中的，并获得了愉悦的情感体验。

经过一段时间的小组合作学习，带来的显著变化就是小组的凝聚力越来越强，不仅在课堂上他们齐心协力完成学习任务，生活中也自觉地以小组来解决问题，进行游戏。特别是一些在以往的课堂中比较沉默的学生，在组内变得开朗了，是小组活动给了他自信，是组员交流给了他指导。

（二）在小组合作学习中，学生体会到过程比结果重要

以往的课堂学习形式和学业水平的测试机制，导致学生更多关注结

果是否正确，而忽略了学习活动的过程。关于学生在合作学习与独自学习中的表现情况，吴玉国在《基于同伴交往的教学研究》一书中提到了这样一个实验：

英国小学数学教师威廉森曾经进行了一个独立学习与小组学习的对比实验，并作了详细的记录，记录表明"单独学习的学生通常是快速写出答案，只提供每个答案的一个或两个步骤的例子，但是很少花太多时间找出每个问题答案的原因"，而且"不能容忍更多的答案解释"；"然而，小组学习者表现出不同行为，他们花更多时间在问题的解决上，找出尽可能多的他们可以接受的答案来论证他们的猜想"。因此威廉森认为"似乎增加学生间交往的机会能使问题解决变成学生更丰富的经历和体验"。小组学习团体中学生更有信心和动力，遇到困难少了沮丧感，而"单个学习者因没有人提供意见而感到孤独和沮丧"。

小组合作学习的方式放慢了优秀学生完成学习任务的速度，吸引他们更多关注参与学习活动的过程，在"沉浸体验"中思维得到发展的同时，交往技能逐渐形成。课堂上显著的变化是：小组交流刚开始的时候，组员更多交流的是结果，争论结果的正确与否，而把自己探究的一些过程擦掉了，不能把自己的思维轨迹呈现给组员，达不到相互启发、共享的目的。在交流中，学生发现这样不行，他们没有在一个语境中对话，于是通过调整自己的探究过程，便于交流，促进小组共同学习目标的达成。后来，小组交流过程逐渐发展到学生用自己记录的思维过程，引发组员思考，在组员的回馈中，又引发自己更深层次的思考。在这个过程中，思维、情感、合作技能等的收获远比独自完成学习活动要丰富，这就更进一步地促进了组员之间的积极互赖。

（三）在小组合作学习中，学生体会到真实比正确重要

由于长期使用的评价机制，在学生的心目中，正确是他们追求的目标，所以最初的小组交流学生争论的是谁对谁错。对的学生就会产生一种积极的心理体验；而自认为错或不正确的学生首先从心理上就输下阵

来，接下来他急于要做的事情是把自己的探究过程与结果改成和他认为对的学生一样，而不是静下心来思考或把自己的疑问提出来，请求组员帮助。自认为错或不正确的学生也知道自己没有达成目标，但自尊心让他从众了。针对这种情况，老师要借助小组交流的有序规则鼓励学生真实地表达自己的想法、说真话，而不是说正确的话。

在组员多向交流后，学生的思维会更清晰，他们会体会到，完成学习任务的途径有多条，有繁有简，各有优势与不足，他们的思维过程无所谓对错，他们通过交流，相互接纳、相互启发，共同完成了学习任务，达成了学习目标。在这个过程中，自认为学习上的弱者会不断地增强自信心，因为他把自己的思维过程和组员进行了分享，并引发了他们的思考，他同样为小组学习任务的完成贡献了自己的一份力量，他是骄傲的。长此以往，这些学生不在是以往课堂上"沉默"的学生，而同样是学习的主人。

（四）在小组合作学习中，学生体会到进步比优秀重要

在每个班级里，都会有一些学习上、纪律上或同学关系上的后进生，在初建小组的时候，这些学生被其他学生想当然地拒之门外，怕他们影响自己的小组。所以在建组前，教师要提前了解这些学生的意愿，做好工作，使他们在组建小组时能够顺利地进入自己想参与的组。然后在小组合作学习中，运用团体评价与个人评价相结合的形式进行评价。团体评价评价的是小组合作完成学习任务的过程（包括独立完成部分、交流情况等）与结果（成果与汇报），个人评价是对个人学习情况、对小组学习活动是否积极参与以及作出贡献大小所做的评价。让学生体会到进步比优秀重要。

（五）在小组合作中，学生真正体会到我是课堂的主人

《主体教育论》① 一书中特别强调在课堂教学中发挥学生的主体作用，发展儿童在活动与交往中的主体地位，强调他们在与环境的相互作用中以及自我建构与自我表现中的能动性。纵观以往的课堂，学生在老师借助教材所设计的学习情境中学习，在教师的引领下，参与教学活动，在这样的学习活动中，他们更多的是在老师设计好的轨道上探究知识，将知识纳入到自己的认知结构。所以更多的交流是老师作为主动者发起，学生被动地参与，而且受班级人数的限制，学生参与交流的面窄，只限于少数学生，大多数学生只是沉默的倾听者。很少有学生基于自己的思考，主动发起交流，即使有，也多是询问自己不懂的问题。这种现象一方面是因为以往的教学模式使教师和学生习惯了这种教学方式，另一方面是因为学生缺乏交流的技巧和能力。

由此可见，学生在学习活动中，还没有起到主体的作用。小组合作学习的课堂，首先，教师不再是唯一的交流主动发起者，教师与学生的交流也不再是一对一的交流或一对全体的交流，增加了参与小组的交流（教师与小组互为主动的交流），而更多的是倾听和引领。其次，在时间与空间上，学生得到了更多主动发起交流的机会。例如：多向的组内交流、组间交流、小组与全班的交流等等。在这些交流中，真正地发挥了学生的主动性和能动性，使他们在学习活动中能够更积极地思考，在有准备的基础上发起双向或多向互动，不断引发、丰富、修正自己的思考，同时在活动中形成合作精神，发展合作技能与交往能力。

在小组合作学习的课堂，新的课堂文化一经形成，将是一个有共同学习目标、团结互助的学习共同体。学生在学习活动中，互相支持，互相帮助，彼此欣赏，在完成学习任务的同时，也能获得合作技巧与社会交往技巧。这些技巧能使他们受益终生。

---

① 王道俊. 主体教育论 [M]. 北京：人民教育出版社，2005.

三、创设教室的小组交流的空间

课堂的空间组织形式不仅关系着学生的学习效果，更会影响教师和学生之间、学生和学生之间的关系。现在的课堂多采用"秧田式"的组织形式，这种形式所有学生面向的都是老师，有利于学生从教师那里接受信息和教师了解学生接受信息后的回馈信息，但是不利于学生之间的多向交流、组与组之间的交流。创建合作学习的课堂就需要改变课堂空间的使用方式，它不仅影响着课堂中师生之间的关系，还影响着学生在课上的主动权。怎样合理安排桌椅的摆放，就成为小组合作学习首先要解决的问题。

在合作学习中，摆放桌椅的原则是即有利于教师和学生的交流，又方便学生之间的交流，而且便于从讲授到合作学习的过渡。老师们经过一段时间的探索，找到了有利于学生交往的空间形式——T字形小组形式。这种形式在教师讲授时，学生能够面对教师，保持与教师的眼神交流。在小组合作学习时，坐在两侧的学生，面向课桌坐好就可以与组员进行多向交流了，这样从直接教学快速过渡到合作学习（如图4-1）。当然，还有其他有利于学生合作学习的排座方式。

各种座位排列方式，都是为了让学生之间的交流更易于展开而设计的。显然，图4-1排列方式改变了学习者"面对背"坐法，增加了"面对面"的机会。在面对面的交流中，学生可能通过眼神、表情以及动作增进彼此之间的理解，活跃交流气氛，提高交流质量。

图4-1 四人座位

四、如何组建学习小组

　　组建小组是进行合作学习的
第一步，也是合作学习取得成功的基础。它不仅承载着小组文化的形
成、小组合作技能的培养，而且对今后小组合作学习的效能有着直接的
影响。怎样帮助学生形成"组"的意识呢？罗伯特·斯莱文（Robert
Slavin）有这样一段关于合作学习小组的描述：比起一个人单干，同他
人一起为一个共同目标齐心协力能够取得更大的成就。这已是一个在社
会心理学中被反复证明了的原理，从中不仅可以体会到合作学习的心理
学基础，也能够意识到形成"组"的几个要素：同他人一起、共同目
标、齐心协力。第一个是"组"的基础和前提，后两个分别是"组"
的方向和"动力"。如何组建学习小组，使合作学习的课堂顺利进行，
是我们的首要任务。

　　组建小组是进行合作学习的第一步。在进行小组分组时，首先必须
考虑的是小组的规模。一般而言，小组规模以四人为宜。在确定好小组
的规模后，教师遵循"差异即资源"的理念，对学生进行异质分组。

　　采用小组合作学习后，我们的座位有"田"字形和"T"字形两
种，不管哪种座位形式，都是为了让学生之间的交流更易于展开而设计
的，只要运作的好即可。

　　组员角色分配基本可分为四种类型：形成性、功能性、总结性、促
进性（如表4-1）。① 分配角色时不要让学生习惯于一起工作，所以每
人有不同角色。初次使用合作学习可以让学生从简单的角色入手，例如
形成性的角色或者阅读者、记录者和鼓励参与者这样的角色。定期进行
角色轮换，这样每个小组成员都可以扮演每个角色几次。在每一次循环
中加入一个稍微复杂一点的新角色，例如理解检查员。随着合作的推

---

① 约翰逊DW，约翰逊RT. 合作学习［M］. 伍新春，郑秋，张洁，译. 北京：北京师范大
学出版社. 2004.

进，可以加入一些具有总结和促进作用的角色，例如详细解释员。

表4-1　适合每个年龄水平的角色举例

类型	角色	初级的	中间的	中级的
形成性	次序监督员	你先,再到我	轮流	顺次表现
功能性	记录员	抄录者	记录员	书记员
	参与鼓励员	说好话	给正面的评论	赞扬
	澄清员解释员	现在你来说	用自己的话来说	解释
	寻求意见统一者	每个人都同意	意见统一	达成一致
总结性	总结员	放在一起	联合	总结
	产生其他可供选择的答案	创造者	给另一个答案	给另一个回答
促进性	要求理由者	问为什么	询问原因	要求给出理由
	原理给予者	说为什么	给出事实和道理	进行解释

（一）营造合作学习的氛围

小组建设的目的是形成小组相互接纳、相互依赖、相互促进的组文化。小组已经形成并不意味着就有共同的学习目标，就能够在学习活动中相互接纳、相互依赖、相互促进，组员就有相互交往的技能。学生由于长期在班集体中"孤军作战"，突然进入了这样一个环境，一直以来的个体评价标准、竞争意识会影响他们快速融入合作学习的团体。怎样促进小组快速形成合作氛围，就是老师首要考虑的问题。

在分组完成后，教师要引导每个小组起一个积极向上、响亮好听的名字，设计出有创意有代表性的组牌并制订口号，激发组员的小组荣誉感和责任感。小组成员之间营造一个相互交流、培养情感的氛围，创设一个合作学习的空间。在此阶段，我们通过设计可以让组牌承担以下作用：

作用1　组建小组，确定小组成员

作用2　小组文化建设，有共同的目标

作用3　组规的制定

作用4　小组成员的评价表

作用5　上课时无声的语言

…………

（二）明确成员职责——分工

根据学生能力，我们将学生进行职务分工。研究最初，我们设立的分工有小组长、发言人、记录员、资料员，并将他们的职责细化。

如：

小组长：①安排发言顺序，把控讨论进展。

　　　　②控制发言的音量。

　　　　③认真倾听，积极回应。

发言人：①在小组内陈述小组发言要点，征求组内成员意见。

　　　　②清晰地表达小组学习成果。

　　　　③认真倾听，积极回应。

…………

随着研究的推进，我们发现在研究的不同阶段，小组成员的分工和职责可以进行删减、调整和补充。比如，各组的记录员在全班分享环节负责配合发言人进行板书，资料员负责协助进行屏幕展示，等等。

个体以角色的方式投入精力到学习行动中，小组角色在活动中相互依赖主要想满足三方面的需求：成就、归属和影响力。研究发现，学生的归属需求是促使他们学习不容忽视的动机。所以，教师在有小组形式的基础上，可以通过小组角色的互赖和活动中进行合作，满足学生的归属需求，使归属需求发挥积极的促进作用，以此增强小组的凝聚力。

五、小结

本章主要讨论合作学习课堂中的课堂管理。课堂管理包含了课堂文化的重建、学习小组组建、创造交流的空间。

课堂文化的重建主要有五大点：一是在小组合作学习中，组员之间形成了相互依赖、相互促进的原则；二是在小组合作学习中，学生体会到过程比结果重要；三是在小组合作学习中，学生体会到真实比正确重要；四是在小组合作学习中，学生体会到进步比优秀重要；五是在小组合作中，学生真正体会到我是课堂的主人。

学习小组的建立是合作学习的基础，通过小小组牌，发挥每个小组的最大作用，然后根据学生能力，我们将学生进行职务分工。一般来说每个小组基本上有小组长、发言人、记录员、资料员，并将他们的职责细化。

合作学习的形式就是几个人（以四人为宜）坐在一起，因此，空间的分布是一种学问。最好的座位方式是让学生能形成圆形的座位排列，能相互看到小组成员，以便讨论交流。

总之，小组成员之间的合作基础是团结，抱团是小组团结、凝聚力形成的重要过程。我们研究发现，必须满足学生的归属需求，这样才能有效帮助学生群抱团。

合作学习教学中的小组建设才刚刚开始，在每日的课堂当中，由于教师的个性和学生的不同，同一种教学方式不同人使用就会发现不同问题，因此，我们在实践过程当中，发现了 16 个问题和解决策略的方法（看实践篇的问题 1—16）。

第五章　合作学习教学模式和课堂实施

通过实践和研究，本章回答了我们研究的问题二：基于合作学习的数学课堂有什么样的教学模式？基于合作学习教学设计理论，我们经历了对"教"与"学"关系的思考，提出了基于合作学习的数学课堂教学模式和流程。

另外，教师在使用教学模式时，经常会遇到如何在小组讨论进行中干预的问题，本章也回答了研究问题四：在合作学习课堂上，教师应该如何进行干预和指导？

一、合作学习教学设计理论

并非所有小组学习都是合作学习，小组学习要成为真正的合作学习，必须包含一些基本要素，才能达到合作学习课堂效能。一般来说，合作学习有四个教学构成要素：教学前的决策；建构和解释合作任务；监控和干预；评价和反思。

（一）要素一：教学前的决策

每一节课教学前的决策，教师都应该考虑到具体的教学目标，小组的规模，选择将学生分配到小组的方法，小组成员的角色分配，教室空间的安排，并准备学生完成任务所需要的学习材料。

1. 具体的教学目标（包含学业目标和社交技能目标）：学业目标是以概念或任务分析理解为基础的学习；社交技能目标要详细论述在课

堂当中你想要强调的人际技能和小组技能。同时要注意合作学习目标的教学原则，共有六个原则：需要性原则、针对性原则、适度性原则、生成性原则、主体性原则和层次性原则①。

2. 典型的合作学习小组的规模一般是 2 ~ 4 人，基本上是越少越好。但在选择小组的规模时，约翰逊等人就建议：活动时间短，小组规模则小；根据资源分配；增加人际资源，可增加人数；学生合作不熟悉，就减少人数；如果要增加凝聚力和社会支持，就减少小组规模；如果强调个人责任，就减少小组人数；如果教师想要诊断学生缺乏哪些技能，最好设置 2 人小组。

3. 将学生分配到小组的分组方式如下：随机分配、分层随机分配、偏好（喜欢人物）、教师选择的小组、自己选择的小组。在合作学习中没有理想的成员，决定小组的创造力不是小组成员的构成，而是成员之间的互动方式。

4. 分配角色以保证互赖。

5. 空间安排：教室空间和设备的安排表明小组活动的范围和适当行为，以便学习活动的展开。

6. 设计教学材料：学生需要完成的任务类型，决定了课堂所需要的教学材料（学习单）。材料设计必须以互赖（材料互赖、资源互赖、对手互赖）为基础。比如，每次只发给每个小组一份学习材料，这样可以做到材料互赖。每个学生拥有完成任务的一部分材料，可以达到资源互赖。按照小组之间比赛的形式来组织材料，并且使小组展开竞争来看看哪个小组学得最多，可以形成对手互赖。

（二）要素二：建构任务和合作结构

合作学习的第二个要素是让学生了解为了完成任务他们必须要做些什么以及如何做。对于每一节课，教师都要向学生解释学习任务，解释

---

① 万国全，丁国林. 合作学习指导手册 [M]. 南京：江苏科学技术出版社，2012.

成功标准，建构积极互赖关系，个人责任，并且阐明教师所期望在课堂上看到的行为。

1．解释学习任务应该包含以下方面：

（1）解释作业。作业应该是清楚的、可测量的任务。

（2）解释课程目标，以保证学生的迁移和保持。

（3）解释学生在课堂上需要用的概念、原理和策略，把学生过去的经验和新知识的学习进行联系。

（4）解释学生完成作业所要遵守的要求。

（5）需要一个可视物品，每个学生在上面签名。这可使学生坚持完成任务，并且有助于增强他们的责任心。

（6）用特定的问题检查班上成员对任务的理解。

（7）要求学生回答有关任务中的两三个问题，建立起对任务内容的期待并提前组织他们对这个任务原有的经验。

2．解释成功的标准：合作学习需要基于标准的评价，根据这些标准评价来判断每个学生的成绩。

3．建立积极互赖：合作学习的核心是积极互赖。如果没有积极互赖，合作学习就不复存在。积极互赖能产生学生间的同伴鼓励和支持。比如，通过为小组取一个名称或一个小组标志，例如座右铭、一面旗帜或一首歌，以此建立一个共同身份，身份互赖的关系就形成了。

4．建立个人责任：在合作小组中，每个人都必须尽力地完成被分配的那一部分任务。小组成员有"应该"的概念——每个人应该分担、贡献和尽职尽责。

5．建立组间合作：通过小组之间的合作可以扩大合作学习的积极效果。

6．将期望的行为具体化：合作学习比竞争和个体学习还复杂，它需要详细具体地解释任务与合作的规则，同时从少做起，一次学一两种社交技能就够，还有通过过渡学习，培养学生的行为技能达到自动化和习惯化的程度。

（三）要素三：监控和干预

研究发现，成功的合作学习课堂通常表现在教师监控和教师给予小组的反馈两个纬度上。教师的作用就是监控学生的互动过程，并帮助学生更有技巧地进行学习和交往。监控和干预包括组织课堂，监控每一个学习小组并在需要时进行干预，以促进任务完成和小组工作，并对课程进行最后的总结。

选择什么样的时机来进行干预，是教学艺术的一部分。干预就是提供任务辅助，适当地干预可以进一步阐明教学活动、复习一些有助于完成任务的重要方法和策略、提出一些引发学生思考的问题，必要的时候，教授学生任务完成和小组工作的技巧。干预最好是具体的说明，而不是泛泛的提醒，具体说明能帮助学生把学习的条件和学习的过程相联系，从而有助于强化学习行为，并促进正迁移的发生。比如，你正在做什么？你为什么做这个？它对你有什么帮助？……鼓励学生元认知思维。通过合作的活动，学生把一些内隐的思维过程公开，我们可以对其进行观察和评论。

（四）要素四：评价和反思

让学生总结课中的要点、回顾有关观点和向老师澄清个人困惑就可以有效结束课程。对于评估学习效果，包括评估和评价学生完成任务的质量和数量，保证学生细心地检查他们学习小组的效果，让学生制订一个提高的计划。

当学生完成任务后，学生要描述小组成员的哪些行为在完成小组工作时有用或无用，并且决定哪些行为要继续，哪些行为需要改进。在合作学习中，团体历程有两种水平：在每个学习小组的反思和在全班范围内的反思。

反思团体历程由四个部分组成：①反馈应该是描述性的和具体的，而不是评价性的和概括性的；②反思，为了促进学生的反思，避免用

"是"或"否"来回答问题；③改进目标，提高质量；④让学生庆祝小组成员的辛勤劳动。

二、合作学习课堂本土化实施设计

（一）对"教"与"学"关系的再思考

正如我国学者王坦评论的那样，传统课堂上教师既"导"且"演"，以此维护着自己的权威地位，侵占了课堂的绝大部分时间。学生只能跑跑龙套，敲敲边鼓，充当配角或背景，甚至是旁观者。权威是绝对的"先知"，如何帮助学生掌握知识呢？

教是学的条件，学是教的目的；教是以学习、学会和会学为终点的，学永远是教的起点。无论何时，如果学生还没有开始学习，我们的教学就不能开始。

所以，寻找到学生开始学习的地方，在这个地方教师要等待，留给学生独立思考、学习的时间，在学习和思维真正发生之后，根据学生的学习情况开展教学，我们的教学才有意义和价值。在课堂上，这种等待和忍耐可能比教师的教学技能、技巧、课堂艺术更重要。

从这个角度看课堂，在一段时间内，课堂结构的改革可能比课堂艺术的追求更重要。让教学从艺术回归科学。

（二）合作学习教学结构流程化

我们整合 STAD 模式以及数学学习知识和能力的特点，设计了以下合作学习课堂实施五大步骤（见图 5 – 1）：

1. 引入环节。主要是通过情境的创设，揭示探究任务，激发学生探究的兴趣和欲望。

2. 独立思考环节。学生安静、自由、自我的表达自己的思考和观点，他们的思维奔放且充满个性。在这里，是真正发生"学习"的地方。此时的教师是等待、是观察，观察学生现在在哪儿、有什么发现、有什么困难……事实上，此环节是教师课堂备课的环节。

3．小组交流环节。学生轮流、轻声发表观点，在这里每人都有说话的机会，使得课堂时间的线性使用得到改变。他们之间相互倾听、接纳、启发，在这里学生的学习正在继续……小组交流让学生学会交流。此时教师时而倾听、时而参与，关注着每个小组"学习"路上的经历。

4．全班分享环节。这是各组研究成果发布会。在这里有默契的配合，有自信的发言，更有思维之球在生生间传递：我要评价、我受到了启发、我有问题……此时教师智慧的"退"出讲台，在需要时果断"出手"给予适当的支持和干预。

5．课堂反思。这是课堂必不可少的一环，通过"回头看"整个学习经历，梳理提升、积累经验。

以上这五个步骤能有效地帮助教师开展合作学习，同时有效地培养学生自主学习和合作交流的能力。下面我们将用两个案例来说明如何设计和实施合作学习课堂。

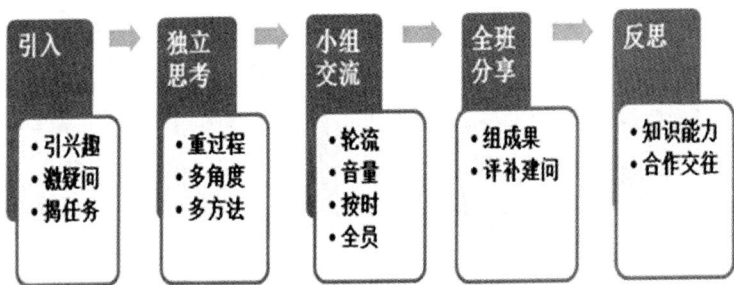

图 5-1　合作学习教学流程

三、从理论到实践——"交换律"案例实施

下面我们将用"交换律"这个案例来说明我们是如何进行教学内容分析、教学设计和开展合作学习教学的。

（一）教学内容分析

"交换律"是北师大版教材四年级上册第四单元"运算律"的第二课时，本单元以"整数混合运算"作为第一课时。把"运算律"单独为一个单元，以突显运算律在整个混合运算中的作用。后续学习内容有"加法结合律""乘法结合律""乘法分配律"。

交换律的教学到底要"教什么"？为了明确这个问题，需要追问"为什么要学这个内容？而且是在四年级学这个内容？学习它除了'学会交换律''使计算简便'外，还有什么价值？"交换律的学习，至少还有以下三个价值。

第一，学习交换律的过程是对运算再认识的过程。

加法、乘法为什么会有交换律，而减法和除法却没有？是因为加法中的两个加数地位"对等"，乘法中的两个因数地位"对等"。比如，加法中"部分＋部分＝整体"，对于"整体"而言，凑成整体的两部分地位对等，与位置无关，所以可以交换位置。减法中被减数是"整体"，减数是整体中的"一部分"，二者关系和地位不对等，不能交换位置。乘法是加法的简便运算，加法有交换律，乘法也应该有；除法是减法的简便运算，减法没有交换律，除法当然也就没有交换律。这样的讨论过程，是对运算意义及运算间关系再梳理、再认识的过程。

第二，学习交换律的过程，是培养学生"说理"能力的过程。

学生对"$3+2=2+3$"这样的事实确信无疑。然而，若对"交换位置结果不变"进行说理，却没那么简单了。其实，说理的途径很丰富，不仅仅可以用举例的方法，还可以借助以往的计算经历、借助直观图、借助实际情境、借助运算意义等进行说理。

第三，交换律的学习，第一次学习由关注"结果"到关注"结构"。

在以往的计算教学中，关注的是计算结果，而交换律的学习，关注的是形式和结构。若要清晰表达"结构"，需要用代数的方法，即"a

$+b = b + a$"这是学生第一次接触这样的表达方式。

（二）教学目标

在对交换律的教育价值充分挖掘的基础上，教学目标的制订才能全面而深刻，围绕教学目标设计的教学活动才更有针对性，更能激发学生的需求和促进学生的发展。因此，本堂课的教学目标是：

1. 经历"唤醒经验发现规律""解释说理得出规律"的全过程，理解加法和乘法交换律。

2. 学生通过画图、举例子、结合生活中的实例、借助算式意义等方法解释加法、乘法交换律的客观存在，加深学生对运算意义、运算之间关系的理解，培养学生的说理解释能力。

3. 在思考、交流的过程中，培养学生会思考、会交流、善表达，引导学生体会学习的乐趣。

（三）核心活动设计

以往学习交换律，都是经历：结合情境引发猜想（发现规律）→枚举法验证规律→概括规律。以举例验证为核心活动，试问，学生有举例验证的需求吗？

看一段司空见惯的教学实录：

（情境引入，学生提出：交换两个加数的位置和不变；交换两个因数的位置积不变。）

师：仅凭这些例子就能说明这样的规律一定存在吗？

生：不能。

师：咱们再举一些例子验证一下吧。

一个学生小声说：还要举例呀！

这个学生的声音教师没有理会（教师没听见或听见了觉得接下来的举例活动必须要做）。学生们"应和着"老师的"需求"，"被迫"在本上举例子，什么$2 + 3 = 3 + 2$，$27 + 18 = 18 + 27$，$3 \times 6 = 6 \times 3$……学生举例后，教师津津有味地开始反馈，"例子举不完，分类列举""举不出反例"……最后得出"加法交换律"和"乘法交换律"。

其实学生对"交换律"并不陌生，甚至是"应用已久"，回顾一下：

①验算时，如：

$$13+17=30$$

$$\begin{array}{r} 1\,3 \\ +\,1\,7 \\ \hline 3\,0 \end{array} \quad \text{验算：} \quad \begin{array}{r} 1\,7 \\ +\,1\,3 \\ \hline 3\,0 \end{array}$$

$$13\times17=221$$

$$\begin{array}{r} 1\,3 \\ \times\,1\,7 \\ \hline 9\,1 \\ 1\,3 \\ \hline 2\,2\,1 \end{array} \quad \text{验算：} \quad \begin{array}{r} 1\,7 \\ \times\,1\,3 \\ \hline 5\,1 \\ 1\,7 \\ \hline 2\,2\,1 \end{array}$$

②计算时，如：

$$23+457=480$$

$$\begin{array}{r} 4\,5\,7 \\ +\quad 2\,3 \\ \hline 4\,8\,0 \end{array}$$

$$23\times457=10511$$

$$\begin{array}{r} 4\,5\,7 \\ \times\quad 2\,3 \\ \hline 1\,3\,7\,1 \\ 9\,1\,4 \\ \hline 1\,0\,5\,1\,1 \end{array}$$

③看口诀写算式：

七八五十六 $7\times8=56$ $8\times7=56$

…………

学生有这么丰富的计算经历作支撑，再让他们"举例验证"，学生会觉得是"重复性"劳动，没有价值，这样的学习过程把对"交换律"的研究切成一段一段的，这一段儿是"举例"。很多老师认为"让学生举例验证"是研究交换律的"头"，其实不然，应该把思考过程"从头到尾"完整地交给学生。

另外，举例验证是把以往计算过的题再算一遍，学生觉得没有自主思考的空间、任务挑战性很低，索然无味，没有需求。看来把举例验证作为本节课的核心活动是不可取的！那么，设计怎样的活动能给学生比较大的思考空间，利于学生从头到尾完整地思考，且思考路径丰富，活动挑战性适度呢？

我们设计了核心活动：这个活动，围绕核心问题"交换位置结果不变的规律是否一定存在？加减乘除是否都存在这一规律？"。让学生首先亮出自己的观点，然后对自己的观点进行解释说理。

这样引导学生从"头"开始完整的思考问题，预设学生的说理方法很丰富：举例、画图、借助现实情境、借助运算意义等。学生需要自发地对已有认知进行调用、重组，这样的"说理"活动比让学生机械的"举例验证"要有价值得多。

（四）课堂实施实录

环节一：情境引入、独立思考

师：小比赛，单数组做单数题（1）（3）（5）（7）题，双数组做双数题（2）（4）（6）（8）。

ppt 逐一出示各题（如图 5 - 2）：

(1) 15+34=49	(2) 34+15=49
(3) 23+48=71	(4) 48+23=
(5)	(6)
(7)	(8)

(1) 15+34=49	(2) 34+15=49
(3) 23+48=71	(4) 48+23=71
(5) 57+86=143	(6) 86+57=143
(7) 48+77=125	(8) 77+48=

图 5 - 2

师：我正式宣布，双数组获胜！

生 1：老师，不公平，不带这样的！每次我们都给他们说答案了呀！

生 2：对呀。

生 3：他们的题跟我们一样，只不过把两个数调换了一下位置。

生 4：这是交换律，两个算式只是交换了一下数的位置，得数是相同的。

师：你们都是这个观点吗？都认为比赛不公平，因为交换两个数的位置，得数不变、相等，是这样吗？

（板书：交换位置　得数相等）

生：是。

师：没错，在这4组加法算式中，似乎是存在着这种现象。那么这种现象在加法运算中是不是普遍存在呢？在 −、×、÷ 这些运算中也普遍存在这种现象吗？

生：是……不是……

师：这就是咱们今天要研究的（ppt 出示学习单，解释学习单。）

首先，在"我认为"中简练地抛出你的观点（见图5-3），然后重点进行解释说理，解释说理要直观、简练。这个任务独立研究7分钟。资料员把学习单下发到每个人手中。

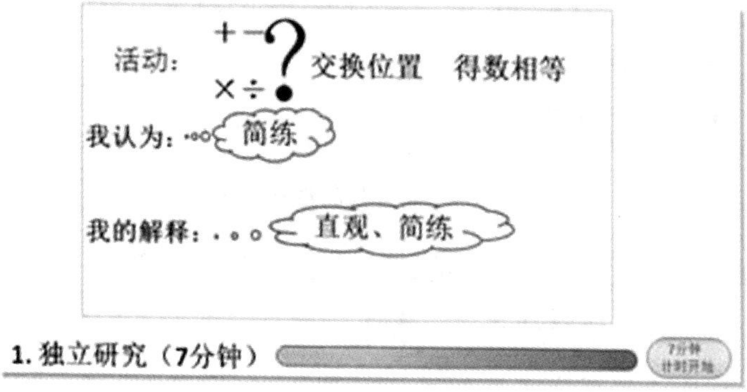

图5-3　交换律的个人学习PPT

【解释说明：引入环节，通过创设"不公平的比赛"情境，主要是为了激发学生探究的欲望。在此基础上，教师出示并解释学习单，通过解释不仅让学生知道要完成什么任务（思考交换位置得数相等的现象是否普遍存在）、任务标准（写出判断，给出直观简练的解释），完成时间（7分钟），这些是学生"独立思考"的保障。当然对学习任务的解释不一定由老师来完成，有时也可以把解释任务交给学生。另外，此任务对于学生来说有一定的挑战性，所以给学生7分钟的独立思考的时间。对于学生的思维路径、学习困难等，教师在备课时已经充分思考：有的学生只会举例说明，有的学生试图借助情境、借助直观图说理……。教师在这7分钟里，等待、巡视、观察，对个别学生进行"任

务的再解释"，使得每个学生都"发生学习"。】

环节二：小组交流

师：接下来进入小组交流，通过交流要整理出你们组的观点——"我们组认为……"，还要整理出对你们组观点解释说理的办法都有哪些。5分钟时间，各组开始吧。（见图5-4）

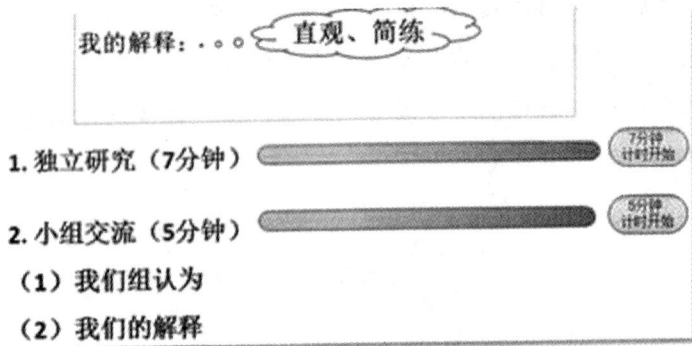

我的解释：...○—— 直观、简练

1. 独立研究（7分钟）　　　　　　　　　　　7分钟计时开始

2. 小组交流（5分钟）　　　　　　　　　　　5分钟计时开始
（1）我们组认为
（2）我们的解释

图5-4　交换律的小组交流PPT

【解释说明：在合作学习的课堂上，不仅有需要学生独立思考的"个人任务"，在小组交流环节，教师还要阐明"小组任务"，这节课的小组任务就是"整理出各组的观点、整理出各组针对观点解释说理的办法有哪些"。这个环节的顺利进行是以"小组交流规则"作保障的。各组都知道此时要"轮流发言""发言声音要小""要互相倾听""要做好全班发言的分工和准备"等等。通过交流，学生不断修正、完善自己的思考。当然这些规则的形成不是一日之功，在巡视中教师不仅要关注学生的学习成果，还要对这些规则的逐步落实进行监控、指导、评价，使"规则"为促进学生的交流服务、为学生的学习服务。】

环节三：全班分享

发言组：我们组认为加法和乘法交换位置得数相等。减法和除法交换位置得数不相等。谁有不同意见？

生1回应：减法中两个数如果一样的话，交换位置得数就相等。比如50-50。

生2回应生1：同学，这道题说的是"普遍存在"，不是特殊情况时存在。

生1笑了：哦，是的，谢谢。

发言组：谢谢你们的发言，我们继续说我们是怎么验证的。我们举了个例子，$5+4=9$，$4+5$也等于9，它们的得数是相等的；$5×4=20$，$4×5$也等于20。减法中，$10-9=1$，但$9-10$就不等于1了，等于-1，所以减法中两个数这样交换位置，得数是不相等的；然后是除法，$10÷2=5$，$2÷10$，我们看2不够1个10，所以得数肯定比5小。

发言组：我们还可以思考算式的意思。$5×4$有两个意思，4个5或5个4；$4×5$也有两个意思，4个5和5个4。这两个算式意思相同，所以得数相等。加法$5+4$，我们可以看成1个5加上1个4，$4+5$我们也可以看做1个5加上1个4。减法和除法我们把它变成了一道题，$10-9=1$，就是有10个苹果，需要9个就够了，还剩下1个；$9-10$，表示有9个苹果，却需要10个，还差一个苹果。$10÷2$是有10个苹果，平均分给两个同学，每人分到5个；而$2÷10$是把2个苹果平均分给10个人，不够分。减法和除法中的两个题是不一样的问题，所以减法和除法交换位置得数不相等。还有质疑或补充的吗？

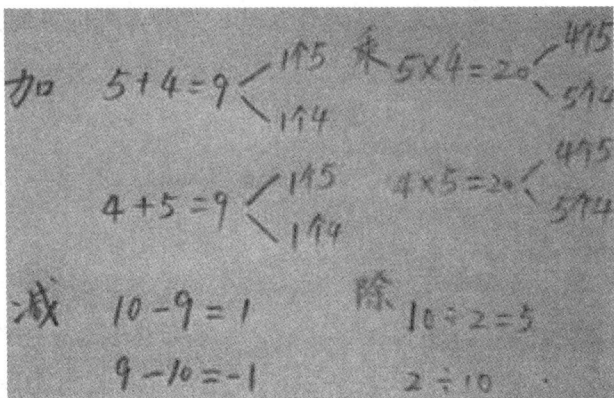

生3回应：我给你们组提个建议，你们$2÷10$算不出来，可以在"="号上打个"/"，写$2÷10≠5$。

发言组回应生3：谢谢（同时在学习单上及时进行调整）。

生4：我给你们组补充一下，减法也可以这么想：10是被减数，9是减数，用被减数减去减数，行得通；而用减数减被减数，不够减，所以减法行不通；而除法的本质与减法是一样的，只不过除法比减法简算一点，所以减法行不通，除法也跟着不行了！

发言组回应生4：谢谢你的补充。

生5：我感觉这些方法非常好，首先我们看乘法，乘法有一个本质意思，就是"几个几"。5×4有两个概念，4个5和5个4；4×5也可以分为两个概念，4个5和5个4。它们都拥有两个相同的概念，所以是可以交换的。我们再看加法，5＋4，我们可以看成1个5加上1个4；4＋5，我们也可以看作1个5加上1个4。它们都是有共同的两个相同的加数，所以得数相同。然后看减法和除法，减法10－9＝1，它的意思是——

师：我需要打断你一下，刚才生5的发言，从头到尾声音洪亮、很完整，但他的发言，你们感觉似曾相识吗？他的发言刚才发言组已经说过了。你要想给别人补充和提炼，要有补充和提炼的地方，不要大段的重复别人的话。

生5不高兴了：我主要要说减法和除法。

师笑了：哦，主要想说的还没说到呢！不好意思！不过，等会儿孩子，如果你主要的观点在除法和减法，那你觉得刚才对加法和乘法的补充，有必要吗？

生5笑了：确实没必要再重复说一遍。

师：ok，继续！

【解释说明：这么长的一段互动，教师一直没有出现，只是到了生5发言后才进行干预。因为在生5之前，大家始终围绕着一个话题，思维之球在学生间自然地传递，既有不同观点的"交锋"，又有很好的补充和建议。生5的发言，是在大段地重复别人的观点，没有提升也没有新的视角，此时需要教师的干预，以避免不必要的重复，使得课堂向前流动而不是原地踏步。】

生5继续发言：减法10－9和9－10意思是完全变化了。10－9，是被减数里去掉一个减数，然后变成一个新的被减数9去掉一个新的减数10，所以交换律不成立。但就像刚才一位同学说的，如果被减数与减数，被除数与除数相同的话，有可能是可以去运用交换律的。看除法，用你们的第一种举例的方法，10÷2＝5，2÷10＝0.2，得数不同。但看加法和乘法，是1个5加1个4或4个5和5个4，根本意思是没有变化的。

发言组回应：通过你的发言我受到启发了，加法中两个数都叫加数，减法中一个叫被减数、一个叫减数，名称不一样。

生7：我也受到启发，我觉得，名称一样就能使用交换律，不一样就不能使用交换律。

师：你们的发言触动了我，名称一样就能使用交换律，不一样就不能使用交换律。在加法中加数、加数，都叫加数；乘法中，因数、因数都叫因数；而减法中是被减数、减数，除法中是被除数、除数。名字如果一样，给人的感觉存在交换律，名字不一样，就不存在这样的规律。挺有道理的，名字背后有什么秘密呢？

生8：我感觉加法中的加数和加数，地位是平等的，所以都叫加数；乘法中的两个因数地位也是平等的，它们可以互换。被除数、除数和被减数、减数地位明显不平等。

生9：乘法是加法的简算，除法是减法的简算，所以加法存在交换律，乘法也就存在，减法不存在交换律，除法也就不存在。

【解释说明：生5的发言不是很清晰，但是同学的回应却是"通过你的发言我受到启发"。其实，这是我们追求的课堂文化，在倾听别人发言时，不要用"挑毛病"的视角，应该多用"欣赏"的视角、"受启发"的视角，这样的交流才是良性的。另外教师此处的干预也是受了学生的启发，名字背后的秘密实际上是对运算意义的理解。】

师：刚才咱们用了一段时间都是在从算式的意思去理解，理解得很透彻，哪个组还有其他的方法？

生：我们组还有一个方法是画图。同一幅图，横着看，2 个 6，列式是 6×2；竖着看，6 个 2，列式 2×6，相等。看这线段，左边＋右边，与右边＋左边，都是总长度，当然相等。

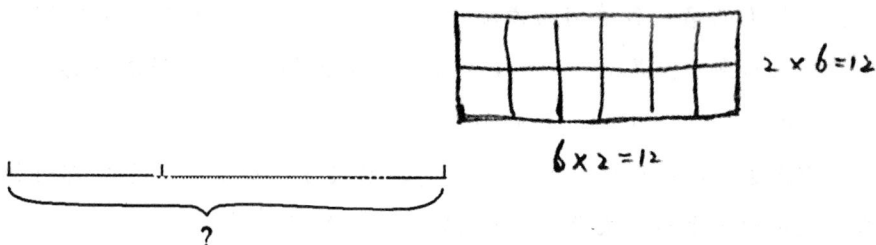

【解释说明：教师此时人为地结束前一段互动，是因为用"举例"和"算式意义"来说理已经很充分了，没有必要再继续说下去。而"画直观图"的同学也没有主动进行补充，所以教师此时的出现"刚才咱们用了一段时间都是从算式的意思去理解，理解得很透彻，哪个组还有其他的方法？"，是为了引出"画直观图"的方法，体会直观图在说理过程中的作用和价值。】

环节四：全课总结

师：快下课了，谁来作总结。

生14：我给发言组提个意见，你们组 4 个人中有两个人一直站着，都没发言。

发言组：我刚才一直没机会发言，接下来就由我来总结一下。……所以加法和乘法存在交换律，减法和除法不存在。

师：总结得真不错，记录员的板书也很清晰、简练、概括。梳理一下，咱们用了哪些办法进行解释说理的？

生15：举例的方法、结合实际问题的方法，还有就是结合算式意思的方法。

生16：还有画图的方法。

师：谢谢发言组，谢谢所有精彩回应的同学，最后，谈谈感受吧！

生17：我想评价一下发言组，我觉得你们组发言很好，解释得也很清晰。提一个意见，×××（指记录员），你黑板上的字要写得再大一些，免得后面的同学看不清楚。

生18：你们组表现确实很好，×××主发言，×××配合操作投影，×××板书，×××可以随时给主发言作补充。

师：课结束了。本节课我们对加法和乘法交换律进行了充分的说理。那么，交换律怎么去表达、怎样去概括这个普遍规律、怎么去应用，以后会进一步学习。

【解释说明：全课反思总结要以学生为主，是学生对全课的反思，一类是围绕"知识"的反思，包括对方法策略的提升（比如这节课上，学生总结到的"举例的方法""结合具体情境的方法""结合算式意义的方法""画图的方法"）。另一类是对互动、合作等方面的反思，这节课上学生使用"评价"的方法，在肯定优点的同时提出建设性意见，为今后更好地分享交流积累经验。】

四、从理论到实践——"小数乘法"案例实施

下面我们再用"小数乘法"这个案例来说明我们是如何进行教学内容分析、教学设计和开展合作学习教学的。

（一）教学内容分析

"小数乘法"是北师大版四年级下册三单元第一课时——小数乘整数。我们首先对本节课进行了纵向梳理，具体如下：

通过前后知识之间的联系，我思考"小数乘整数"的教学价值是什么？教学目标怎样定位？

"小数乘法"的学习，至少还有以下两个价值。

首先，学习"小数乘法"的过程是对小数意义再认识的过程。

"0.4×3"的本质是研究有"多少个 0.1"，得出"12 个 0.1"以后，还要根据数位顺序表，满十进一，写出"1.2"。整个学习过程，

不断深化小数意义的再认识，更加明确数字、数位、数的关系。对"单位意识"和"十进制"的理解进一步加强。

其次，学习"小数乘法"的过程是打通其与整数乘法本质联系的过程。

在以往的计算教学中，关注的是计算结果，有时候也强调"方法多样化"，而"小数乘法"的学习，关注的是不同方法背后的联系。以往常常是教师帮助学生总结本课所学，学生难得自己完成这样的"总结"方式，感受"转化思想"在数学学习中的重要性。

（二）教学目标

本节课的教学目标如下：

1. 学生通过创设丰富的现实背景，借助已有的数学模型，自主研究小数乘法的本质和整数乘法相同。

2. 学生在合作和交流中，进一步体会"十进制"关系，增强"单位"意识。

3. 学生经历从"一题多解"到"多解相联"的全过程，感受"转化思想"在数学学习中的重要性。

（三）核心活动设计

借助教材"元、角、分"的实际生活情境，设计了"问题串"，学生踩着一连串的问题，应该可以到达胜利的彼岸。如果离开老师一系列"问题"，放手给学生完整思考的机会，学生会怎样呢？

我们选取了四年级7班的8名同学（随即选择）进行前测。

0.2×4	0.4×3

我们发现，学生计算"0.2×4"和"0.4×3"的正确率达到百分之百，而且在访谈过程中，发现8名同学都可以用"元、角、分"

"米、分米、厘米"或"面积模型"说明自己的思考过程。于是我对教材的问题串进行了整合和调整（见图5-5）：

去掉了元角分的情景，少了限制

前测发现，进位计算对学生不是难点，不用设计梯度

只保留了0.4×3这个大空间问题

图5-5 小数乘法的教材梳理

通过对教材梳理和学生调研后，依据我们的发现和教学目标，我们设计了以下具体的学习单（见图5-6）：

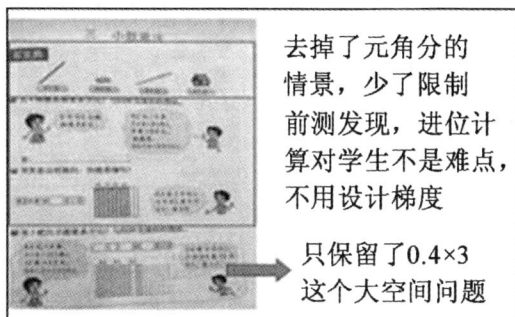

个 人 学 习 单

班级_____ 小组_____ 姓名_____

0.4×3=？

记录下你的思考过程：

图5-6 小数乘法的学习单

（四）课堂实施实录

环节一：复习引入

师：课前大家分享了自己喜欢的名人名言，老师也来分享一下我喜欢的一句名言，可以吗？（生同意分享）

师：我喜欢的一句话是"温故而知新"，有谁懂这句话？

生1：我知道，这句话出自《论语》，意思是要学习新的知识，要先复习旧的知识。

师：你说的真对，那今天学习小数乘法，我们需要复习什么旧知识呢？

生2：复习小数的意义、小数比大小、小数加减法等。

生3：复习乘法的意义。

师：两位同学分析的特别到位，谁能带我们回忆一下小数的意义和乘法的意义。

…………

【解释说明：由于本节课学习的内容是建立在对"小数意义"和"乘法是什么"的充分理解之上的，所以引入部分采用的是复习引入的方法，但是不同于以往的复习引入，让同学们做几道题目，而是借助"名人名言"，用学生自己理解，自己举例说明自己想法的方式，既给数学课堂加入了"文化"气息，又让同学们理解了为什么要复习，和怎样说明自己的观点……】

环节二：独立思考部分

师：刚才，咱们温了故。下面，我们来知新，我们今天学习的"小数乘法"就通过一道例题"0.4×3"来学习。(板书，出示学习单)(见图5-6)

师：谁来介绍一下这个活动。

生：计算"0.4×3"，不仅要有结果，还要记录下自己的思考过程——是怎么算的？道理是什么？

师：对，五分钟计时开始。

【解释说明：对于活动的介绍，可以由学生完成。教师在这个环节主要是巡视、记录、解答个别组的问题等。这个过程实际是教师"课堂备课"的过程。】

环节三：小组交流环节

师：课上的时间就是过得这么快，大家还需要时间吗？既然不需要了，我们进入小组交流时间。新学期，我们对小组交流提出了什么新的要求呢？

生：我们要学会总结，会找联系。

师：特别棒，看我们的小组活动要求（ppt 出示）。

小组活动：

①交流你们小组成员不同的思考过程。

②总结不同思考过程背后的联系。

（5 分钟后，同学们举手示意时间不够，教师又延长了 2 分钟）

【解释说明：在小组交流之前，教师的"大家还需要时间吗?"是对学生独立学习的充分重视，因为独立思考是合作学习的基础。在小组交流环节，还要引导学生明确"小组任务"，这节课的小组任务就是"交流不同的思考过程、总结不同思考过程、总结不同思考过程背后的联系"。之所以会有"交流不同思考过程背后的联系"这个任务，原因有二：一是"沟通不同方法背后的相同之处"是教学目标之一；二是因为计算"0.4×3"，学生资源的"丰富性"没有问题，但挑战性不够，找联系的任务需要学生透过现象看本质，增加了活动的挑战性。另外，根据学生需求延长小组交流时间 2 分钟，也是学生自主性的体现。】

环节四：全班分享部分

师：我们开始全班分享，哪个组先来？好，大家都这么积极主动，真爱学习。今天请第一组汇报吧。有请第一小组。

（第一组上台，开始汇报本组的方法，其他组认真倾听）

生1：我们刚才汇报了竖式的方法，变成加法的方法，扩大缩小的方法，大家有补充和质疑吗？评价也可以。

生2：我有不同方法。

（生 2 采用了画长方形面积图的方法。他汇报完毕，准备进入下一个方法的汇报，老师介入课堂，对话如下）

师：稍等，请先不要讲另一种方法呢，我想请问：你为什么会想到用画图来表示呢？

生2：我觉得仅仅用数字表示太抽象，画图看更直观，可以一目了然。

师：老师觉得刚才你用的"一目了然"这个成语特别准确。为你点个赞！

（全班自动鼓掌）

师：如果还想更加"一目了然"怎么办？

生2：把过程演示出来。

师：没问题，现在老师这里有一些磁条，请你借用不同颜色的磁条，将你的图动起来演示。

（生2自己在黑板上摆磁条，讲解思考过程）

师：同学们，听了他的讲解，是不是就将原本复杂的事情变得简单了、清晰了？这样是不是更"一目了然"？

（全班自动响起更热烈的掌声）

…………

【解释说明：大空间的问题设计，使得同学们有了更多思考的时间和空间，对于数学问题的解释方法更加多样，对于那些本质的、直观的、易懂的、重点教学目标的，如果同学们一带而过，没有重视，老师应该适时适度地介入课堂，帮助大家聚焦关键问题。比如，此片段教师为学生提供一些磁条，动态化的体会计数单位累加、满十进一的过程，实际是抓住了小数乘法和整数乘法的本质共同之处：计数单位和计数单位个数的运算……】

生3：我们有不同的办法：我们把0.4和3都扩大10倍，最后再把得数缩小100倍的方法。

（他汇报完毕，另外一名同学举手参与）

生3：谁来评价一下刚才我的方法怎么样？

生4：我觉得你的方法太复杂了，根本不用这样麻烦，直接把0.4扩大10倍就够了，干嘛还要把3也扩大10倍，完全没有必要，纯粹是"画蛇添足"了。

（底下坐着的同学，少数发出笑声，台上的生3明显有些尴尬）

师：刘同学，我能发表一下自己的观点吗？

生4：可以。

师：有的时候我们看起来是"绕远路"对吗？明明近路就可以过去，我非要绕一个远路是吗？但是我告诉你：路边的风景不同。

（随着老师的手势和讲解，生4和刚才笑的同学渐渐眼前亮了，像是打开了一扇窗）

师：我举个例子，比如你要去香港，你说坐飞机去，开车去，骑自行车去，那种最快捷？哪种最理想？哪种照片最多？……

生4：老师，我明白了，不同方法都很好，我以后评价同学会从正面说的。

（老师表扬生4，生3也自信地笑了，全班同学都经历了一场"一中求多"，是否还需"多中求佳"的思考，许多同学会意地点头）

生3：那同学们，请听我汇报下一种方法。

…………

【解释说明：教师此时出手是对学生"个性"的充分尊重。数学老师总是纠结于：在一题多解的时候，复杂或者绕远一点的方法，是不是画蛇添足呢？换句话说：当我们已经找到了很多种解法，是不是应该从中选择出步骤最少的一种为"最佳解法"呢？如果这样选择，那么这种带有"速成"，带有一定"功利性"的选法，是否就好呢？如果不去选择所谓"最佳解法"，而是着眼于不同解题思路背后的各有千秋，探索共同联系，应该是对学生终身的数学学习更有好处吧……】

师：我们来总结一下今天咱们一起讨论的"0.4×3"的9种不同解法背后有什么联系？

生：我发现，所有的方法都是把难题变简单了，都是把不会的变成了我们会的。比如0.4我们可以看成0.4米，这样就成了我们以前学过的4米×3。

师：太棒了，同学们认为她总结得怎么样？

（全班呼应：很棒）

师：大家这么认可你，你再面对全班，大声地重复一遍，我帮你记录。

(学生给全班讲述，教师在板书上记录她说的内容)

生：我发现，所有的方法都是把难题变简单了。

师：我们为她鼓掌。

(此处有掌声)

师：这个由难到易，由不会到会的过程，其实就是我们很多节数学课都用的——什么啊？

全班答：转化法。

....

【解释说明：通过前测，我们已经发现了：本节课的内容比较简单，挑战性不高，那么这类挑战性不高的学习内容，我们就应该挖掘它的深度。就像我们想把楼房从四层盖到六层，可是临近长安街，不让增高，我们就可以往地下去挖掘，挖掘出两层，其实还是实现了六层目的。本节课的深度挖掘，其实就是寻找不同方法背后的沟通和联系。学生在课堂的最后，完整地做到了这一点，说明同学们真的学会了数学，学会了学习。……学生的能力和创造力都超乎我们的想象，只要我们敢于放手，就会收获精彩的课堂。】

环节五：反思与总结部分

师：其实我知道，大家都会算"0.4×3"，你觉得咱们整整用了40分钟来研究它，而且我们还有一堆这节课没有解决的问题，比如：①小数乘法的竖式，3到底对着0写，还是3对着4写？②1.20末尾的0是不是必须划掉？③"1.2÷10"怎么算？这样做有必要吗？

生1：以前是讲完课做练习，现在动手、讨论的多了，需要动脑筋才能想出来的问题多了。

生2：通过思考、讨论，我不仅能知道自己的想法，也能知道别的同学是怎么考虑的。有时候我想错了或者想得不全面，就会根据别人的发言补充自己的方法。

生3：我原来觉得上课学得好就是把老师教的知识都学会，现在觉得有时候留下一些问题，就会吸引我还想继续学下去。

…………

【解释说明：价值判断不只是教师的事情，逐渐教会学生会价值判断很重要。本节课的反思环节，其实就是教师在引导学生分析"把简单的事做得复杂并且越做暴露的问题越多"的价值。这对于今后学生的学习生活会产生深远影响。】

五、小组讨论进行中的教师干预

合作学习课堂中，我们会遇到不少问题。那么，"到底什么时候出手合适？""又应采取怎样的干预方式？"成为我们新的关注点。为了扫清障碍，解除困惑，我们先将大家平时遇到的问题进行了收集整理，问题主要集中在以下几个方面：

1. 学生有时思维迂回，无法深入。

2. 全班分享时，方法多样但却梯度混乱，层次不清。

3. 课堂时间不够用怎么办？

4. 学生有时忽略重点问题，使得重点一带而过。

5. 小组交流时个别学生"一言堂"，使得其他孩子丧失话语权。

6. 个别学生只重视上台交流，而忽视在台下互动、质疑。

7. 学生有时对于"细枝末节"过度关注。

8. 学生有时会就某一问题争论不休。

9. 学生有时会遇到困难，解释不清。

面对这9个问题，我们陷入了沉思：如果教师都一一干预，课堂势必支离破碎；如果教师不干预，课堂将会"只热闹而无实效"；如果部分干预，那到底在哪些点实施干预，又怎样干预呢？那些不在课堂实施中干预的问题有没有解决办法呢？

带着这些思考，我们对这9个问题逐一进行了深入分析，我们欣喜地发现这9个问题可以归因到三方面的问题：

一是偏重学生的分享技能方面。

二是偏重数学学科的活动设计方面。

三是偏重学生的数学学科认知水平方面。

根据对以上问题的深入分析，我们开始了对"问题解决策略"的探索：

一是细化分享技能。

我们针对不同问题，学生进行不同指导。

1. 针对学生"用课外解释课内"的问题，我们和学生约定：尽量不用课外的知识结论解释课内的内容，尽量不用后面要学的知识结论解答目前的学习。

2. 针对"个别学生'一言堂'的问题"，我们首先让学生明确"参与面广的课堂才是好的课堂"。同时指导学生，如果一个问题有多种解答思路，第一个交流小组尽量只交流1—2种，给别的小组一些交流的机会，同时也应注意与台下同学的互动交流。

3. 针对个别学生"过度求新求异，导致偏离"的问题，我们主要采取"正面评价＋侧面引导"的方法，让其明确过度的求新求异，并不是展现才华的恰当方式。

4. 针对个别学生有时不愿展示，使得优质资源丢失，甚至造成课堂陷入"冷场"的问题，也应该在平时培养中，通过引导、鼓励等手段，借助加分机制，逐步建立好自评、互评、师评体系，使得同学们勇敢发言，大胆展示。当然，如果课堂上，老师巡视的时候发现好的资源，应该及时记录。如果该同学不主动展示，老师可以通过正面评价，鼓励他展示。但是，尽量把这项工作做在平时。

二是优化活动设计。

我们针对讨论中所产生的问题进行梳理并依据问题类型进行干预。

1. 针对于"思维迂回，无法深入"的问题，教师有时可以通过课前优化活动设计，来达到减少课中迂回与混乱的目的。

2. 针对"方法多样，分享却梯度混乱，层次不清"的问题，教师有时也可以通过课前优化活动设计，让学生的汇报有梯度、有层次。学生的独立学习顺利地实现了方法多样化，但是在汇报分享的时候，一会儿说很复杂的方法。一会儿转到了很简单的方法，一会儿又回到中等难度的方法；先是抽象的，又是直观的。如此反复，和我们预想的从直观到抽象，由浅入深的分享顺序大相径庭，不符合学龄期儿童的认知习惯。

通过课前对"分享技能的细化培训"和"活动设计的再次优化"两项干预，大大减少了课中教师干预的负担。对于余下的问题，我们认为是属于学生年龄特点和数学学科认知水平有限，是课堂上常见的现象，这时需要我们教师及时出手适时干预。

合作学习开展以来，我们也在长期跟踪和研究课堂上"教师如何进行适时适度的有效干预"的问题。后面会结合课例谈一谈"课中"教师的有效干预。

三是提升学生数学学科认知水平。

当学生对于细枝末节问题过度关注的时候，教师可以怎么做呢？通常采取的就是教师介入、快速通过的方法，把学生对结果的关注，引导到对于思考过程的关注这一大问题上来。这种抓大放小，正体现了教师的机智。

当同学们就某一问题"争论不休"的时候，我们教师又应该怎么办呢？我们认为，教师也应该是一个好的倾听者，一定要听出孩子们在争论什么？抓住争论的要点把问题聚焦，然后快速准确判断这个问题的争论有没有必要。如果是关键问题，就可以根据实际情况，开展二次讨论或正面指导等；如果不是关键性问题，而且影响了课堂的进程和方向的话，教师可以果断出手，聚焦争论，解决争论。

对于学生有时候忽略重点问题，一带而过的情况，我们可以组织二次讨论，给学生思考和突破难点的机会，利用小组的智慧解决。

对于学生感到困难，解释不清的问题。比如，一些难点是因为过于抽象，学生解释不清。我们可以提示学生借助画图，或者我们给学生提供学具或提前准备好多媒体课件，把它变形象，变具体，变直观。有些时候，困难来自于只看到表象，没聚焦本源，可以通过正面评价，帮助学生聚焦数学本质。

六、小结

本章主要提供一个完整的合作学习课堂设计和实施的步骤与过程，目的是帮助读者理解合作学习的课堂如何进行教学设计和课堂实施。

理论上的合作学习教学设计主要是以正式的合作学习为主，其中有四个重要构成要素：教学前的决策；建构和解释合作任务；监控和干预；评价和反思。

但是基于本土化的实施合作学习教学，教师有必要重新再认识教和学之间的关系。另外，我们整合了 STAD 教学模式，并强调数学知识学习和能力培养，提出本土化的合作学习教学结构模式，有五大环节：引入环节、独立思考环节、小组交流环节、全班分享环节和课堂反思环节。

合作学习课堂中，我们会遇到不少问题。例如："到底教师什么时候出手合适？""又应采取怎样的干预方式？"为了扫清障碍，解除困惑，我们先将大家平时遇到的问题进行了收集整理，从教师干预点的问题分析进行解决策略方法的思考。我们在实践篇中的问题 37—44 以案例的形式，进行教师在课堂中的作用和所遇到的问题解决对策分享。

第六章　合作学习课堂活动设计的再思考

本章主要回答了研究问题三：基于合作学习的数学课堂中，教师怎么设计教学活动？我们对合作学习课堂活动设计中的设计要素、学生能力培养等两方面进行再次思考和研究实践。

一、思考合作学习课堂活动的设计要素

我们认为，活动是由共同目的联合起来并完成一定社会职能的动作的总和。人的全面发展，必须通过丰富多彩的活动来实现。而对于小学数学课堂中活动的开展尤为重要，除了对于学生数学活动的顺利探究、数学思想方法的领悟、数学观念的形成等方面有着十分重要的作用外，更能提升学生综合素养，拓宽素质教育途径，发展数学教学理论。另外，数学活动的开展也为充分揭示数学本质，建立以学生的主体性发展为核心的课堂奠定基础。使学生在课堂上不但要获得人类认识正确结果的间接经验，还要通过学生自主而独立的实践性活动，探索活动、创新活动而获得直接经验。

把课堂建设成学习共同体是教师重要工作之一，学习共同体的重要组织形式是以小组为单位的合作学习，我们的"合作"学习，不是"分工"意义下的合作，而是"交流"意义下的合作，即合作学习的核心是交流，通过教师与小组、教师与学生个体、小组成员之间、小组和小组之间的交流实现全渠道的互动。这种交流意义下的合作学习不仅是一种我们尝试的教学方式，它更是一种教学理念，是一种课堂教学文

化。在这样的课堂上，我们的学生"自由思想、真实表达、尊重他人、追求进步"。在这样的课堂里，是"交流"推动着课堂向前走，承载交流的载体就是活动。

大空间活动设计理念

我们提出大空间活动设计理念。空间，是与时间相对的一种物质存在形式，表现为长度、宽度、高度。（见图6-1）

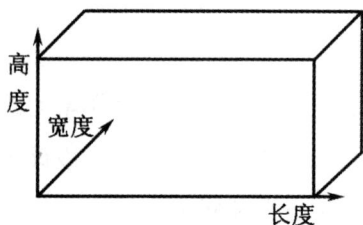

图6-1 大空间的长度、宽度、高度

1. **思维的长度**

"长度"指思维的"连续性和完整性"，强调学生的学习不是片断的、点式的，而是强调完整、强调整体、强调"从头到尾"，这是学生独立发展的基本需要。

2. **思维的宽度**

"宽度"指的是思维的"丰富性"。在这个维度上我们强调问题答案的开放性，解决问题策略和途径的多样性、差异性，表达方式的个性，看问题视角的独特性；允许不同层次的学生做出不同的贡献。这是基于学生整体存在"差异性"的基本现实而提出的，也是基于学生个体的独特性提出的。

3. **思维的高度**

"高度"指思维的"深度"，这也是让活动具有挑战性的基本条件。

综上我们对"大空间"活动设计的思考，可以用下图6-2表示。

学习活动的三要素

遵循着"大空间"理念设计的学习活动，应包括三个要素：学习活动的内容，学习活动的要求，以及学习活动的时间。

在教学实践中，如何帮助学生通过学习活动掌握直接经验和间接经验是数学课堂教学应关注的方向，也是每个教师进行教学设计时应关注的重点。那么，在课堂教学中应如何丰富数学活动的载体，我们认为在不同的知识领域、不同的年级会有不同的方法。

图 6-2 "大"空间的三个维度

二、思考关于学生能力培养

（一）在合作学习的课堂中学生面临哪些挑战

合作学习的课堂主要是通过交流分享激励学生参与、促进学生思考的，因此生生之间的交往、合作技能显得特别重要，同时，同伴交往是人社会化的重要途径，良好的同伴关系和交往活动能够促进学生良好品质、人格的形成。现在的小学生大多是独生子女，他们自信、乐观、阳光，但是在和同学相处的过程中，往往以自我为中心，不习惯与人分享。传统教学中设计学习活动时，更多思考焦点在于学科知识本身的内容、展现方式，忽略了学生合作技能的匹配。合作学习课堂上再好的活动设计，也需要学生有良好的合作技能来匹配。阶段性地有意识地通过日常的每一节课有计划、有目标地培养学生合作技能，将倾听能力、表达能力、质疑能力、思维推理、小组任务自主操作等能力与学科知识相结合，从关注学科知识转向关注综合学习能力。

（二）合作学习的课堂呼唤哪些能力

合作学习的课堂需要也能够培养学生的能力主要有：倾听能力、交流能力、合作能力。

倾听能力是基础，同伴间的学习更需要学生成为真正的倾听者，知道倾听在学习及生活中的重要性，能够理解别人的观点，能够感受到自己的观点，意识到自己的想法与别人的异同。能够尊重他人的不同意见，做好的倾听者。

交流是合作学习课堂的主要载体，教师与学生以及学生与学生之间就是通过交流分享学习的思考与成果，实现对学习内容和数学学科本质的深刻理解。在小组内部以及全班的交流过程汇总中逐渐培养学生懂得交流的基本规则和技巧，建立求同存异，互相借鉴、补充、发展的商讨意识，会针对新观点提出问题，学习利用多种方法表征自己的思考，提升接纳新信息、形成新思考的能力。

合作能力是针对团队工作而言，需要学会分解任务、分工协作，学会完成自己的承诺，履行个人责任，这对于形成团队观念、将个人责任与团队目标有机结合具有重要作用。

合作学习的课堂同时呼唤学生具有独立学习的能力。学生能够意识到个人责任与小组学习效果息息相关，所以能够更加认真地学习和思考，针对自己的学习任务做规划，做出理性的分析和判断，选择信息、制订方案，提炼总结个人、小组和全班的学习要点，生动直观、有条理地呈现学习成果。

（三）小学各年级段学生基本能力的培养

请做下面的题目，如果"几乎都是"+5分，"常常"+4分，"偶尔"+3分，"很少"+2分，"几乎从不"+1)，了解你现在的倾听能力。

1. 你喜欢听别人说话吗？

2. 你会鼓励别人说话吗？

3. 你不喜欢的人在说话时，你也注意听吗？

4. 无论说话人是男是女，年长年幼，你都注意听吗？

5. 朋友、熟人、陌生人说话时，你都注意听吗？

6. 你是否会目中无人或心不在焉？

7. 你是否注视说话者？

8. 你是否忽略了足以使你分心的事物？

9. 你是否微笑、点头以及使用不同的方法鼓励他人说话？

10. 你是否深入考虑说话者所说的话？

11. 你是否试着指出说话者所说的意思？

12. 你是否试着指出他为何说那些话？

13. 你是否让说话者说完他（她）的话？

14. 当说话者在犹豫时，你是否鼓励他继续下去？

15. 你是否重述他的话，弄清楚后再发问？

16. 在说话者讲完之前，你是否避免批评他？

17. 无论说话者的态度与用词如何，你都注意听吗？

18. 若你预先知道说话者要说什么，你也注意听吗？

19. 你是否询问说话者有关他所用字词的意思？

20. 为了请他更完整解释他的意见，你是否询问？

将所得分加起来：

90—100 分，你是一个优秀的倾听者；

80—89 分，是一个很好的倾听者；

65—79 分，你是一个勇于改进、尚算良好的倾听者；

50—64 分，在有效倾听方面，你确实需要再训练；

50 分以下，你注意倾听吗？

倾听能力是交流的开始，开展合作学习时，教师们总会问到底学生在该年段应该具备什么和怎么样的能力，我们对一到六年级的合作学习课堂学生表现进行分析和观察，同时对我校各年级段语、数、英教师进行访谈，深入了解班级开展合作学习进行情况，然后制订出以下这张"各年级段学生基本能力培养表"（见表 6 - 1）。

教师可以依据培养表的内容，根据各年级段的社交能力培养要求和学科知识内容来设计一个好的活动，这样一来，帮助教师开展合作学习课堂教学更轻松，对于学生的社交能力培养更有方向。

表6-1　各年级段学生基本能力培养表[①]

年级	角色	技能要求	倾听与表达要求和技能	交流与合作要求和技能	数学学科能力关注重点
一年级2人组	人人角色	次序员：你来说，我来听 记录员：你说，我抄 鼓励员：你真棒（学会发现他人优点） 发言人：把两人意见放在一起	☆有序地听取他人观点和事实资料 ☆说清楚自己看到的、听到的、想到的	☆与同桌经过协商达成一致意见并完成任务 ☆能按照老师要求进行简单的合作和简单的问题探讨	☆管理学具有序观察 ☆会举例子说明自己的想法
二年级2人组	人人角色	次序员：轮流说 发言人：把两人意见放在一起，区分同异 记录员：作记录 鼓励员：正面评价，反思个人 解释员：你来说 好奇者：问为什么 说明者：说为什么	☆寻找简单数据 ☆聆听并寻找和自己不一样的看法 ☆聆听并寻找自己认同的看法	☆遇到问题有意识寻求同伴支持和帮助 ☆自主性导向的2人完成活动，有小组归属感 ☆发言时，不重复他人意见	☆理解数学信息能力 ☆比较不同方法的异同 ☆动手操作

---

① 资料改编来源：温思涵. 小学教师如何开展合作学习教学研究［D］. 北京：北京大学，2015：185-186.

（续表）

年级	角色	技能要求	倾听与表达要求和技能	交流与合作要求和技能	数学学科能力关注重点
三年级4人组	小组长	顺次表现 每个人都同意	☆做详细听讲或讨论笔记 ☆学会控制情绪,不与对方争辩 ☆学会质疑补充,不重复他人意见 ☆提出比较有价值的问题	☆自己分工的任务自己完成 ☆小组交流时能进行层次的互动 ☆不人云亦云,具有批判性思考,说明自己改变想法的理由 ☆组间互相补充个人资料,互相纠正 ☆不懂的地方请求他人帮忙 ☆培养小组荣誉感 ☆建立班级的共同肢体沟通语言 ☆每2个月轮换职责	☆发现问题、制订解决问题方案的能力 ☆多种渠道了解信息的能力 ☆选择信息能力
	资料员	收发小组资料			
	记录员	记录员(记录大家结果)			
	鼓励员	正面评价,相互鼓励,反思个人与小组,建立小组公约			
	解释员	用自己的话来说			
	发言人	用简单语言,有顺序地把4人意见放在一起,并层级排序			
	好奇者	询问原因			
	说明者	给出事实条件和理由			
	创造者	给另一个新答案			

(续表)

年级	角色	技能要求	倾听与表达要求和技能	交流与合作要求和技能	数学学科能力关注重点
四年级4人组	小组长	顺次表现 意见统一,并有意识发现不同意见	☆听取中心主题 ☆学会使用关键词做笔记整理,学会变通 ☆形成看法之前聆听考虑不同意见 ☆学会控制情绪,不与对方争辩,不快速下结论,通过聆听、提问和讨论达到理解	☆学会根据内容做判断,不在意表达不当,重视讨论内容的价值判断 ☆学会辅导同伴 ☆学会用证据来表达自己的想法 ☆学会协调小组成员分歧 ☆学会归纳小组讨论资料,并从整体思考观点,而不是单纯认为自己是正确的 ☆明确分工,各司其职 ☆建立班级的共同肢体沟通语言 ☆有较强小组荣誉感 ☆每1个月轮换职责	☆迁移能力 ☆说理能力 ☆质疑能力 ☆解决问题的能力 ☆创新能力 ☆归纳整理的能力
	资料员	收发小组资料			
	记录员	记录过程和结果			
	发言人	用精炼语言汇报研究过程和发现			
	鼓励员	具体地赞扬,相互鼓励,有意识地召开小组检讨会议			
	解释员	用自己的话来说			
	好奇者	要求提供理由和依据			
	说明者	给出事实条件和理由,进行解释			
	创造者	给另一个新答案			

（续表）

年级	角色	技能要求	倾听与表达要求和技能	交流与合作要求和技能	数学学科能力关注重点
五、六年级4人组	小组长	知道如何自己分工，顺次表现 通过协调达成一致，如果没有一致，可以暴露问题	☆听取接纳密集复杂数据，并加以提炼 ☆适时自问:"这对我有何意义?" ☆挑战、预期、摘要、权衡证据,听取言外之意 ☆学会使用关键词作笔记整理,善于变通	☆评价意识强,学会有针对性评价 ☆不同小组有不同互助方式,实现小组共同进步(自主同伴辅导) ☆强烈的小组荣誉感 ☆能在有限的时间内最大化的完成任务 ☆每2周轮换职责	☆多种方式表征数学理解的能力 ☆不同视角看待数学问题的能力 ☆分析、解决问题能力 ☆应用数学的意识和能力 ☆跨学科能力的运用
	资料员	收发小组资料			
	记录员	书记员(知道用笔记格式记录并分析过程和结果)			
	发言人	用精炼语言汇报研究过程和发现			
	鼓励员	具体地赞扬和提供建议,定期开展小组检讨和反思会议			
	解释员	使用证据来说话解释			
	好奇者	要求提供理由和依据			
	说明者	给出事实条件和理由,进行解释			
	创造者	产生多重选择的答案			

在传统课堂上，学生能力的缺失已经非常明显，尤其是倾听与表达，学生话语权的缺失已经成为课堂的致命伤，而这背后是课堂民主因素的缺失。雷夫曾直言我们的课堂：学生总是为了教师而表达，总是表达教师所要的答案，但缺少了自我；学生已经习惯性地揣摩教师的意图，并且揣摩得很到位。

我们都知道，学的重要方式就是说出来，最好的学习就是讲给别人听。想明白的未必能说明白，说明白就是让学生"从为学而学"走向"为教而学"。通过放大说而拉动学，通过扩大成果的输出来带动知识的输入，无疑满足了学习者的展示欲，也激活了学习者的动力系统。因此营造一个宽松的环境让学生想说、敢说、会说，让他们敢于质疑教师、怀疑教材、挑战权威，让他们不怕出错，不怕出丑，而这理应成为课堂的新常态。

但是学生的交流能力需要教师有计划、有策略地进行指导。课堂上常常出现交流失败，其原因是学生没有让讲述者说完自己的想法，凭主观判断就认为和自己的想法相同或者不同；听者没有听明白讲述者的意思；倾听者听明白表达者的意思了，但没有思考讲述者真正的意思；倾听者没有思考讲述者的意思和自己的意思相同的同时，是否有不同的思考，在不同思考的同时，是否存在相同之处；学生虽然在听，但满脑子想的都是自己原有的想法，暂时不能接受与自己不同的想法；讲述者根本没有讲清楚自己的理解是什么意思，也没有其他手段帮助自己表达自己要表达的意思。在以上多种情况下，学生之间的交流就出现了无理的反对声音、没有根据的支持声音，还经常出现不是在交流知识本身，而是进行人身攻击的情况。总之，交流不能深入到知识的本质，总是浮于表面。

这就需要教师在课堂教学中借助教学各个环节的实施，有意识培养孩子们的综合能力，教一些必要的互动技巧。本章节中，将以七一小学合作学习课堂实践为依托，介绍学生倾听与表达能力的培养，从数学学科的特点出发，介绍关于学生多种表征思考过程的能力和信息处理能力的培养。

三、小结

我们认为，活动是由共同目的联合起来并完成一定社会职能的动作的总和。人的全面发展，必须通过丰富多彩的活动来实现。而对于小学数学课堂中活动的开展尤为重要，除了对于学生数学活动的顺利探究、数学思想方法的领悟、数学观念的形成等方面有着十分重要的作用外，更能提升学生综合素养，拓宽素质教育途径，发展数学教学理论。

本章主要从两个思考点再次思考我们课堂活动教学设计：

一是合作学习课堂教学活动设计的要素。

二是关于学生能力的培养。

以上这些思考点，使得数学活动的设计在课堂开展中充分揭示数学本质，为建立以学生的主体性发展为核心的课堂奠定基础。使学生在课堂上不但要获得人类认识正确结果的间接经验，还要通过学生自主而独立的实践性活动，探索活动、创新活动而获得直接经验。

但是教无定法，设计也是如此，面对小学数学课堂的不同知识特点，有不同的活动设计和整合方式，因此，我们在实践篇中的问题17—36以案例的形式来回答活动设计中的相关问题和解决对策。

第七章　研究总结与反思

　　合作学习教学变革的行动研究是一个过程，而不是一次事件。这个过程中呈现出的复杂性、情境性和独立性是每个变革促进者需要关注的。通过我们的研究案例和研究发现，可以看到教学变革不是自然而然发生的，并非只要提供一个好的实施方案，教师就能尊照实施。本章主要对我们的研究进行总结与反思，介绍合作学习带给我们的启示。

一、研究总结

　　历经两年多的行动研究，我们再次回到原始的研究问题，我们在第四章回答了问题一：教师在实施合作学习教学时，怎样促进小组的建设和管理？我们提出五大重点来重建课堂文化：

　　一是在小组合作学习中，组员之间形成相互依赖、相互促进的原则；

　　二是在小组合作学习中，让学生体会到过程比结果重要；

　　三是在小组合作学习中，让学生体会到真实比正确重要；

　　四是在小组合作学习中，让学生体会到进步比优秀重要；

　　五是在小组合作中，让学生真正体会到自己是课堂的主人。

　　在课堂文化建设过程中，我们发现许多关于小组建设的情境性的问题，因此，在实践篇提出了1—16的问题和解决对策，帮助教师从完美的理论想法到教学现场的随机应变。

　　我们在第五章回答问题二：基于合作学习的数学课堂有什么样的教

学模式？通过不断的实验和研究，我们提出了基于合作学习的数学课堂教学模式与流程：

一是引入环节。主要是通过情境的创设，揭示探究任务，激发学生探究的兴趣和欲望。

二是独立思考环节。学生安静、自由、自我的表达自己的思考和观点，他们的思维奔放且充满个性。

三是小组交流环节。学生轮流、轻声发表观点，在这里每人都有说话的机会，使得课堂时间的线性使用得到改变。他们之间相互倾听、接纳、启发，在这里学生的学习正在继续……，小组交流让学生学会交流。

四是全班分享环节。这是各组研究成果发布会。在这里，有默契的配合，有自信的发言，更有思维之球在生生间传递：我要评价、我受到了启发、我有问题……此时教师智慧的"退"出讲台，在需要时果断"出手"给予适当的支持和干预。

五是课堂反思。这是课堂必不可少的一环，通过"回头看"整个学习经历，梳理提升、积累经验。

以上这五个步骤能有效地帮助教师开展合作学习，同时有效地培养学生自主学习和合作交流的能力。针对"到底什么时候出手合适？""又应采取怎样的出手干预方式？"等问题。我们总结了教师平时常遇到的干预问题并制定了解决对策，同时进行了相关实验。在实践篇中的问题37—44以案例的形式，进行教师在课堂中的作用和所遇到问题的解决对策分享。

在第六章回答问题三：基于合作学习的数学课堂，教师怎么设计教学活动？行动研究使我们对合作学习课堂活动设计中的设计要素、教学情境、发散思维、数学价值、学生能力培养等五方面进行再次思考和实践研究。以上这些思考点，使得数学活动的设计在课堂开展中充分揭示数学本质，为建立以学生的主体性发展为核心的课堂奠定基础。使学生在课堂上不但要获得人类认识正确结果的间接经验，还要通过学生自主而独立的实践性、探索性、创新性活动而获得直接经验。

但是教无定法，设计也是如此。面对小学数学课堂的不同知识特点，有不同的活动设计和整合方式。我们在实践篇中的问题17—36以案例的形式来回答活动设计中的相关问题和解决对策。

总之，在合作学习教学的行动研究中，我们遇到大大小小的问题和困惑，在每次行动中我们寻找解决对策，同时在解决对策中又发现了新问题，然后又再次进入教学现场实践，寻找解决对策。

二、合作学习带给我们的启示

当我们以教学变革促进者的身份，来思考这些行动带给我们什么样的启示时，我们发现变革给变革促进者、教师、学生、学校带来了学习的机会和观念的改变，以及对变革本身的理解。

启示一：真实明白教学变革的诉求

通过我们的行动研究，我们对教学变革产生了清晰的要求，清晰了我们对于教育的理解。

（一）着眼于学生的自主发展

自主学习是教育的一个目标，它能帮助学生自主发展。自主发展是指学生在自主性、主动性、创造性、养成性、综合能力和自我等方面的综合发展。在自主性方面，要做到自尊自信、自我调控、独立分析；在主动性方面，要主动参与、兴趣广泛，有较强的求知欲、竞争意识、创新精神、成就动机；在创造性方面，要具有较强的创造思维能力、应变能力、批判思维能力、研讨合作能力和动手实践能力（如小发明、小创造）；在养成性方面，要养成一些好的习惯，如预习复习、专心听讲、独立作业、合作研讨、积累资料；而且还要形成几种能力：观察分析、思维表达、自学探索、归纳总结、实验操作。在强调学生主体性的同时，既不能忽视教师的主导地位，同时还要正确处理好两者之间的关系。

通过合作学习教学，学生从无意识的学习发展到经历完全独立学习要经历三个阶段：第一阶段是独自学习和重复的练习；第二阶段是学习者通过学习任务在小组合作中进行交流和反思；第三阶段是学习者通过教师的指导将学习的注意力关注在学习过程，并完全独立地组织和思考自己的学习过程。[①] 教师既要引导学生在知识、技能上自我提高，还要培养学生自主学习的态度、习惯、能力，又要指导学生自己去实践、自己去发现；既要立足于当前的学习，又要着眼于学生的终身学习，使学生在积极、主动的学习过程中，实现自我认识、自我教育、自我管理、自我完善。

（二）着眼于未来社会需要的核心能力

联合国教科文组织编写的《学会生存》中指出"未来的学校必须把教育的对象变成自己教育自己的主体"。埃德加富尔指出："未来的文盲不再是不识字的人，而是没有学会怎样学习的人。"现代社会要求人终身学习，这就要求基础教育培养有充分学习欲望和足够学习能力的学习者。随着经济全球化，国际互联网的影响，在教育领域产生了教育形式和教学方法的变化，网络教育、远程教育、开放教室、虚拟教室发展迅速，这要求每个人都要成为文化进步的主人和创造者。2006 年 2 月，美国总统布什正式签署了"美国竞争力计划——在创新中领导世界"的文件，引起了全世界的关注。

可见，国际竞争的核心是创新能力的竞争，其关键在于创新人才的竞争。我国基础教育长期以来所形成的人才培养模式并不适应创新人才的培养，因此，进行"创新人才培养模式"的变革对基础教育界刻不容缓[②]。社会、时代和技术的发展突显了人的主体性和创造性，这就需要现代教育给学生提供一个自由选择的机会、自主发展的空间。

---

① 利特尔. 自主学习方法与途径 [M]. 邱永忠等，译. 福州：福建教育出版社，2009.

② 张民生. 创新人才培养要创出中国特色 [N]. 天津教育报，2009 年.

（三）着眼于"大空间"教学思路

我们以英国学者布莱克（P. Black）[①]提出的学习性评价为理论基础，提出"大空间"教学模式，主要是在教学目标、教学活动设计、教学方式、教学评价四个方面系统综合地为学生发展提供大的空间，以"小组合作学习"为载体实施课堂教学方式变革，从而实现学生的自主发展，培养学生的自主性和创造性。

大空间教学模式就是大空间的教学目标、大空间的教学活动设计、大空间的教学方式、大空间的教学评价的改革，其实质就是一种帮助学生确立主体地位，发展多向思维，培养创新意识和多种能力，促进学生全面发展。大空间教学模式是以学生真正成为学习的主体为基础，以教师引导学生学会求知、学会办事、学会做人、学会合作为支柱，以培养创新意识和实践能力为核心，以学生真正形成创新意识和实践能力为教育成功的标志，"全面提高学生的思想道德、文化科学、劳动技能和身体心理素质，使学生德、智、体全面发展"，完成小学阶段全面育人的奠基工程。

（四）着眼于"我们"的需求

通过研究我们发现，我们对将"教"和"学"以及"教师"和"学生"进行有机整合，并以三个维度的需求为关注点：

1. 基于学生的需求

课改十几年来，尽管我们对新的教学观念并不陌生，但理念和行为之间的沟通却明显乏力，从观念到行动还有遥远的距离。传统课堂教学，几乎忽视了学生的学习需求。

---

① 王欠艳，丁邦平. 学习性评价：理论与实践对话 [J]. 北京：全球教育展望，2009，38（9）：47—51.

法国著名教育家卢梭反对传授给学生真理。他说："你提出一些他能理解的问题，让他自己去解答。要做到，他所知道的东西不是由于你的告诉而是由于他的理解。不要教他们这样那样的学问，而是由他们自己去发现那些学问。你一旦在他心中用权威代替了理智，他就不会用他的理智了，他将被别人的见解所左右。"① 按照卢梭在《爱弥儿》一书中的阐述，他以问题的方式引导爱弥儿进行学习，他提出要注意以下四点：首先，可以是教师提出问题，也可以是学生提出问题；其次，不能由教师告诉学生应该学习什么，而要"由学生自己希望学习什么东西或者研究什么东西"；再次，教师问学生的问题不能太多，而应该进行慎重选择；最后，如果教师不能对学生提出的问题给予一个良好的解释，那么就一句话也不回答，以免误导。

杜威认为，学校教学的重要任务是唤起儿童的思维。杜威提出问题教学的几个要素：第一，学生要有一个真实的经验情境——要有一个对活动本身感兴趣的连续的活动；第二，在这个情境内部产生一个真实的问题，作为思维的刺激物；第三，他要占有知识资料，从事必要的观察，对付这个问题；第四，他必须负责有条不紊地展开他所想出的解决问题的办法；第五，他要有机会和需要通过应用检验他的观念，是这些观念意义明确，并让他们自己发现是否有效。②

基于以上的讨论，关注学生，关注他们的差异与需求，引导学生在学习过程中学会学习、学会生活成为我们变革的出发点。

在传统的课堂，把学生当作一个对象，说得直白一点就是"教"的对象，"灌"的对象，教师想尽各种手段：声光电的刺激，热热闹闹的形式，奇妙的情境等，目的是想调动学生的学习兴趣，激发孩子们的学习动力，从而学会书本上的知识，考试取得好成绩。但是孩子们在课堂当中仍然显得被动，缺乏学习乐趣的体验，"认真听课、积

---

① 卢梭. 爱弥儿：论教育 [M]. 李平沤，译. 北京：商务印书馆，1978：217.
② 约翰杜威. 民主主义与教育 [M]. 王承绪，译. 北京：人民教育出版社，1990：174.

极回答问题"几乎成为评判学生参与学习的唯一指标。教师希望学生取得好成绩，却忽视了对他们会不会学习，愿不愿交流分享，能不能独立思考，有没有好奇心、探究欲望，是否有质疑精神和民主意识等方面的关注。

2. **基于教师的需求**

观摩各个级别的优秀课、公开课，我们常常感到"老师很精彩，学生很无奈"。随着教育改革的深入，教育对老师的要求越来越高，详实的备课、生动的语言、漂亮的板书、大方的教态、精美的课件、充分的教具学具……对课堂观赏性的期望导致对教师的要求没有最多，只有更多。学生呢？学生在课堂上谨小慎微，努力理解教师的意图，揣摩教师的答案，正如美国明星教师雷夫曾直言我们的课堂，学生总是为了教师而表达，总是表达教师所要的答案，但缺少了自我。我们的学生已经习惯性地揣摩教师的意图，并且揣摩得很到位，老师们甚至将"与老师配合"默契与否作为学生课堂表现的评价依据。我们的课堂能不能真正实现正常的对话，真正让学生免于"威胁"和"绑架"？教师能不能教得更轻松，更快乐？

目前我们的学校大都是延续着分科教学的形式，每个老师力求在自己的专业领域"不断提高""精益求精""博大精深""触类旁通"。每位教师已经意识到从自身做起在关注本学科的同时，更要了解教育理论，思考教育本质，了解学生个性，要结合生活实际为孩子创设综合的、广泛的、能够解决生活实际问题的大空间学习。

总之，教学变革是教师的成长过程。教师成长了。学生也跟着成长和变化。当我们的着眼视角改变，整个课堂教学变革显得更有生命的灵性和生活的价值。

启示二：教学变革有三个发展阶段

变革专家约翰·科特和威廉·布里奇斯（William Bridges）① 研究发现，每个人面对变革都需要经历三个阶段，即告别过去、中间地带、崭新开端。只不过每个人经历每个阶段的时间和速度各不相同，这与团队以及个人对三个阶段的管理认识水平密切相关。我校合作学习的实践研究也经历了这三个阶段：

（一）告别过去："做"还是"不做"？

七一小学侯晓梅老师——我插不上话了

在小组合作学习的课堂，我深深地感受到了学生的变化。他们完全沉浸在对问题的探究中，无论是独立思考探索，组内交流探究过程与结论，还是与同学共享本组的探究过程与发现，他们就是一个个发现者、研究者。在这样的课堂，他们创造的是自己的数学。在惊叹学生表现的同时，我也在思索，教师应该做什么？学生的积极性被激发出来了，他们侃侃而谈，我都不知道在什么地方发挥作用——说多了，担心打扰他们的发言，犹犹豫豫又会失去干预的机会。我感觉自己插不上话了……看来，小组合作学习需要老师重新确定自己的角色。

七一小学万玲老师——学生说不到"我想要的重点"

崩溃啦！要上成什么样才是小组合作？不适应，不知道怎么上课了?！偷偷看了看有经验的李老师的语文课。学生会倾听，会发言；老师会引导，会衔接，会观察。赶紧灰溜溜地回到自己的办公室盯着我们的学习单发愁，我要怎么讲呢？赶鸭子上架也得上！于是，前半节课我做了一个活动，学生汇报的怎么不如想象的那么好呢？怎么和人家的小

---

① 布里奇斯. 转变 [M]. 袁容，王华伟等，译. 北京：机械工业出版社，2005 年.

组合作差那么远呢？我豁出去从每一句话开始教起。"我们组的观点是……""还有哪个组为我们补充……"我选择了数学课代表那个小组，从始至终地跟着他们一起讨论研究。全班交流的时候，我提醒自己少说话，尽量把课交给孩子们。但我还是总觉得孩子抓不到"我想要的重点"。我急！当知识目标与社会技能同时存在的时候，我就不知道应该更加重视哪一个了？因为我还是不太清楚到底是掌握知识重要，还是合作的技能？更美好的就是这两者的共存？

从以上教师反思可以得知，在进行合作学习课堂建设的初期，老师们的感受有好奇、兴奋，随之而来的是不适应、焦虑、不知所措。

这个阶段的数学课堂和教师呈现以下特点：

1. 教师将传统课堂中的数学问题进行整合，用核心问题作为小组学习讨论的载体。这些问题大都是教师对过去课堂中学生所提出的问题依据教学目标的需求转换成小组讨论的问题。

2. 学习内容是以教科书的教学目标和教学参考书所列的重点学科知识为主要内容；对教材的依赖性强，同时也受教材内容的限制。

3. 合作技巧主要是以自由发言为主。虽然小组成员各有角色，但角色的合作与互助作用还没有得到有效指导。因此，学生表达的愿望强烈，但表达能力欠佳，小组讨论的效能不高，停留在肤浅的认识和结论性的争论上。

4. 教师的作用主要是对知识目标的强调、追问及进一步的解释。教师经常会有"不知道"下一步学生会说什么，自己应该做什么，对课堂的掌控能力大大降低。

在这个阶段，外部力量的介入很重要，可以促进教师思考。我们邀请北京大学陈向明教授进行参与式培训，让教师初步感受小组组建的方法、任务交代的技巧、小组成员互动的方式等，还邀请北京大学温思涵博士进行了关于合作学习概念、理念、基本方法的系列讲座培训，实验小组的十几位教师共读《合作学习与课堂教学》一书。教师通过合作学习教学理论和参与式培训，先行改变了教室环境和教学行为，内心却感受到能力缺乏。教学信念并未改变，特别关心的是"能否完成教学任务"，对于师生之间、生生之间的互动关系缺乏必要的认识，也缺乏倾听的能力和尊重每个学生的发言与思考的意识。甚至常常出现前半节课是合作学习的模式，后半节课由于等不到学生的"有用"发言，就开始运用讲授、追问、灌输的方式拉着学生回到教师的思维路径上来，使答案成为了知识重点，教学结果则是"先放后牵"地走了形式。

（二）中间地带：我应该怎么做？

七一小学四年级数学组——"热热闹闹"与"无动于衷"

通过这一段时间的课堂教学，我发现，小组合作学习确实增加了学生参与的机会，但是好学生参与的机会更多，往往扮演了一种帮助的角色，困难学生在独立思考环节没有效果，这是因为这些孩子本身学习困难，在老师设定为3~4分钟独立思考时间内往往没有什么想法和学习成果，在小组交流时直接从好学生处获得信息，在全班反馈时即使在认真倾听，跟上发言同学的思路也是很困难的。我不知道从何下手对这些学生进行关注，所以在课堂上一边是优等生的积极踊跃，一边是后进生的无动于衷。

七一小学五年级数学组——学生方法太多了怎么办？

由于学生年龄太小，整理自己发言的顺序，倾听别人发言的层次，多种思路的整理归纳都很困难，自己想要发言的内容到底是在给别人质疑还是补充分辨不清，课堂上"你方唱罢我登场"，学生急于表达，倾听不够，回应缺失，老师常常顾此失彼。

从以上教师们的感受可以得知，教学内容过多，教学任务难以完成。在课堂上学生的想法多样、丰富，如果一一展示时间不够，不展示又觉得可惜，经常出现讲不完课的现象。

进行大量的观摩教学和教研活动后，教师们不断地将自己对合作学习的认识和理解在课堂中实践，即课堂上尽量使用小组开展教学。这个阶段的课堂在别人看来已经很有成效，课堂开放、民主、积极、自由的氛围已经形成。

这个阶段的数学课堂和教师呈现以下特点：

1. 稳定的教学模式。老师们将 STAD（小组成就区分法）作为主要教学模式，把合作学习稳定化、常规化。在课堂中教师开始放手引导学生自主学习和讨论，将课堂教学分为"解释任务—独立探究—组内交流—全班分享—测评反思"五个环节，教师和学生适应了课堂的节奏，动静结合。

2. 学生的小组技能和个人表达能力得到较快的发展。一些老师积累了小组建设和学生社会技能培养的丰富策略，对班级学生进行有针对性的培养。从课堂中可以看到学生在小组自行建立的规则下开展学习讨论活动，课堂管理和谐，有"动"有"静"。小组讨论和汇报使得课堂"动"起来，静的是给学生充分的时间做个人独立思考，让课堂动静皆有。小组讨论活跃，上课时间常常不够用。

3. 教师团队的学习热情和交流分享的意识特别强。课后，老师们在一起讨论的话题经常是学生丰富的思考带来的"意外"和"惊喜"、完不成任务的"遗憾"及课堂管理的"妙招"。例如，组牌的设计、角色的分配、资料袋的使用、评价表的完善等等。同时开始研究教学活动设计，认识到教学活动设计是实现教学目标和育人目标的载体，关注到教学活动的类型，教学任务的描述与目标相辅相成的关系。但是对于教学活动设计还缺少有效的策略，常常为没有好的活动设计而纠结。

4. 教研活动的模式除了上述的随时交流外，研究课是最重要的载体。教师集体投入时间和精力共同确定教学目标、设计教学活动，预设教学设计带来的学生的认知路径和互动方式，在不同班级中不断地实践和修正，每次实施后再通过自己制定的课堂观察表对课堂进行分析，在短时间内把教学设计不断地实践，让合作学习课堂的呈现"有形有神"，教师的问题设计有层次、广度和深度，教学活动呈现丰富性和多元性，学生参与更有效。

研究课的展示，将大大促进了学校变革的步伐，逐渐地构建教师学习共同体。教师通过把自己实施变革的探索和同伴的相关研讨活动结合起来，在学校内产生了广泛影响。

（三）崭新开端：我做到了……

七一小学张殿军老师——我的课堂我做主

"将课堂还给学生"是新课程改革最响亮的口号，它要求教师由台前走向幕后；学生则由旁观者变为主角，积极思考，亲自实践，主动学习。在课堂教学过程中，如何打破传统的教学模式？教师和学生如何进行角色的转换？怎样才能实实在在把课堂让位于学生，让学生爱学、会学？在五年级"分数再认识"一课的教学中，我对教材进行了改变，设计了适合孩子的真实情境。

上课了，我托起两个密封的盒子，说道："我手中的盒子里装了好吃的糖果，要奖励给课堂表现好的小组。"听到有奖品，同学们提起了兴趣，但这时我又卖起了关子："但是选哪个你们要想好。左边这个盒子里有8颗糖，而右边呢，总数未知，如果都选择其中的四分之一奖给大家，你们要哪个呢？"

话音刚落，坐在前排的一个小男孩立马接上了话："我要第一个！""为什么？"因为第一个我已经知道了是8个，但第二个只说了四分之一，也许比8个多，但也可能比8个少啊。"小男孩的话把我和同学们都逗乐了。我接着说："也就是说这'四分之一'表示的糖果数是不确定的？那'四分之一'到底是多少呢？请大家用自己的方式表示出来。"

接着，同学们以小组为单位自己动手探究起来，而最后大家呈现的答案五花八门。有的小组将线段平均分成四份，其中的一份表示四分之一；有的小组将圆平均切分成四份，其中的一份表示四分之一；还有的小组回答："我们组四个人，每个人都是四分之一"，"负数有四分之一""小数呢"……

随着时间的推移，孩子们在课堂中享受着来自同伴带来的惊喜，简简单单的四分之一，带来了一节课的神奇。结束课程之前，我让孩子们为今天的课起个标题，"神奇的四分之一""变化无穷的四分之一""神通广大的四分之一""不确定的四分之一""分数中的变与不变"……真是让我难以想象，孩子们自己创造了美好的数学体验！

我的课堂我做主，这个"我"，是教师，更是学生。

七一小学李铁生老师——为学生而改变

异分母分数加减法的教学并不难，根据我们设计教学活动的经验，我很快地设计出这个活动。请看学习单，要求学生独立试做"$1/2 + 1/4 = ?$"，然后记录思考的过程。这样做本来是希望学生通过活动产生多种解题方法，通过合作学习、交流分享，使问题聚焦在算理的理解上。我在班级中实施这个方案的时候，才发现结果和我的预想差别比较大。我在巡视中发现孩子们的方法从表面上看挺丰富的、各有不同，但实际上一样，思路和表达上都没什么不同。在交流的时候，很容易达成一致意见，没有新鲜信息的刺激，课堂无聊又沉闷。

事实上孩子们方法单一、正确率高并不是说就对问题有了真正的理解。当问及道理时，他们只能模模糊糊说说感受，并不能很清楚地表达。这就带给我们一些思考，课堂当中的无趣和这个活动的无挑战性有关，是什么原因呢？学习资源匮乏、单一，造成了他们在交流当中感到无趣；学习资源的单一，让学生只有浮于表面的对形式上多样化的追求，而不去追求算理的理解。

那么怎样能使小组交流的资源相对丰富？怎样使活动具有一定的挑战性？怎样才能让学生不仅会算，还能更加关注对算理的理解呢？我尝试把学生资源搁在一起，变计算活动为解读活动。小小的改变，资源丰富了，学生也活跃了，学习起来也觉得活动有挑战性了，他们也乐于活动了。

通过长时间关注教学方式的变革，借助大量的课例打磨，一部分教师开始反思教学方式，利用实践不断地丰富对合作学习本质的理解。

这个阶段的数学课堂和教师呈现以下特点：

1．灵活的教学模式。教师已经不满足于机械执行课堂教学的 5 个环节，开始针对教学内容和目标对教学环节进行合理安排；不满足于教材中关于知识技能的传授，开始开发更丰富的育人资源。

2．考虑学生的利益和需求，并因此而改变。教师开始关注学生的表现，教学活动设计对于学生的适用性是教师考虑的重要因素。教师在课堂教学中找到自身的清晰定位——学生学习的陪伴者、学生发展的支持者、学生进步的欣赏者等。

3．教师开始在实施更大范围内影响力。教师中的优秀者开始将自己的经验和思考在年级组、其他年级组、其他学科，甚至其他学校进行分享，并在分享的过程中实现反思提升。

4．开始寻找新的发展点。一些教师不满足于原有的改革行为，开始尝试新的变革，学生观、质量观均有所改进。

如果说第一阶段更多需要外部研究人员的帮助和先进教育理念的培训，第二阶段更多需要教师团队的实践探索，那么第三阶段则更多需要教师的学习、反思和发挥影响力。实践的历程引发了教师角色、教育情感的变化。

启示三：课堂中教师作用的深入认识

众所周知，课堂教学在学校教育中处于核心地位，而课堂教学的功能的展现需要教师这个中介。即在具体的实现过程中需要转化为教师的作用，通过教师才能得以发挥，所以课堂教学功能的实现在很大程度上依赖于教师在课堂教学中的表现。

（一）古代课堂中教师的作用认识

那么教师需要做什么呢？回答这个问题，我们首先想到的是韩愈在《师说》中这样写道：

古之学者必有师。师者，所以传道、授业、解惑也。人非生而知之者，孰能无惑？惑而不从师，其为惑也，终不解矣。生乎吾前，其闻道也固先乎吾，吾从而师之；生乎吾后，其闻道也亦先乎吾，吾从而师之。吾师道也，夫庸知其年之先后生于吾乎？是故无贵无贱，无长无少，道之所存，师之所存也。

可见，在我国古代，韩愈明确地提出教师的任务就是"传道、授业、解惑"，在当时这一观点是对教师任务所做出的全面而深刻的总结，并对以后教师职业的发展起了积极的指引作用。但同时它也造成了一些消极影响。比如它导致"师道尊严"，形成了教师的绝对权威，不利于自由教育的形成。因为当时对教育的理解还处于前主体性阶段，即当时主客体还不分，人的主体意识还没有充分觉醒，即便讲"因材施教"也是在认识论不发达的情况之下，即对学习者的研究、对学习的研究都没有进入科学化阶段，所以教师任务的执行和完成只能单凭老师的能力和个人经验的积累，学生只处于被占有的附属地位，学生的性格特点、爱好和需求都要服从于老师。

（二）新课改课堂中教师的作用认识

新课改之后，对教师的作用又提出了新的要求，要求教师必须树立新的学生观、教学观和发展观。教师在教学中要实现以下转变：由传统的学科本位向学生本位转变，由科学本位向科学与人文整合转变，课程结构由分科向体现适应性、均衡性与综合性转变，课程实施由忠实教材向相互调适转变，课程评价由重结果向重发展取向转变。

十二五期间，海淀区开始在如何办"好教育"的追问中思考个性化的教育设计，在"人人都要学好"的阶段，尝试满足不同孩子的教育需求。"发现并挖掘每个孩子的学习潜能，支持每个孩子的个性化成长，为每一个学生提供适合的教育。"作为一线的教育实践者，近三年来，我们对教育改革的关注度、参与度空前提高，催生了课堂教学方式的有效转变。即通过发现"每一个"，关注"每一个"，基于"每一个"，适合"每一个"，发展"每一个"，来探索课堂教学方式的变革。

那么，"到底怎样落实这'以人的发展'为本的新理念?""怎样的课堂教学方式更适合不同个体的发展?""怎样将'育人'目标无痕地渗透到我们的每一节课之中?""我们应培育怎样的新时代人才?"等等一系列的问题引发了我们的深思。

时间推移，到了新的世纪，随着"新课程标准"的推行，又对教师作用提出了新时期的要求:

教育的目的是育人，培养现代公民必备的素养，为了学生的终身发展，即所谓"传道"。只有在教学过程中将新观念落实到教学中才能最终达到育人的目的，才能真正促进素质教育。

新课改要求教师从备课到课堂教学整个过程都要有所改革，教学任务的完成不再满足于书本知识的传授。那种时间安排紧凑，各环节过渡自然，重难点突出的课堂教学已不再是一堂好课。新课改理念下的课堂教学应该是开放的、自主的、探究的，教师不再是课堂的主宰者，而应该是学生学习的促进者，是学习活动的组织者、引导者和合作者。

(三) 合作学习课堂中教师的作用认识

在以前的课堂上，教师很多时候是学生学习的"引领者"，站在学生队伍的"前面"，引领着学生向既定的方向和目标行走。课堂中教师处于绝对的优势地位，而学生却"只需踩着老师精心铺设的石头过河"，成了课堂中的配角。这样的课堂既不符合新课标"以人的发展为本"的新理念，也不能顺应时代对人才培养的新需求。

2012年，我们学校在三、四年级段的语、数、英三个学科，共有八个班，尝试开展合作学习教学。2013年，全校各学科进行深入研究与实践，通过"参与—交流—分享"三个教学环节，建立以学生为中心的课堂教学模式，把学习还给学生，把课堂交给学生，变教师主体的"传道、授业、解惑"为学生主体的"悟道、探业、辩惑"。

我们思考着：未来的创新人才应该具备的特征是良好的志趣、人格、价值观、独立性、自信心和分析能力，而知识只是很小的一部分。知识以外的这些品质和能力都不容易用数字衡量，但对人的培养却是更为重要的方面。那么作为教育者应该改变我们的课堂形态和性质，改变教师角色，培养出顺应时代发展的全面优秀人才。

在此目标的激励下，本着"育人"的大教育观，我们给学生创设更大的空间，给学生提供更长的时间，使得他们可以搭设自己"探索学业"的平台，在交流中"悟道"，感受与人交流的美好，遇到困惑时通过"集思广益"来解决。变教师为主体的"师生互动"为学生为主体的"生生互动"。

启示四：我们的教师团队共同经历变革的情感体验

变革的愿景是美好的，变革的经历是欣喜的，也是痛苦的，七一小学教师摸索前行，步步为营，经历了以下几个阶段：

（一）起步阶段的兴奋

在传统课堂中，每分钟老师大约有 2—3 次提问，学生回答问题是主要的学习方式。而且，有 50% 的问题是选择性问题和记忆性问题，思维加工的力度很低。这样的课堂，学生没有独立思维的空间，没有独立思维的时间，孩子的思维被教师切割得支离破碎。简单地说，传统课堂教师掌握了整个课堂，教师是主角，学生是配角，整个教学是强调教师为中心的，如图 7 - 1。我校推行的 STAD（小组成就区分法）式的教学新方式，就是基于上述问题的解决。

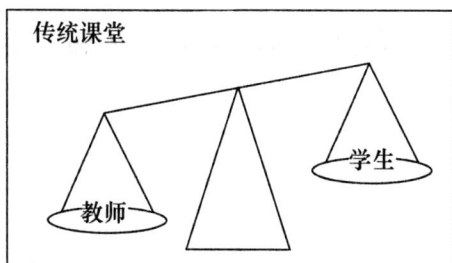

图 7-1 以教师为中心的教学天秤

本书的第一章用"学生踩着老师精心铺设的石头过河"这幅画面，形象地表达了传统课堂中学生被动学习的现状。我们在做"教师作用"研究时也深刻感受到，传统课堂中教师的"讲和问"挤占了学生的大部分思维空间，教师处于绝对的优势地位，而学生只是课堂中的配角，这样的课堂不利于学生的长远发展。我们提出"在互动中提升，在合作中感悟，在分享中成长"，对课堂变革满怀希望、期待。

（二）合作学习课堂中，教师经历的放手阶段

为了鼓励孩子们敢上台，敢说话，敢质疑，敢畅所欲言，教师需要大胆放手，采取等待，甚至是忍耐，尽量不"打扰"孩子们，给他们营造自由式交流的空间，让他们先大胆地说起来，此时教学就像图7-2的天秤。只有敢说了，才能有"说什么""怎么说"的进一步要求。

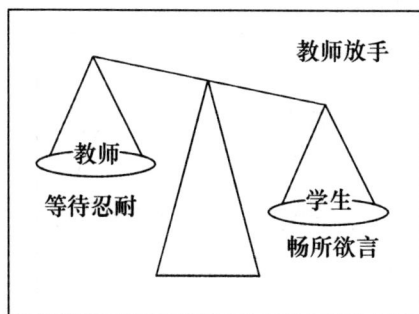

图 7-2 让学生畅所欲言的教学天秤

（三）合作学习课堂中，教师经历的困惑阶段

一段时间的实践以后，学生们发生了很大的变化：学生们胆子大了、敢说、敢辩论、能质疑……；但老师们却纠结了，"孩子们交流时往往不能突出重点，难点处也常常被一带而过……学生们的'自由式交流'暴露出诸多问题，怎么办？"教师直接叫停，会大大打击学生的参与热情；不加以规范，势必影响学习效果，犹犹豫豫，优柔寡断，使得预定目标无法实现。我们意识到，教师面临着新的挑战——需要重新定位自己的角色。

教师既不可以一直占领课堂，可是也不能真正地退出课堂吧。那么教师应发挥怎样的作用呢？

（四）合作学习课堂中，教师经历的自我完善阶段

2013 年，吴正宪老师走进了我们的课堂，对我们的变革给予充分的肯定，同时提出："教育改革发展到今天，减少教师的干预，体现学生的主体地位，是教育发展的方向，同时作为教师也应'该出手时就出手'，体现教师'导'的作用。"

吴老师引领性的要求，成为了我们进一步研究"教师作用"的突破口。我们希望在课堂上实现教师"导"的作用与学生的主体作用的一个平衡，如图 7 - 3。

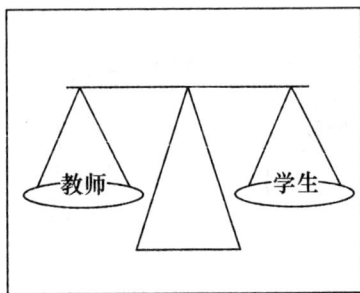

图 7 - 3　教师和学生双平衡的教学天秤

启示五：教师在学习共同体中的成长和变化

通过我们的行动研究，我们发现，我们在行动研究过程中建立了学习共同体，教师在其中成长，教师再次深刻地认识合作学习，成功地在课堂上因"需"转换课堂角色。

（一）教师在学习共同体中成长

北京大学温思涵博士针对我校教师的合作学习教学变革，进行两年的跟踪，研究[①]发现，通过合作学习教学的开展，教师们在学习共同体中成长，教师在共同体中成为主动学习者、智慧分享者、反思实践者、行动研究者。

1. 教师在共同体中成为主动学习者

从传统教学进入合作学习教学，教师在共同体的环境中，除了参加传统讲授式和参与式的培训活动，还要通过生动直观的课例进行模仿性学习，在"做中学习""做中研讨""做中观察""做中思考""做中调整"。这些经验使教师在学习过程中重构了教师身份，重新认识自己，共同体活动系统中提供了一种教师学习的机制。

2. 教师在共同体中成为智慧分享者

学生学习需要合作学习共同体的支持，与此相应，教师学习同样需要教师合作学习共同体的支持，以摆脱"各自为阵""闭门造车"的教师学习方式。在教师合作学习共同体中，教师首先要成为胸性开放的分享者，与共同体成员分享自己的观点、想法和困惑。分享的基础来自于信任，分享中创造了争论、冲突、解决方法，使教师在共同体中一起成长和学习。我把"水"比喻成个人知识，分享就像"倒水取水"，倒自己的水，取别人的水，整合大家的水，再取其水。每位教师往"大桶"

---

① 温思涵，活动理论视角下教师合作学习共同体生成机制研究［J］．北京：北京大学教育评论（高等教育管理专刊），2014：133—143.

里加水，每位教师再从"大桶"里取水放进自己的杯子里面，丰富自己杯中水。

3．教师在共同体中成为反思实践者

最重要的是任何教师的发展过程离不开教师的实践经历，教师作为主体在其实践中的反思活动，不仅仅是教师的角色反思、问题反思，还有多渠道的互动反思。教师通过自己的反思和探究将教育理论实践化，获得自己的实践经验理论化，从理论和实践的结合中形成新的实践性知识，成为一名反思性实践者。教师通过小组合作方式进行相互合作，确定自己的教学设计方向，因此，反思的注意力不只在学科知识或教学法，反思也反映在教师所建构的教师合作的文化中。

4．教师在共同体中成为行动研究者

教师在共同体中有共同目标，共同研究。改进教学实践是教育研究的根本目的，教师的学习者与研究者的角色，决定了课程的研究与开发应该属于教师。教师研究的"实验室"是在教室中进行实验、检验和完善，教师们在示范课观摩中观察与思考、在研讨活动中研讨与反思，行动研究已成为教师主导课程开发的方法。行动研究的特点：一是行动研究的问题是产于实际工作的情境中，从实际情境出发，根据情境需要进行调整与修正；二是教师对自身实践进行有意识地、系统地、持续不断地探究反思，它突出教师作为研究者的角色。

教师合作学习是一种学习方式，教师在共同体中通过有效合作为基础，建立合作学习共同体的共同愿景，从过去的"遵从"到"分享"，从过去"独自"到"合作"逐渐形成学习共同体的信任文化，在良好的互动人际交流过程中，教师间体验了相互信任，教师们能够辩论、接受分歧、处理矛盾、解决问题和接受成功与失败的经验。教师在这样的学习共同体互动过程中，发展了多元角色，促使教师不断地再次认识自我，重构身份认同和意义。

（二）教师心中的合作学习

教师在开展合作学习课堂中充满着困惑，"怎么干预、怎么合

作……"，教师通过研究再实验，结果得到的是"合作就是接纳……"。

困惑丰富了教师的教育情感，也促使教师再次审视自己——为什么要做合作学习，它是为了要改变学生的学习方式吗？在研究中经历困惑，也经历成功，并逐渐认识到合作学习对学习方式改变不是重要的，而学生发展才是最重要的。为此我们又深入地思考：合作学习的本质是什么？交流？汇报？接纳？合作？我们认为：

（1）合作学习是让学生把合作作为一种生活态度和价值观。杰克布斯说："合作学习是一种价值观，这是最重要的合作学习原理。换句话说，合作并不只是一种学习方式，而是一种生活方式。"

（2）合作学习是让学生学会合作。合作学习的最高境界是成员彼此接纳欣赏、互相取长补短和共同携手进步。合作学习的任务就是让学生学会善解人意、接纳别人、悦纳别人、欣赏别人，学会对自己负责、对同伴负责、对团队负责。

（3）合作学习是让学生接受"同学就是资源、团队的利益高于一切"的理念，合作学习往往以小组或者团队为单位进行。合作学习一改"同学就是竞争者"的同学观，倡导"互助学习、取长补短，团队的成功就是自己成功"的新同学观。

教师对合作学习产生了深刻的认识，这促使教师教学关注点发生转变。新的技能、新的行为、新的信念和新的认识，这四个转变指导着教师多维度地学习，并促使教师教学决策、教师角色、教学环境和教师知识的转变，从而达到全面发展和个性化教育的目的。

转变一：从教师权威决策到学生需求决策。传统教学设计是一种典型的权威式决策方式，是一种防学生（student-proof）的教学设计，教师是典型权威式的教学设计完全主宰的决策者，而学生的意见、需求无法得到应有的尊重。合作学习教学决策更多是以学生需求为主宰，教师更多是从学生的角度来思考，比如，学生是如何学习，学生的学习风格和个别差异。

转变二：教师从讲授者到课堂支持者或多重身份转变：传统课堂教

学，教师更多的是知识传递教授者，强调的是教师个人实践；而合作学习教学，教师在小组合作学习的活动中更多是指导者、合作者、支持者和协助者，教学的目的是在关注每一位，支持每一位。

转变三：从教师为中心的学习环境到学习者为中心的学习环境。合作学习是一种强调学生主体性与合作性、尊重学生个性特点来形成异质小组的社会活动，是关注学生的合作交流学习。个性化教育合作学习的课堂是学生的课堂，由学生来主导自己的学习过程。传统的课堂，更多是以教为主的学习环境：教师不断地灌输知识；教师提出的问题，缺乏真正的集体性。每个学生独立完成学习任务，虽然教师向许多学生同样施教，每个学生各以自己独特方式去掌握。每个学生分别对教师负责，学生与学生之间并无分工合作，彼此不承担任何责任，无必然的依存关系。这是因为传统课堂中关系互动是被忽视的。

转变四：从知识本位到学生本位。按照教学设计可分为知识本位和学生本位类型。传统教学以知识为中心，强调知识的掌握，以知识教授为突出特点，这是一种典型的知识本位的教学设计方式。这种设计忽略了学生的情感态度、个性特点、社交活动的发展，会对学生全面发展造成很大影响。合作学习教学设计是要求学生在小组中合作与交流，每个人都有个人责任与团队责任。在小组合作学习中，交流、讨论、提意见与建议，小组成员的个性与差异性得以充分表现，在设计过程中更多是考虑学生的社交活动设计，让学生在活动中学会学习与社交技能，体现出学生的情感与态度。可见，区别于传统知识本位的教学设计，合作学习教学设计是学生本位的教学设计。

（三）教师和学生在课堂中的多元角色

研究发现，随着学习方式转变和学习任务的需求，教师在学习共同体中发展四个角色：主动学习者、反思实践者、智慧分享者、行动研究者。这些角色发展使得教师和学生在合作学习课堂上另外发展了以下灵活课堂角色。

1. 教师的课堂角色是平等对话的引导者和参与者

平等对话是合作学习活动中一种民主、尊重、真实的交流。合作学习课堂中师生地位是平等的，如同天秤一样，两边都平等。课堂是在双方平等、合作的情况下，教师成为真正引导者，学生对话才能解放，学生才能活跃思维、畅所欲言。

师生对话更多是双向的，对话的目的不只是促进学生学习发展，也要促进教师专业发展。教师良好的对话基础来自于"倾听"。倾听的目的是掌握学生的观点、意图和对知识的理解程度。唯有在平等的关系之下，生生之间的畅所欲言，才能提供更多的机会给教师倾听到各种声音。好的倾听的基础来自于教师的专注和耐心，教师需要专注地、有意识地听学生发言，从学生的角度来倾听，而不是从教师个人角度倾听。另外，教师需要有耐心，平静地聆听，不打断学生的发言，因为唯有明确地、清楚地明白学生的想法，教师才能在对话互动中给予合适的表达和应对，成为一位好的引导者。

比如，当学生就某一问题"争论不休"的时候，教师们又应该怎么办呢？我们认为，教师也应该是一个好的倾听者，一定要听出孩子们在争论什么？抓住争论的要点，把问题聚焦，清晰地判断出这个问题的争论有没有必要。如果是关键问题，就可以根据实际情况，开展二次讨论或正面指导等；如果不是关键性问题，而且影响了课堂的速度和方向的话，教师可以果断出手，聚焦争论，解决争论。

2. 学生是课堂活动的制定者、探索者，学习活动的协调者、责任者和评价者

由于教师在课堂上把更多的空间、时间都给了学生，教师的话语权远远低于学生。教师由关注自己的"教"变为关注学生的"学"，由引导学生"学会"到指导学生"会学"，由课堂学习的主导变为学生同行的伙伴……教师的"退"成就了学生的精彩。教师智慧的"退"与"进"其实是对教师提出了更高的要求，这迫使教师要坚持学习，提升自身的学习力。高频次的经验分享，使得教师们在多次的历练中变得更

加自信，逐步由经验型教师向专家型教师过渡。

合作学习通过创造更大的空间满足学生探究的需要和情感的需求，帮助学生有效调控自己的学习过程，使学生获得成就感，增强自信心，培养合作精神，其核心是学生的自主发展，即学生成为学习目标的制订者、探索者，学习活动的协调者、责任者和评价者。

总之，关系决定一切。教师和学生的角色表现为课堂师生之间的师生"关系对话"，是教学本质的、必然的反映。面对不同学生的学习，教师将会有多元角色变化，教师承担的角色不再是单一的教授者，更多是因教学情境需要进行调整，有时是传统教授者，有时是参与者，有时是总结者或提炼者，有时是背后支持者……这些角色与传统教学最大的不同之处是教师角色的变化是根据学生的学习需求来调整，不是依据教师的需求来调整的。

三、研究建议

（一）更新观念：关注教师文化和信念转变，发挥教科研骨干教师的力量

我们建议学校进行教学变革必须关注教师文化，发挥教科研骨干教师的力量。教学变革不仅仅只是行为变化，它更多来自教师信念转变。教师进入实践场域中，往往关注着如何做，即使是同样的行为，但是不同信念就会造成不同的培养成果。信念主导着人们的行为与能力，同时，信念也推动了教师自我身份角色的转变。教师教学知识是一种实践性知识，但它离不开社会文化和共同体互动的影响。

合作学习教学变革，不只是合作学习中小组学习的形式变化，它背后隐含着更深入的意义与价值。如果教师不明白教学背后的意义与价值，而盲目地模仿其行为，其课堂模式如"走形无神"的课堂层次。

因此，它不只是个人知识代表，它也象征了共同体的共有知识。实践背后的信念价值观掌控着教师的教学行为，知识的价值性更多是内隐

知识，促使教师反思，将内隐知识外显出来，让教师更明白教育信念的重要性。因此，学校的科研骨干教师团队建设是改善学校教学状况、引领教师发展的重要力量，如何更好地发挥其作用是我们一直关注的内容，在实践中我们采用了"做中学"的方式，让骨干教师和其他教师在分解课题研究任务、实施研究计划等全程中完成相互学习和影响，它需要更深入思考、探究一些理念性问题，比如"为什么要这么做？""过去教学有什么问题？"唯有教师意识到自己传统教学的缺点与不足，教师才能静下心来思考怎样的课堂才是好课，然后再寻找方法或学习新方法。如果教师在一个匮乏的教师学习文化场域中，教师专业发展将面临提升困境，更不用说是变化。

（二）更新模式：强调实践自由与教师协作的学习共同体

合作学习教学研究对教师教育的启发是尊重教师实践自由和教师开发的合作学习课程知识（教师实践性知识），这些比传统灌输式的、任务式的培训工作方式来得更重要也更贴近于实际。以往校本研修或课题研究容易"流产"，主要原因有：以研究课为出发点，不重视研究后的常态课追踪使用；长期以来教师工作一直被认为是"一种孤独的职业"，教师的教研工作在独立的状态中独自完成，容易形成孤立、封闭的教师群体文化，这对教师的成长与发展而言非常不利。

以我校的合作学习教学行动研究为案例，起初由学校内部领导行政的决策决定开展的研究，教师大多在行政压力下进行自愿合作，他们将研究视为自我成长和业务活动的机会。但是，随着合作学习课堂教学活动的蔓延，教师从研修活动中体会到合作学习的酸甜苦辣与成长；分享、学习与交流的互动关系中自然而然地产生需求；教师之间在思想、信念、态度方面相互影响和促进，进而发展了有建设性的学习共同体模式。

教师文化是指学校教师群体内形成的独特的价值观、共同思想、作用和行为准则、规范等。教师协作的文化建设是非常重要的，通过教师学习共同体的建立，通过群体力量，促进教师合作与学习，教师才得以通过它自我解放。整体上来说，目前教育研究少有关注教师学习与教师协作的研究，如果教师自身都不懂如何与他人合作，那怎么指导学生合作学习呢？如果教师自身不能与他人互动学习，成为一位主动学习者，那么他怎么知道学习的重要性呢？

　　因此，学校应该尊重教师开发新知识，给予教师实践自由的开放环境，在其中建立教师协作、合作文化，这是教师教学专业发展的重要基础，而不是强迫式的合作。从生态视角取向来看，合作的文化是基于教师开放的、互信和支持的文化，是一种理想，也是目前学校中最欠缺的文化，它需要一个良好的学习共同体。

B

实践中的问题与对策

1．如何分组？

分组是进行合作学习的第一步，也是合作学习取得成功的基础。它不仅承载着小组文化的形成、小组合作技能的培养，而且对今后小组合作学习的效能有着直接的影响。怎样帮助学生形成"组"的意识呢？要想探寻这个问题的答案，首先要清楚什么是"组"。斯莱文（R. E. Slavin）有这样一段关于合作学习小组的描述："比起一个人单干，同他人一起为一个共同目标齐心协力能够取得更大的成就，这已是一个在社会心理学中被反复证明了的原理"。我们从中不仅可以体会到合作学习的心理学基础，也能够意识到形成"组"的几个要素：

①前提和基础——"组"的基础和前提
②方向——"组"的方向
③动力——"组"的动力

如何分组能使合作学习的课堂顺利进行，是小组合作学习的首要任务。在进行分组时，首先必须考虑的是小组的规模。一般而言，小组规模以4～5人为宜。在确定好小组的规模后，教师遵循"差异即资源"的理念，对学生进行异质分组（图 B-1）。

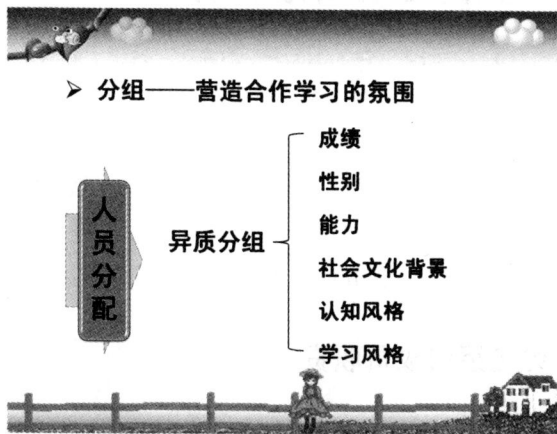

分组——营造合作学习的氛围

人员分配　异质分组　成绩　性别　能力　社会文化背景　认知风格　学习风格

图 B-1　异质分组

129

2. 如何进行角色分配?

分组后,根据小组学习的需要,师生共同设定岗位。学生根据自己的能力,申报岗位。研究最初,我们设立的岗位有小组长、资料员、监督员、记录员、发言人,并依据工作需求,与学生共同确定岗位职责。

策略1 选好小组长

在小组中,小组长是小组活动的组织者、带领者、协调者,不仅要有较强的组织与协调能力,更要赢得组员的信赖,才能带出团结、和谐、向上、富有凝聚力的小组。所以分组时首先要确定小组长,可以通过讨论先明确组长的职责,再采用自荐、同学推荐,然后投票的方式推举出小组长(图B-2)。

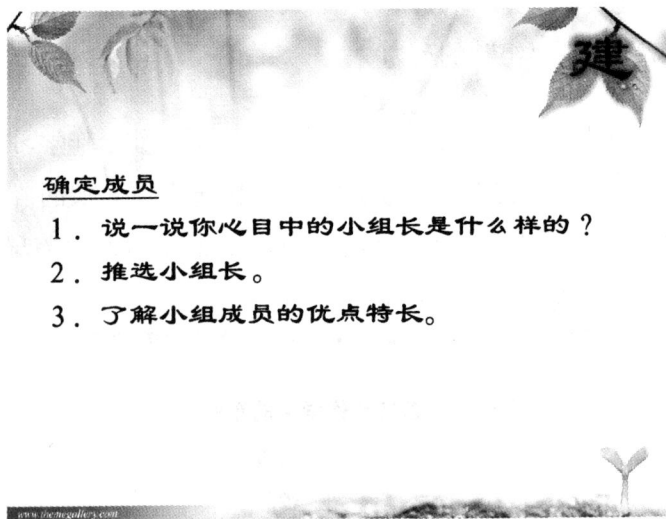

确定成员

1. 说一说你心目中的小组长是什么样的?
2. 推选小组长。
3. 了解小组成员的优点特长。

图 B-2 推荐小组长

策略2 约定组内成员职责

分组并确定小组长后,小组成员协商分配角色(图B-3),约定各个角色的职责（图 B-4）。

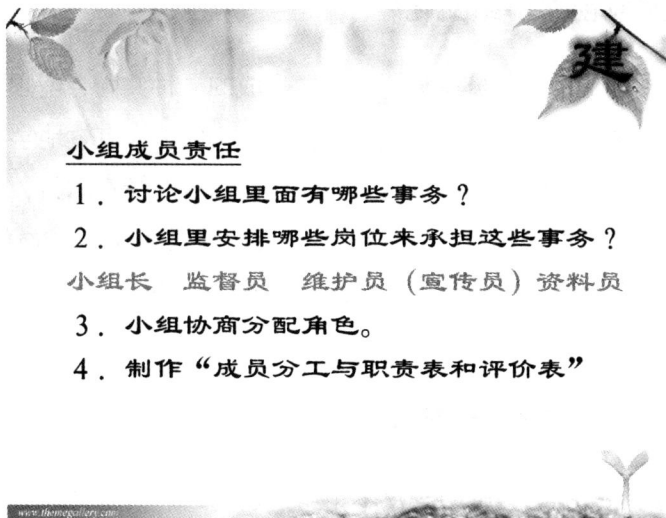

图 B-3　小组成员角色分配

小组组号		小组名称	
小组成员及职责			
小组长	解释学习任务；进行小组分工；确定发言顺序；控制发言时间；辅导同学学习；检查审阅作业（副组长协助组长工作）。		
监督员	检查用具的准备、摆放情况；提醒同学专心学习认真倾听、轻声发言、不玩东西、不偏离学习内容。		
维护员	设计小组展示区，维护展示材料，及时更换展示内容，保持展示区整洁、美观。		
材料员	收发作业，领发学具，保存小组作品，整理小组材料（如学具、组牌等）。		

图 B-4　小组成员职责

随着研究的推进，小组成员的岗位可以定期轮换。在研究的不同阶段，小组成员的分工和职责也可以根据需要进行删减、调整和补充。比如，各组的记录员在全班分享环节负责配合发言人进行板书，资料员负责协助进行屏幕展示等等。

3. 如何创建小组文化？

小组文化是小组成员在长期交往中形成的一种共同心理倾向或表现出来的特色文化氛围。在这个氛围中，学生不仅能够有效地学习知识和技能，而且在和同学共同的学习中能够获得积极的情感体验，形成共同的行为标准，学得相应社会技能。小组文化涉及到小组成员的共同愿景、共同奋斗目标、共同的行为标准、共同的责任，他们分工协作、彼此包容，并为共同的目标努力。

策略 1　共同给小组起名

在分组完成后，教师引导每个小组给自己起一个积极向上、响亮好听的名字，让学生感受到他们是一个小的团体，激发组员的小组归属感、责任感和荣誉感。在小组成员之间营造一个相互交流、培养情感的氛围，创设一个合作学习的空间。

下面是四年级 1 班学生给自己小组起的组名及解读。

四季童年：因为我们觉得我们四个人每人的特点就像四季中的一个季节。我（李潇）的性格阳光灿烂，活泼可爱，像春天一样生机勃勃；李振旗性格热情，乐于助人，并且他跑步时速度快，像旋风一样，很像夏天；谢肆绘画很好，遇事冷静，总能果断地做出选择，与秋天的感觉很像；林粲峰性格幽默，为人善良，一副小眼睛总能让人觉得他的脑袋里有数不清的问题，如雪花一样多，正好与冬天一样。于是取此名。

北冰洋：虽然是世界大洋中最小的一个，但是仍然很大，关键是我们都喜欢喝北冰洋汽水。北冰洋宋奕，宽容；李淼是北冰洋汽水的颜色（黄色），象征学习斗志；北冰洋常霖立爱劳动，为人民服务，没有这种精神，人们没法登上北极；郑婷指学习无极限。

战神联盟：第一，激励组员提高自己，成为战神级别的同学。第二，就想拥有一个与众不同的响亮名字。第三，联盟体现了我们的团结。

"眼镜"小组：因为我们组四个人都是近视眼，都戴眼镜，所以我们叫"眼镜小组"。组名提示我们组的每一个人都要注意保护视力，爱护自己的眼睛。

策略2 制定组规

小组建立后，需要有一定的组规来约束小组同学。各组的组规要由学生自己制定，只有他们自己制定的组规，他们才乐于遵守。针对性强的组规能有利的改善小组的合作学习。下面是两个小组制定的组规。

快乐学习小组组规	天天进步小组组规
1.上课认真听讲	1.做练习时：
2.作业书写工整	(1)做练习时不互相抄答案,不随便说话
3.按时完成作业	(2)如有不会的题,下课寻求老师或同学的帮助
4.上课时不做小动作	2.小组交流时：
5.上课积极发言	(1)讨论声音小
6.发言声音响亮	(2)交流完毕后坐正示意老师
7.讨论时不说与课堂无关的话	(3)交流时围绕主题讨论,不说与课堂无关的话
8.发现问题及时修正	(4)讨论时认真听同学发言,不干自己的事

组规一经制定，就成为小组活动要遵守的标准，它不是一成不变的，随着小组活动的深入，组规也会随之发生改变，以适应小组学习。

策略3 设计组牌

"组牌"是小组文化建设的载体，是建组初期最外显的一个标志，可以集"组的名称"、"发展目标"、"成员责任"、"评价记录"等于一体。

通过制作组牌的活动引导小组成员切实体验"我们在一起"、"相同需求"、"共同目标"、"责任共担"、"积极协助"等核心团队品质；通过交流组牌上的内容帮助学生目标自己确定、规则自己制定、责任自己选择、评价自主完成等自主、民主意识的初步建立；通过组牌在课堂中的使用使得上述美好的追求和愿望逐渐得到落实。值得说明的是，小组目标、小组评价和角色责任都要根据班级特点、小组特点而定，即使是同样的班级也不是一成不变的，需要进行阶段性的总结、回顾和调整。下面图 B-5 和图 B-6 分别是三年级（6）班制作组牌的流程与组牌。

活动任务（1）

- 完成组牌的制作
- 白色面上写小组组号及名称(美观，整洁，醒目)；

- 绿色面上张贴小组成员及职责表(填写完成，
  粘贴端正，位置合理)；

- 红色面上张贴课堂表现、作业情况、测验成绩
  评价表(粘贴端正，位置合理)。

图 B-5　制作组牌流程

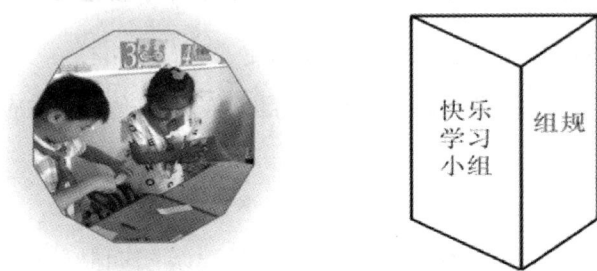

图 B-6　组牌的制作

我们改变了以往组牌正反两个面的设计，将其改造成三棱柱造型，每一个面设计成不同的颜色：绿色、白色、红色。受有些课堂中"红绿灯"使用的启发，我们的组牌在课堂学习中可以代表小组的声音，红色——求助，希望得到老师支持；绿色——已经完成任务；白色——正常学习进行中，请勿打扰。

4. 如何创设有利于小组学习的环境？

创建支持性的学习环境是小组合作学习得以顺利进行的保障。不仅要有方便学生合作学习交流的物理环境，还要有轻松愉悦的学习氛围。

策略1 设计有利于小组学习的座位形式

以往的课堂多采用"秧田式"的座位形式，这种形式所有学生面向的都是老师，有利于学生从教师那里接受信息，有利于教师了解学生接受信息后的回馈信息，但是不利于学生之间的多向交流，不利于组与组之间的交流。在合作学习中，座位形式的改变不仅有利于教师和学生的交流，而且方便学生之间的交流，便于从讲授到合作学习的过渡。怎样合理安排桌椅的摆放，就成为分组后又一个要解决的问题。

老师们经过一段时间的探索，找到了有利于学生交往的空间形式——"T字形"小组形式（图B-7）。这种形式在教师讲授时，学生能够面对教师，保持与教师的眼神交流。在小组合作学习时，坐在两侧的学生，面向课桌坐好就可以与组员进行多向交流了，这样就能从直接教学快速过渡到合作学习。当然，还有其他有利于学生合作学习的排座方式，只要便于学生自主学习、师生自由互动和交流即可。

图 B-7 "T字形"座位

下面是三年级4班探索座位形式的过程：

这个学期我们年级要开始尝试小组合作学习了，我还有了自己的座位安排，安排依据：防止独立学习说小话，只有小组合作时才能两人在一起，其他时间必须分开。

两天下来我的感受：孩子们好苦呀！尤其看到两个孩子挤在一起，还有蹲着的、站着的、趴着的、跪着的。不行，我要改变这种座位，为了便于学生合作，将两个桌子并上。

教室中无时无刻不充斥着学生的低声细语，可苦了上课的老师！不行，还要改变座位的坐法，这回为了便于学生合作，又避免学生独立学习时说小话，所以让学生坐到桌子的两边。

桌椅被拉得太长，无法全局掌控，学生不会面对面说话影响独立学习了，但是小组与小组之间的联系越来越多了。更苦了上课的老师！再改变，为了便于学生合作，又避免学生说话互相干扰，只能先进行纪律教育。一个星期就这样过去了，不过总算有了小组合作的雏形，兴奋，这么多天的苦没白受，接着趁热打铁，我们又变成了4人一组。

好多了，即便于教师讲授，在进行合作时又能快速地转换，还有了小组的感觉，"我们是一个小的学习团体"。我深深地知道还有更多的考验、困难、纠结在后面，但是我一点也不担心，原来的"苦"味在

我的坚持和不断的探索改变中也变得越来越淡了，我相信今后我会品尝到小组合作学习给我带来的更多味道。

——七一小学　李莲莲

其次，在学生交往中，要为学生提供安全轻松的心理环境。以往课堂，只有一小部分学生能够在课堂上进行交流展示，并且面对的是四五十人，容易产生心理压力，特别是到了高年级，学生顾虑多了，敢发言的人越来越少了。而小组合作学习的课堂，能给学生提供很好的同伴交往的空间，学生交流展示时的心理是放松的、安全的。学生的参与不再是被动参与，而是变成自觉自愿的主动参与交往。再者，通过同伴交往，引导学生正确处理自己与他人、与群体的关系，在此过程中学生之间相互影响、相互学习。

策略2　提供成果展示区

合作学习强调小组成果的展示与评价，每个小组都会有很多相关的成果和评分，教师可以充分利用墙壁，把小组学习成果、合作的规则或约定在墙壁上展示出来。成果展示区不仅仅呈现了小组的成长足迹和学习成果，而且便于小组间互相欣赏、互相分享、互相学习，以达到相互促进的作用，更承担着小组互评的任务，使评有依据，评有标准。

如：在三年级（6）班教室的一面墙上，作为一个展示区（图B-8）。因为本班有9个小组，按墙砖的格子划分出9个区域，一大竖排给一个小组。每个区域里边，分别贴有"组名""我们的收获""成果展示"。在这里有各组共同获得的"奖励"，有共同制作的

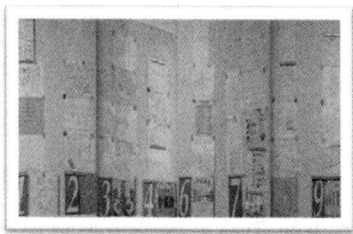

图B-8　小组成果展示区

"知识点""易错题型"等。孩子们做出了各种形状的作品，有心形、果树、天使翅膀、火车，是他们精心设计的，展示出了各组的风格。

137

5. 如何提高小组凝聚力？

小组已经形成并不意味着就有共同的学习目标，就能够在学习活动中相互接纳、相互依赖、相互促进，组员就有相互交往的技能。在以前的课堂中，由于学生长期在班集体中"孤军作战"，一直以来的个体评价标准、竞争意识会阻碍他们融入合作学习的团体。因此，怎样促进小组凝聚力的形成是老师首要考虑的问题。

由于小组完成的是共同的学习任务，所以小组成员面对任务时，不存在只要自己独立完成任务，便与他人无关的想法，更不存在我要超越他人的竞争意识，而是认识到只有组内同学共同努力、团结协作，才能更好的完成任务。这就需要小组成员之间具有更强的凝聚力，在学习时能够互相配合，完成学习任务的过程就是组员之间交往的过程，是组员之间融洽关系与默契配合的过程。

策略1　设计共同完成的小组任务

有了合作学习的形式，还要有合作学习的任务，否则就是在合作学习的形式下，做"孤独的学习者"，有违我们开展合作学习的初衷。所以需要教师在把握教学目标的基础上，设计学生感兴趣的、需要小组共同完成、具有挑战性与激励性的学习任务，使兴趣各异、成绩不同、能力不同的小组成员都能在共同学习任务中贡献自己的力量，体会到相互支持、相互合作的必要，从而形成积极互赖、团结向上的组文化。

如：在学习"教室有多长"时，我们让各小组自选工具分组测量，各小组开始工作了：先讨论选工具，再进行分工，看吧，有的指挥，有的手拿粉笔做记号，有的充当标杆，有的用工具量，有的记录……每个人都兴高采烈，洋溢着主人翁的自豪感。小组合作学习的优势更是发挥得淋漓尽致。孩子们不仅解决了问题，也锻炼了动手能力，尝试了交往，更分享了合作的乐趣。

——七一小学　张艳红

策略2 针对同伴交往中出现的问题进行指导

儿童都有强烈的被同学接纳和认可的团队归属需要。如果这种需要不能得到满足或经常被同伴拒斥的话，就会产生焦虑，严重的甚至会导致心理疾病。正是通过与同伴的交往，儿童可以从中获得情感上的支持，产生安全感及对同伴、对团体乃至对社会的信任感。并且在与同伴交往的过程中，他们会不断遇到处理与他人的关系问题，在此过程中也逐步学会了遵守规则。而学校为学生提供了必要的时间和空间，课堂是学生交往的演练场，教师便是其中的引导者，可以在学生交往过程中给予必要的指导和帮助。

根据各小组的运行情况，我们会定期对小组长进行培训，了解该小组的学习活动情况，并对小组长的工作方法与技巧有针对性地进行指导，提高小组长的工作能力。对于组内有个性的学生，我们会了解他们的思想状况，有针对性地进行疏导，培养他们的团体意识，调动积极性，使其尽自己所能为小组做贡献，增强小组的凝聚力。

策略3 针对小组进行评价

相对于过去针对个人的评价方式，小组学习增加了针对小组整体情况进行评价，使学生感受到自己的表现直接影响到小组的荣誉，进而增强组员的责任意识，形成团结协作、积极向上的合作团体。

（具体操作见问题10—13）

6. 如何让小组合作学习的课堂更有序？

刚刚组建小组，座位形式的改变使得同学们异常兴奋，他们由只能看到同学的后脑勺到现在可以面对面说话，自由、开放的环境让他们感到新鲜、有趣。因此，课堂上经常说话声音不断，独立学习时小声说，小组交流时大声吵嚷，同时也经常接到同学们的报告："×××总是捣乱"，"×××总是抢着说，不让别人发言"，"他们总是吵来吵去"，

"他俩在一起说笑话"。这些问题如果得不到解决我们的教学目标将无法落实，学生的学习能力、合作能力更无法提升，那么如何解决课堂中的这些"乱"？

在某些方面，课堂与拥挤的机场或十字路口相似，需要规则来管理和规范行为。所以我们认为建立课堂新规则，有助于解决课堂中的"乱"。新的教学模式需要新的课堂规则与之相匹配，在以"交流"为核心的合作学习的课堂上，制定怎样的课堂规则才能够让交流更有效又能推动课堂向前走呢？

任何课堂都要有规则来进行规范，以保障课堂任务有效、顺畅地完成。规则要写出来，向学生清楚表达，使学生知道什么该做，什么不该做，以及怎么做的问题。而这些规则，要与学生商量，共同制定，只有学生发自内心的想法，才会愿意去做，规则才能真正落到实处，达到理想效果。

策略 1　倾听规则

在诸多合作技能中，要把倾听放在第一位，因为倾听是产生互动交流的基础。倾听是每一个孩子，每一个小组成员，必须具备的基本技能。认真倾听时除了眼神、表情，集中注意力，知道别人说的是什么、会复述，不打断别人发言外，对怎么思考、怎么回应也要有具体的要求。如在倾听的过程中要思考、要有自己的想法，如"他的观点对吗？全面吗？""我需要补充"等等。具体见下表 B - 1。

策略 2　小组交流的规则

课堂上的吵闹主要出现在小组交流环节，教师要仔细了解小组学习出现了什么问题，例如：有的小组出现"话语霸权"，一个人独占小组活动的时间发言，其他人没有机会；有的小组每个人都争吵着说自己的意见，别人发言没有耐心倾听；还有的小组嘲笑别人的不同方法、刻意挑刺；也有的小组借机开小差，聊天说笑……

　　面对以上诸多问题，就需要制定一个小组交流的规则，它要求每一个小组成员在发言时做到满足小组内其他成员的倾听即可，不影响周围人；每一个成员都有均等的发言机会，时间使用合理；在时间允许的范围内发言时，发言者有不被别人打断的权利（见表 B - 1）。规则确立之后，要将规则的落实情况作为评价小学学习效能的重要依据，引导小组进行反思，促进规则的使用，并逐渐形成习惯。

　　如：三年级6班分组后的第一节数学课上，为了避免小组交流时的"混乱"，交流前，教师对全体学生说："接下来我们要在四人小组里介绍刚才解决问题的方法，一共有6分钟的时间。我期待着每一个小组能够总结出你们小组一共有哪些好方法。为了完成这个任务，谁说一说小组交流时怎样做会更好？"其实有时候孩子们很善于解决问题，他们的办法比成人想到的办法还有效。

　　请看学生们的方法：

　　"不能争吵"，"让每一个同学都发言，我们才能有更多的方法"，"与前面同学相同的方法就不用说了"，"每个人 1 分钟，总结 1 分钟"，"一个人发言时，其他人不能做自己的事情"，"如果认为别人不对，要讲清道理"，"声音小一些，不影响其他小组"。

策略3　全班分享规则

　　分享什么？在小组讨论过程中，小组成员都会在组长的带领下，对本组的发现进行总结，整理出本组的方法或观点。在全班分享环节，发言人要对组内达成一致的观点、某个不能统一的观点或错误进行整体汇报交流。

　　怎么分享？全班分享时，小组成员要积极配合发言人的发言，有的配合学习资料和成果的展示，有的负责提炼板书，当然每个人还要适时为发言人做补充。

　　发言人要做到自信，声音洪亮。发言过程中可以借助手势、画图、实物演示等方法辅助自己的发言。而且发言人的语言要求是"我们的想法是……"，"我们组认为……"，"对我们组的观点大家还有补充吗"，"对我们组的观点大家还有不同意见吗"……，在生与生之间、组与组之间形成思维碰撞，产生思维火花。此时教师只需适时地介入引导，更大的空间要留给学生。

分享环节其他同学的"倾听和回应"很重要，回应包括：同意补充、建议、质疑等。回应时要围绕当前讨论的话题或方法，不要跑题。具体见下表 B-1。

表 B-1 小组合作学习课堂新规则

课堂新规则	具体要求
倾听规则	☆倾听中鼓励　　点头　微笑　加油　掌声 ☆倾听中跟随　　看汇报内容　看对方手势 ☆倾听中思索　　合理　正确　质疑　补充　启发
小组交流规则	☆有序轮流发言 ☆控制音量(小蜜蜂似的) ☆控制时间 ☆全体参与
全班分享规则	☆发言人清楚说出本小组的想法,声音适当 ☆发言者面向同学,靠近黑板的手拿教鞭,指着要说的内容,眼睛看讲的内容或者同学,注意看大家是否在倾听 ☆小组成员配合(讲、板书重点、展示台操作、补充等) ☆其他组倾听后可以提问,补充不同的想法、方法,提出不同看法等

7. 如何建立上述规则?

在合作小组建立后，教师和小组成员共同探讨需要遵守的一些规则，把这些规则进行整理，并依据需要随时调整规则。

策略 1 师生共同制定规则

小组合作学习的课堂规则是由老师和学生共同讨论后制定的，只有他们自己制定的规则，才有针对性，他才能自觉遵守。针对性强的规则有利于激发学生参与合作学习的热情，提高合作学习的效率。

在不同阶段，老师可以和学生一起，根据班级实际情况和存在的问题，共同约定学习规则。下图是三年级 8 班老师和学生共同约定规则时的板书：

独立学习	小组交流	全班分享
1.安静、独立思考	1.轮流发言	1.发言组发言声音洪亮
2.认真做题	2.等待、尊重	完整、清晰(配合)
3.有思考过程	3.小声	2.倾听专注、思考
(画图、文字)	4.有理有据(想法)	不插话、举手发言
4.抓紧时间	5.不吵、不插话	回应人想法
想其他方法	6.听 思	同意、评价
		补充、启发、质疑

策略 2 用直观、简洁的方式让学生记住并遵守规则

这些规则是针对学生自身情况量身定制的，为了让孩子能够接受并记住这些规则，我们设计了直观、简洁、鲜明的图示（见图 B-9）：

四只小蜜蜂围在一起，用箭头依次连接在一起，表示："小组讨论需要像小蜜蜂一样嗡嗡嗡的小声音，按照顺序轮流发言，让每一个人都有机会。"这个图示逐渐成为"小组交流"的代名词，图一出现，孩子们立即领会要进入小组学习阶段，能够根据小组任务和时间，恰当分配每个人的发言时间，有序进行小组交流，保证了学习的效率。

2、小组交流时的指导

（1）在最初进行小组交流之前，有交流规则提示

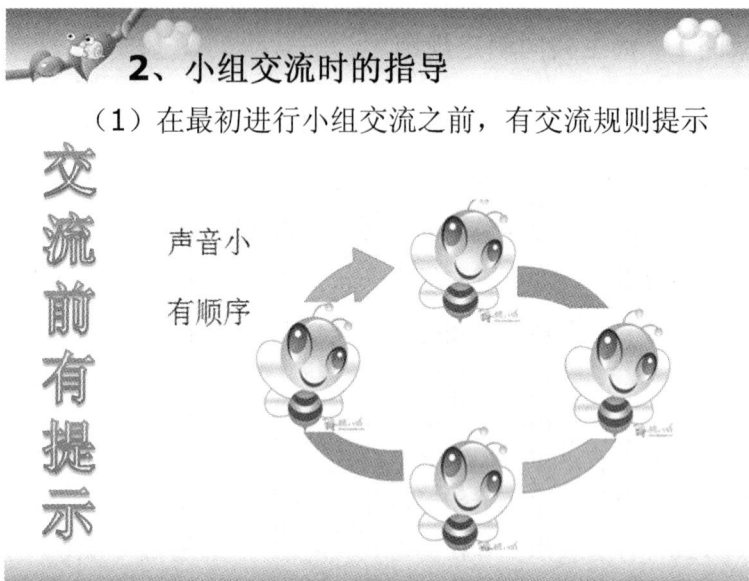

交流前有提示

声音小

有顺序

图 B-9　小组交流规则提示图

策略3　根据需求调整规则

随着小组合作学习的深入，最初制定的规则需要完善和"升级"，需要适时适度的调整。

如：进行一段时间的小组合作后，就要在"声音小，有顺序"的基础上提高学生发言的要求，为"有条理，有重点"，就可以把这条添加为新的规则。

下图 B-10 是不同阶段发言与倾听的规则。

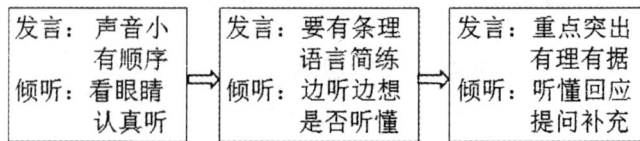

| 发言：声音小 有顺序 倾听：看眼睛 认真听 | 发言：要有条理 语言简练 倾听：边听边想 是否听懂 | 发言：重点突出 有理有据 倾听：听懂回应 提问补充 |

图 B-10　不同阶段发言与倾听规则

其实在合作学习的进展中，每一个阶段都可以有这种停下来回顾，制定新的规则的活动，它是推动小组效能不断提高的有效策略。

8. 如何让"看客"成为"学习活动的参与者"？

一直以来我们在从事小组合作学习中都非常注重学生们合作技能的培养、学习活动的设计，以及交流环节的互动和教师干预的技巧。总以为小组学习开展了一段时间，也取得了一些成效，孩子们课上交流、互动、回应、质疑、讨论环节热烈而有效。但在这热闹的背后，站在讲台前的我们放眼望去却发现了几个不合拍的音符。他们几乎从来不当小组的代言人，所有的发言机会都让给了其他同学。如果老师不点名让他发言，也许他会一直在活动中保持沉默。这些学生引起了我们的关注，他们有的在小组合作中只是被动的听，很少发言，即使发言质量也不高；还有的在组内同学发言时一直面带微笑地看着别人，当别人问到时要么笑笑要么闭嘴无语。这些学生已经习惯在小组学习中做一个旁观者。下课我们对这些孩子做了了解：他们有的不喜欢到前面去说话，怕说错；有的不敢多说，怕别人讥笑，怕说不好给自己带来一些不快，所以干脆充当看客，什么也不说；还有的学生独立活动时就没有认真思考，也就谈不上参与交流。怎样帮助这些"看客"，让他们真正成为合作学习的主人？我们应该怎么做呢？

策略1　实施特殊加分

看客大多是一些学困生，必然不会很顺利地完成学习任务，我们要承认这个事实。每个学生都是一个独特鲜活的生命个体，学困生在学习方面有困难，是短板，但我们不能只盯住他的短板，相反，我们要充分发掘他们的闪光点，多创造机会让他们出头露面。多把尺子衡量，多种措施激励，增强他们的自信，促使他们主动参与。

比如运用小组捆绑式评价，调整分值所占比重。如组内优秀学生的精彩表现加分若为 1 分的话，学困生若回答得好则可加 5 分。这样学困生就不再是小组的累赘了，成了为组挣分的"摇钱树"。成功感是一种积极的情感体验，是人们实现自我价值，得到认可的心理需求的满足。

体验成功的机会越多，获得的成功感就越强，创造成功的积极性越高。作为教师必须给学困生创造成功的机会，发现学困生的细微进步。经常赞美，让学困生体验到成功的快乐，将对他们的成长起到推动作用。

策略2　指导小组为个别生提供机会

除了教师给这些学生创造机会，小组内也要给他们提供更多的交流机会。组内同学以宽容、接纳、帮助、欣赏的态度来对待他们，使其感受到同伴的理解与真诚。小组交流时，优等生要耐心倾听，做学困生的积极"看客"，尽可能地提供帮助。集体分享时，采用轮换发言人的方法，一些基本问题尽可能让这些同学代表本组发言，给他们提供展示机会。代表本组发言时，他即使说得不到位，小组其他成员帮他们完善，逐步帮他们做到敢说、想说、会说，以增强他们的自信心。

策略3　设计开放性的、适合所有学生参与的活动

阿兰兹（R. I. Areds）在《学会教学》一书中提到：人的动机来自于两个因素，一是个人对自己达到目标的可能性的期望值，二是个人达到目标后的自我评价或满足感的程度。所以，老师需要在了解学生兴趣的基础上设计难度适宜、学生经过努力有把握获得成功，并且成功后能够获得较高自我评价与满足感的学习任务，以此来吸引学生主动参与，让"看客"不再"偷懒"。具体活动设计可参看问题17—36。

9．如何结束讨论？

讨论是组内同学交流、碰撞、分析、分享的时刻，讨论是有计时性的，不可能让小组一味地讨论下去。但小组讨论结束时，如果老师单纯去喊停停，我们的声音孩子们可能听不到。如何有效结束讨论，使课堂活动紧凑、高效，能顺利地进行下一环节，也是我们需要关注的一个问题。

我们可以和学生商定好一套特殊的语言，更好地解决这一问题。

策略 1　提示铃声

用时间来控制小组的讨论，是一种非常好的方法。对老师而言，可以调控课堂活动内容及各个环节的安排，及时有效地完成教学任务；对学生而言，增强其时间观念及紧迫感，能高效地完成课堂活动，提高学习效率。讨论活动时，"提示铃声"来提醒学生结束活动是很有效的方法。

我们可以对学习活动预计一定的时间段，要求学生在规定的时间内进行活动，利用 ppt 设计计时器，并伴有起止时间提示。当活动结束时，会有计时器停止的提示音，学生将用手势"OK"来表示已经完成任务；如果时间不够，没能完成任务，学生会直接伸出手指表示需要几分钟来申请延长时间。

策略 2　手势结束讨论

讨论的时间有时是不固定的，这个时间需要教师进行调控，当需要停止，学生又很难听到老师说什么时，利用手势信号来提示，利用无声的动作来完成任务，特别是对低年级孩子或合作初期的班级，这种方法很适用。

如：我们和学生约定，当需要停止讨论时，老师会举起手臂，手掌面对大家，即示意大家停止做任何事情，学生以同样的动作回应老师。这样的行为很快会引起其他同学的注意，"请安静"的信号会穿过噪音的屏障，像涟漪一样迅速传播，使学生迅速对教师的指令作出正确反应，大家很快就会安静下来。

交流中补充发言时，小组成员之间可以商定他们自己的手势规则，如"1"代表认真听，"2"代表小声，"√"是同意，"×"是不同意。轮流发言时，可以组长手势示意，可以大家用眼神、目光转向发言人，也可以按顺时针次序发言。不论哪种形式，只要我们和孩子商定好，大家理解什么意思并迅速按要求去做，就达到了我们想要的效果。

10. 小组合作学习的课堂评价与传统课堂评价有什么不同?

评价在课堂活动中扮演着重要的角色,是课堂不可或缺的一部分,但凡有课堂活动的存在,课堂评价就与之相生。小组合作学习的课堂评价与传统的课堂评价有以下不同,见下表 B–2。

表 B–2　传统课堂与合作学习课堂评价对比

	传统的课堂	小组合作学习的课堂
评价内容	针对学习成果进行终结性评价	针对学习过程评价 针对合作技能评价 针对团队协作评价 针对学习成果评价
评价对象	学习个体	学习个体 学习小组
评价主体	教师	自己 同学 教师
评价形式	简单的量化评价 教师口头表扬	针对学习自我反思(课堂) 进行小组学习后反思(课堂) 教师适时评价(课堂) 小组内量化评价 组间量化评价 成果展示 阶段总结
评价标准	教师定评价标准 同一标准	师生共同制定评价标准 评价标准有梯度 多角度评价

小组合作的课堂评价与传统的评价相比,更多的是关注学生的小组团队、集体,更多的是引导学生树立团队意识,在学生中形成互助合力,形成积极互赖,形成团队精神。首先,小组合作的课堂评价以

过程评价为主，帮助学生认识自我、认识他人，培养学生的责任感。其次，评价主体和评价形式都发生了改变，有学生自我评价、同伴评价、小组评价、组间评价、教师评价等多种评价方式。每个学生都具有评价的发言权，增强了评价体系的透明度，使评价具有可操作性，实现了对学习活动和教学活动全方位、全过程的评价，拓展了评价的空间，并创造了自我评价促进学生自主发展的可能性。适合学生的评价能够调动起学生参与学习的积极性，能够规范课堂管理，促进课堂活动的有序进行。

11．如何运用评价促进小组工作？

合作学习的评价方式有很多，结合我们的研究历程和研究需要，在建立积极互赖关系时，我们会依据组内成员的表现，结合各组的整体情况进行相应的评价；教师在课上也会根据小组整体表现及时给予"跟进性"评价。这样的评价，对于表现好的小组，会继续努力。对于做得不够好的小组，可以从老师的评价里得到一些启示，知道他们努力的方向。

策略1　课堂随机评价

在开展小组活动之前，我们会对学习的合作技能进行指导，并出示制定出的规则；在小组交流的时候，教师会进行巡视；讨论结束时，学生和教师会从小组合作方面给予相应的评价。

如：在教学"体育中的数学"时教师的评价：刚刚交流过程中，各组声音控制得非常好，第2、3、5、6组的同学都能用眼睛看着发言人，讨论的时候有秩序，而且交流时还能互相补充、质疑；特别是第7组范自在同学，通过交流能发现自己问题出在哪儿："哦，原来我只考虑 $5 \times 6 = 30$，$3 \times 10 = 30$，$2 \times 15 = 30$。却忽略了 $1 \times 30 = 30$。所以少了一种方法。"看，通过交流能更好地补充自己的方法，真好。

再如：我们会依据各小组成员的表现，结合各组的整体情况进行相应的评价，巧用黑板评价栏。形式有：

其一，利用黑板一角，设计“笑脸”“哭脸”栏，我们会根据孩子们的表现，随时进行评价，表现好的进到笑脸里，表现不好的进到哭脸里。表现不好的小组需要通过小组的团结，把不好的行为纠正，这时候才能有机会从这个哭脸里跳出来。或在黑板上画一个评价表，把教学和班务结合起来，教学分为发言、倾听、讨论、纪律、作业等项目，班务分为物品摆放、午饭等，然后每天根据他们的表现加分。对本组是激励，对其他组是榜样示范。

下面是三年级4班的黑板一角的评价栏（图B－11）与评价表（图B－12）：

图B－11　“笑脸　哭脸”评价

评价方式

整体表现——整体评价

课上课下整体评价

组别	发言	倾听	讨论	纪律	作业	物品摆放	午饭	总分
1								
2								
3								
4								
5								
6								
7								
8								
9								

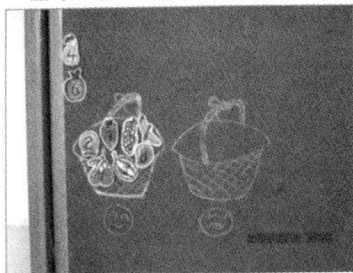

图B－12　评价表

其二，针对小组成员其他方面的表现，教师会给予表扬评价，得到表扬的小组即可获得一个“粘贴”奖励，小组累积到一定数量后，即可获得“超级明星队”“优胜队”的等级评价。

经过一段时间，学生会有明显变化。如，上课铃响前，老师只要往前一站，学生就知道要上课了，桌面没有整理好的，组长就会赶快用手势或眼神提醒；如有同学小组讨论时思维没有跟上，不发言，组长就会提示或帮助；哪个同学没改完作业，不用老师追，组长就会协助追……

策略2 小组阶段反思

小组合作学习的课堂较之传统课堂更注重对小组的整体评价，我们会采用小组阶段反思和组间量化评比的形式进行评价，提高小组的合作技能技巧，使得小组工作顺利开展，增强小组的凝聚力。

下面是三年级6班的小组阶段反思记录单。

天天向上组	学霸组
好：1. 我们组讨论时声音小，不会打扰别的组 2. 发言非常积极 3. 小组分享时不会为了发言顺序发生冲突 4. 组员发言时，别人不会捣乱 需改进：1. 不要争抢全班分享的发言人和板书人 2. 全班分享时的配合要默契 3. 独立完成时不要抄袭他人的 4. 全班分享时发言人声音要合适	表现不错：1. 小组讨论时声音小、有序 2. 全班分享时声音响亮、咬字清楚 3. 懂得时间观念 4. 上课考试、写作业不抄袭他人的 需要改进：1. 多参加集体分享 2. 讨论时不要不参加 3. 上课不作小动作 4. 写字工整些

策略3 使用进步分进行学业水平评价

我们设计了学生学业评价表——"测验记分纸"（见表B-3），从另一个角度考量小组学业整体情况，检测小组互助学习的效果，增强集体责任感，培养团队协作精神。

它的用法是，各小组将每个成员的基本分（基本分是选定两次测验的平均分）、每次测验得分的进步分（测验得分与基本分的差）填入记分纸。然后算出小组总分和平均分。

每次测验都是百分制，所以各项分值均以百分制记录，最后小组平均分也是以百分制计算。

表 B-3　学生学业评价表

测验记分纸								
小组名称				第　　小组			年　月　日	
测验主题								
姓名	基本分	测验得分	进步分	测验得分	进步分	测验得分	进步分	
小组得分								
组平均分								

像这种基于全组的评价，可以让学生看到老师的眼里只有"组"，让他们深刻感受到整个小组荣辱与共的紧密联系，这也是增强学生合作、互动的好方法。这些评价方式的运用，能更好地促进小组有效工作。

12. 如何运用评价促进个人进步？

我们的评价遵循人人成功的原则，不是每一个孩子都要达到同一个目标，而是针对每一个孩子的不同特质、不同能力，只要和自己比有所进步，他就成功了。具体又是如何操作的呢？

策略1　组内互评

小组合作学习的课堂，评价主体更多的是学生。学生对自己或同组同学在小组合作中的表现是最清楚的，他们既能发现优点，也能找出不足，所以采用组内互评的方法，能更好地发挥激励与改进作用。

如：我们设计了表 B-4 作为学生职责评价表，目的是合作小组建立后，依据学生个人能力、特长，在自荐和推荐的情况下进行角色分配，并确定每一角色的工作职责，这样不仅可以提醒学生应该做什么，而且有做到什么程度的要求。我们运用"职责评价表"进行组内互评，有助于促进学生尽快进入角色，出色完成本职工作，建立积极的互赖关系。评价表中，每一角色都有自评和互评。在学生自评的同时，小组长对其他同学进行评价，其他同学对组长进行评价。生生互评的方式，可以有很多种。比如说采用车轮式的评价。A 传给 B，B 传给 C，C 传给 D，D 再传给 A，就像一个轮子式的来回转。评价前教师要对学生的评价提出要求：要公正、真实，不能掺杂个人的情感因素。我们每天都会抽出 2 分钟对这一天合作学习时的个人职责履行情况进行评价。

分值主要采用星级评定，分为一星、二星、三星。出色地完成本职工作，评为三星；较好地完成本职工作，评为二星；基本完成本职工作，评为一星。

表 B-4 学生职责评价表

	小组长		发言人		记录员		资料员	
	自评	互评	自评	互评	自评	互评	自评	互评
周一								
周二								
周三								
周四								
周五								

除此之外，我们还设计了"合作技能观察表"（见表 B-5），目的是为了观察、了解和监督小组学习时每个人使用合作技巧的情况，促进学生合作技巧的规范使用，并形成能力。合作技能涉及多方面，此表仅在进行倾听技能培训后，学生进行初期体验，并依据个人在组内的表现进行评价。

它的用法是，学生通过合作技能观察表，进行自评、互评，最后老师对他们进行评价，依据倾听技能的要求：眼神、表情，集中注意力，不打断别人，会复述内容，有自己的想法。观察自己及组内同学的表现，给予相应的评价。这是培训初期做的评价，学生做得可能不是很好，我们告诉学生：做得不够好不要紧，因为这是刚开始，组内同学互相帮助，经过一段时间的合作学习，你们会做得更好。到时候咱们运用合作技能评价表进行再次评价，并进行前后对比，你们就能看到自己的进步了。

学生合作技能观察表的等级是一星和两星。依据学生的表现逐项给予相应的评价。

表 B – 5　合作技能观察表

组名：			第　　　小组				年　月　日	
要求：根据下面各项内容对自己或他人进行评价"☆☆"或"☆"								
姓名：								
评价	自评	互评	自评	互评	自评	互评	自评	互评
眼神表情								
集中注意力								
不打断别人								
会复述内容								
有自己的想法								
教师评价								

以上这两个评价表，涵盖了自评、互评、教师评价。有了这些评价表，对学生自觉地完成本职工作，起到一定的监督作用，特别是有些老师看不到的方面，组内成员却能很好地观察了解，能更好地发现自己、他人、本组或它组的优点，相互学习。这样既能促进小组成员合作的积极性，又能形成一种组与组之间的竞争氛围。

策略2 自我反思

反思评价，时时进行。有反思才能有进步，回顾和反思自己的学习经历，直接影响着自己的进步，更影响到小组工作的有效性。

如：每完成一个学习任务之后，让学生反思自己的成功和不足之处，养成自我反思的习惯和意识。教师要经常提醒学生反思：今天在课上学习了什么？自己学习得如何？有没有学习中不清楚的概念？再进一步搞懂什么问题？努力的方向是什么？学生在课后进行总结，对自己所学的内容、学习经历作出评价。

下面是一些学生的自我反思：

生1：我非常喜欢小组合作学习，从中我能学到很多东西，了解更多同学的想法。

生2：这节课我很开心，但我没有积极发言。

生3：通过在小组里合作学习，我敢发言了，谢谢同学们对我的帮助。

…………

如学生日记：

……有一次，我们去阶梯教室上课。课上我们认真学习，到了发言人汇报学习内容的时候了，我是发言人，这次当然要竞争最佳发言人啦。同时，我们组同学都帮我举手，可老师把×××同学叫起来时，他忘了是要替我举手，使得我失去了获"最佳发言人"的机会，可我还是原谅了他，毕竟合作需谅解嘛。

我认为，只有分工明确，团结合作，互相信任谅解的小组才会是一个成功的小组，优秀的小组。

老师评语：宽容大度是合作的基础，你已具备了这个好品格，加油，把你们组带领得更好！

在时时反思的基础上，还要进行阶段反思，从而发现自己的收获，发现自己的不足，明确下一阶段的努力方向。下面是两个同学的反思日记：

数学课上的小组学习	我在小组学习中的变化
我们小组是一个团结的小组,每个组员都很努力地学习。每当他们遇到困难时,我都会主动帮助他们。尤其是在小组合作的时候,我们有序发言,互相学习。在我们组的帮助下,我们组的闫锐是变化最大的,他从不敢上台发言到现在积极发言,积极参加小组活动,这就是我们组互相帮助的成果。我自己也有许多变化,我以前只会讲自己的想法,而不会从别人的想法中受到启发。现在我不但可以受到启发,还可以提出建议。通过小组学习,我们组的每个组员都有很大的变化与进步。	自从我们开始小组学习之后,我就有了很大的变化。我变得更加团结同学了,变得更有集体感了,变得更成熟了。从不爱举手变到了每个问题都举手。虽然有时候讲得不太好,不太清楚,但是从以前的没勇气到非常勇敢,从把学习当成负担到把学习当成乐趣,这些都是小组学习给我带来的变化。
管思语	邵润妮

　　反思事小,贵在坚持,长此以往,意义重大。只要教师给小组充分的时间和空间,人人都有表现的机会,就会撞击出许多意想不到的思维火花,让学生体会到小组合作带来的兴趣和成功感受。

策略3　教师的建议与指导

　　小组合作学习的课堂,并不能忽略教师的作用,教师依然是合作学习的重要参与者和指导者。所以,教师要时刻关注学生的发展情况,并给予帮助和指导。

　　如：最初的小组交流学生争论的是谁对谁错,对的学生会产生一种积极的心理体验,错的学生急于把自己的过程与结果改成与其他的学生一样,而不是静下心来思考或把自己的疑问提出来请求组员帮助。针对这种情况,老师引导学生明确思维过程无所谓对错,鼓励学生真实地表达自己的想法、说真话,哪怕是错误的观点。在这个过程中,学习上的弱者会不断地增强自信心,因为他把自己的思维过程和组员进行了分享,并引发了他们的思考,为小组学习任务的完成贡献了自己的一份力量。长此以往,这些学生不再是"从众者",而是学习的主人。

在自己反思、小组帮助和教师指导下，学生真正体会到过程比结果重要，真实比正确重要，进步比优秀重要。

13. 评价的内容和形式是一成不变的吗？

小组合作学习课堂评价的内容和形式不是一成不变的，它具有一定的阶段性，会随着进行小组合作的时间、学生的年龄特征、学生的合作技能技巧程度的差异有着阶段性的变化（见下表 B－6）。

表 B－6　评价阶段评价内容分布图

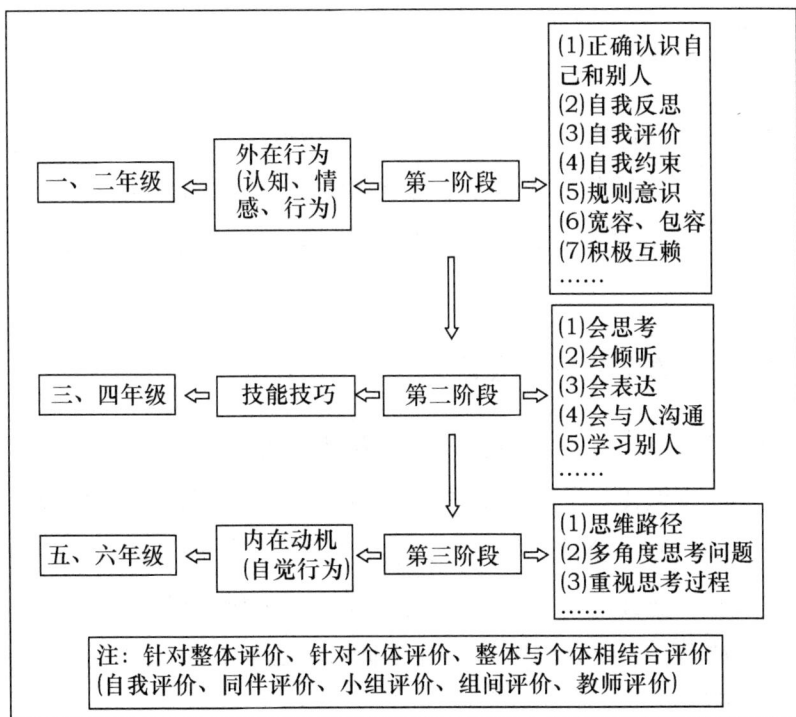

建组之初的评价重在外在行为，从认知、情感、行为等方面进行评价，如正确认识自己和别人、自我反思、自我评价、自我约束、规则意识、宽容、包容、积极互赖等。

小组形成后的评价重在关注学生的合作技能技巧，如会思考、会倾听、会表达、会与人沟通、学习别人、悦纳别人等。

小组逐渐成熟后的评价重在关注学生的内部动机，如思维路径、多角度思考问题、重视思考过程等。

每个阶段的评价内容形式有其不同之处，但也有其相通之处，具有连续性。评价主体一直以学生为主、教师为辅，包括自我评价、同伴评价、小组评价、组间评价、教师评价。

14. 如何说，才能吸引听众？

发言者是信息的发送者，清晰呈现自己的观点是表达的基本要求，能够考虑听众的感受和需求，生动、简洁、有趣、有感染力则是表达的更高要求。

合作学习的课堂上，有两个环节能够培养学生的表达能力。第一个是小组交流的环节，需要每个同学清楚表达自己的想法；第二个环节是全班分享的环节，需要小组成员整理分享的内容，确定发言的思路。

策略1　教学生说"套话"

"套话"无疑已经成为人云亦云、毫无个性的代名词，在教育改革迅速发展的今天，对于课堂上的"套话"我们更是唯恐避之不及，怎么还要教学生说"套话"呢？小组合作学习课堂，学生作为学习的主人、学习的分享者，每个展示的学生都成了小老师。这就需要学生讲解时不仅讲清楚，还要吸引听者专注地倾听，因而，一些"套话"就显得格外重要。

小组内交流自己的学习收获时，学生往往不围绕探究的重点发言，这时可以通过提示语引领发言思路：

我有×××种方法，＿＿＿＿＿＿＿＿＿＿＿＿＿＿＿＿＿＿＿＿＿

＿＿＿＿＿＿＿＿＿＿＿＿＿＿＿＿＿＿＿＿＿＿＿＿＿＿＿＿＿＿＿＿＿

我的方法是＿＿＿＿＿＿＿＿＿＿＿＿＿＿＿＿＿＿＿＿＿＿＿＿＿

＿＿＿＿＿＿＿＿＿＿＿＿＿＿＿＿＿＿＿＿＿＿＿＿＿＿＿＿＿＿＿＿＿

＿＿＿＿＿＿＿＿＿＿＿＿＿＿＿＿＿＿＿＿＿＿＿＿＿＿＿＿＿＿＿＿＿

我发现＿＿＿＿＿＿＿＿＿＿＿＿＿＿＿＿＿＿＿＿＿＿＿＿＿＿＿＿

＿＿＿＿＿＿＿＿＿＿＿＿＿＿＿＿＿＿＿＿＿＿＿＿＿＿＿＿＿＿＿＿＿

＿＿＿＿＿＿＿＿＿＿＿＿＿＿＿＿＿＿＿＿＿＿＿＿＿＿＿＿＿＿＿＿＿

有了提示语，小组学习中的发言就像走路有了路标一样，不再偏离方向了。

全班分享环节的表达是否清晰对于课堂学习有重要影响，因为此时小组代表要呈现的是小组学习的成果，如果没有一定的方法，小组汇报会出现很多问题：一人说还是大家说？一人发言其他人做什么？怎样把小组的观点清晰呈现出来……。这时也可以使用一些"套话"让小组汇报走上正轨：

开头引起注意："大家请看这里""我们小组的想法是""请边看我们的演示边听"

展示内容层次："我们有三种不同的方法，第一，……""特别值得注意（称赞、表扬、肯定）的是……"

调动听众兴趣："请大家思考接下来我们要汇报的方法会不会和你们想得一样呢？""下面的方法还不成熟，请大家听后帮我们提建议""这个方法我们觉得很好，但是还没有实施，我们一起来看看是否可行？"

关注听众反映："大家听懂了吗？""这个观点大家认同吗？"类似的套话，使倾听的同学知道我要怎样回应，回应些什么，从而促进交流顺利进行。

看似刻板统一的提示语，在课堂中发挥着意想不到的作用，让越来越多的同学有了主动交流的勇气。不用担心这样固定的语言模式会束缚学生的思维，事实证明，学生很快就会灵活使用这些开场语言，自如而有个性地表达自己的思想。

开始阶段学生需要自由表达的时间和空间，这并不意味着教师不给学生规范性表达的指导，这些“套话”对于小孩子而言是很有效的“拐杖”，不知不觉中孩子们逐渐有了自己的见解，完成从“有形”到“无形”的转变，进入个性化表达、创造性表达阶段。

策略2　让别人“看见”你的思维

新课标指出“良好的数学教育是有过程的，关注过程的教学，就可以体现数学思考”。这就需要处理好直观和抽象的关系，让别人看见你的思考过程，即“看见”你的思维。小学生受自身思维和认识水平的制约，在学习中会借助画图、演示、试验等方法展示自己的思维过程，达到抽象问题具体化、形象化。

例如：在教学《比的认识》时，教师设计了以下学习单（见图B－13）。

个人学习单

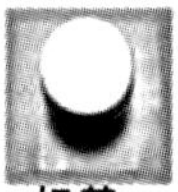

奶昔

香蕉汁	牛奶
400毫升	200毫升

你有办法配出“味道一样，毫升数不同”的奶昔吗？写出你的配方

请你用画图、列表等方式说明你配制的奶昔和这杯奶昔味道一样。

图B－13　《比的认识》学习单

在学生独立学习和小组交流后，进行了小组汇报：

发言1：大家请看我们小组的想法，我们组用了前一个小组扩倍的方法，同时我们给这种方法配了一个图，大家能看明白吗？

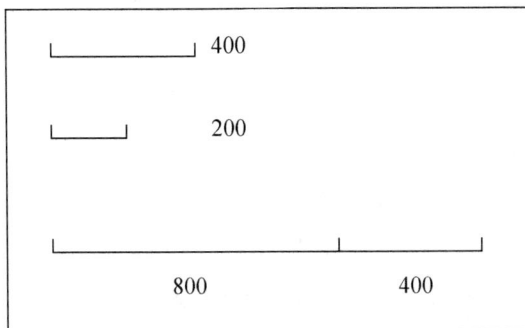

生1：我明白，你们的意思是……

发言1：这就是我们组的想法，大家还有不同的想法和建议吗？

发言2：第一组讲得很清楚，但我们还有不同的想法。我们还是借助刚才这幅图，我们可以把它想象成一杯奶昔，这杯奶昔里有200毫升香蕉汁和400毫升牛奶，我们再拿相同的一杯奶昔，里面也是200毫升香蕉汁，400毫升牛奶，如果兑在一起，大家说味道相同吗？（下面异口同声地说相同）这时的奶昔里有400毫升香蕉汁，800毫升牛奶，因此味道相同。

学生用到画图和结合实际举例进行解释。画图能让大家清楚看到，容易理解，是大家比较容易理解的方法；举同学们非常熟悉的例子，更让大家有亲切感和熟悉感，理解起来就更顺利了。

策略3 "整理"让数学更美好

小组内每个同学的想法都得到充分的交流，通过小组内部的互动已经对学习内容有了丰富的认识，但是对于这么多的想法，怎样呈现能够做到有序不散乱呢？我们结合具体内容，让学生做"怎样把这些成果说给大家听"的讨论，让他们逐渐学会归类说、对比说、分层说等发言技巧。

如："两位数乘两位数"一课，小组整理本组方法，进行全班分享（如下）。

学习任务：

> 学校举行队列表演，一共有 12 行，每行有 14 人。
>
> 有多少人参加队列表演？
>
> <u>想办法表示你的思考过程。</u>

一小组 4 个同学的思考过程如下：

方法 1：$14 \times 4 = 56$ $56 \times 3 = 168$

方法 2：$14 \times 14 - 2 \times 14 = 196 - 28 = 168$

方法 3：$12 \times 14 = 10 \times 14 + 2 \times 14 = 140 + 28 = 168$

方法 4：画出 12 行，每行 14 个圈，表示一共有多少人，用竖式计算。

小组讨论：（1）你能明白这些想法吗？小组内讲一讲。（2）如果这些内容是你们组 4 个人的方法，你们准备怎样在全班分享这些内容？

通过整理、讨论，学生可以初步掌握分类说的方法。这是基本方法，适合合作学习初期能力的培养。

策略 4　选择适当内容在全班分享

经过独立学习和小组交流，进入学习成果分享阶段，这个阶段是学生的展示阶段，也是教学目标能否有效达成的关键环节。各组发言人要将小组学习的成果在全班进行交流分享，面对小组里的多种方法，学生不知道要说哪些内容、怎样取舍，不知道发言内容顺序怎样确定。教学内容的重点、难点、关键点学生是不知道的，对于他们而言这些方法并没有"高低贵贱"之分，因此教师期望的"由易到难"、"由浅到深"、"由一般到个别"等内容上的呈现顺序都不被学生了解和认可，这种现象一方面促使教师抛弃一些以往的所谓经验，将关注点转移到学生真实的想法上来，另一方面，也可以通过评价分析学生选择的汇报内容，对学生进行适当的指导和引领。

（1）分享"我（们）认可的"。小组交流中组员都能认同的想法，可以作为交流内容在全班分享。

（2）分享我（们）的错误或者有争议的内容。小组学习中经常会出现意见不统一、争执不下的情况，学生没有合作经验的时候往往争吵不断，教师除了利用规则建立良好的交流秩序外，也需要指导孩子将

"争吵"转化为"说理"，并且提倡将说理的过程或解决争议的过程作为全班分享的有价值的资源。

如： 在认识圆柱体时，教师巡视到一个小组，发现小组内有争议，有的孩子认为圆柱体侧面展开图是长方形，有的孩子认为是平行四边形，有的孩子认为是正方形。这时，教师说："你们有办法证明自己的想法吗？"片刻后，孩子们亲手制作了支持自己观点的学具，澄清了学生对圆柱体侧面展开图的认识。当这组汇报时，发言人直接汇报了组内达成共识的结果，即他们发现圆柱体展开图可能是正方形、长方形、平行四边形。

此时，老师继续引导：能把你们得到结论的过程解释清楚吗？

这组同学再次分享，先说明本组的几种争论观点，然后说明并演示——我们分别按照自己的想法用一个正方形做了一个圆柱体，用一个长方形做了一个圆柱体，用一个平行四边形做了一个圆柱体。最后我们认为只要直着剪一刀，就能得到这些图形，其实这些图形也都是统一的，可以都说成是平行四边形，我们是以理服人。

此时，下面响起了掌声！像这样的的汇报澄清了学生模糊的、单一的认识，使学生对圆柱体的认识更深刻了。

这时，教师问大家："你们觉得哪次汇报更清晰，更有条理？""第一次和第二次汇报有什么不同，第二次汇报好在哪里？"经过孩子讨论总结出：要汇报重点的部分，汇报我们争论的部分。

（3）分享"我没想到"的内容。新课标明确提出要培养孩子的创新意识，而且在十大核心概念中，创新意识又是核心的核心。可见，创新意识的培养是现代数学教育的基本任务，应体现在数学教与学的过程中。学生自己发现问题和提出问题是创新的基础；独立思考、学会思考是创新的核心。在学习过程中，孩子的任何一个想法，特别是大家都没有想到的想法，一定是与众不同的，这说明该孩子的思考角度不同，我们要抓住这个契机，进行全班分享，引领其他孩子多角度地思考问题。

在小组交流过程中，因为个别孩子与多数孩子的思考角度不同，而不被认可，或者这种想法很好，但不同于常规想法，加上部分孩子的从众心理，这些想法在小组汇报时被忽略了。因此我们要鼓励孩子敢于分享不同的想法，促进学生遇到问题也能有自己独立的、不同的想法。

如：孩子在学习测量不规则物体体积时，大多数孩子认为用量杯和水就可以了。但有个别孩子想到了用土、沙等可流动的，具有水的特质的东西都可以。像这样的想法就是一般人想不到的，教师要让孩子介绍"我是怎么想到用这些物质的"，给其他孩子以引领和启迪。在这个小组汇报时，发言人不但介绍了他的思考方法，还说明了自己没有想到是因为忽略了这些物质的也能流动，即可塑性。学生进而受到启发，当遇到测量不规则物体的体积时，想方设法把不规则的物体变成规则物体就可以解决问题了。

15. 如何帮助学生成为好的倾听者？

交流的本质是一个接受与发送信息的过程，有效的交流就是发送信息者清楚表达他们想要表达的内容，同时接受者必须准确解读这些信息。信息发送与接受者有一方出现问题，交流都不会顺利进行。我们结合具体教学内容，有意识指导学生学会倾听。

策略1 用基本规则促进倾听的有效性

教师教授必要的倾听和回应技能后，还需要制定基本规则以保障学生对这些技能的落实和熟练。可以让小组讨论什么是"好的倾听""我们如何做到"，将讨论的结果作为小组努力的目标和大家都遵守的规则。

这是罗长红老师带领四年级同学制定的"好的倾听"的标准：

四年级3班　人人会倾听
1. 让对方讲完话再发表意见。
2. 看着对方的眼睛倾听。
3. 对方若演示，要跟随对方行为进行倾听。
4. 以微笑、点头表示认可或赞同。
5. 举手、皱眉等行为表示有疑惑。
6. 非打断不可时，请先示意。

　　在小组内部交流时，需要每个小组成员都遵守以上交流规则，必要时可以在小组设置提示员职位，如果有同学违反规则了，提示员可以用手势提示。当然，提示员也需要进行培训，教师可以组织提示员一起讨论"在什么情况下进行提示才是合理的？""用什么方式提示才能被接受？"，初步达成共识后再开始工作。课堂中教师可以利用巡视机会对提示员的工作进行指导和肯定，他们就越来越会及时对小组不会倾听的组员进行提示。

　　我们以张殿军老师的课堂案例，来说明在小组交流时针对不停打断别人说话的同学，提示员是如何运用规则进行管理的。

奇思早上吃了 6 块饼干，

笑笑："我吃的饼干数是奇思的二分之一。"

笑笑吃了几块饼干？

写一写，画一画，表示你的想法。

　　在学生独立思考的基础上，开始小组交流。

　　生 1：我把六块饼干看成一个整体，平均分成 2 份…… （如图 B-14）

　　生 2（打断）：和我想的一样。

　　生 3：对，和我们想的一样。

　　提示员：也许一样，但想法可能不一样，请让生 1 讲完话，再发表意见。

　　提示员制止了两名孩子的打断行为，让他们知道只有听完对方的完整意思才有发言权，同时让他们进入一个倾听思考的阶段。

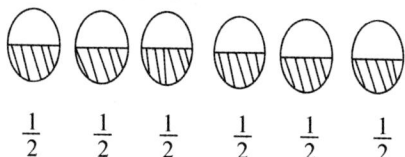

$\frac{1}{2}$　$\frac{1}{2}$　$\frac{1}{2}$　$\frac{1}{2}$　$\frac{1}{2}$　$\frac{1}{2}$

图 B-14　生 1 画的示意图

　　生 1：我把一块饼干平均分成 2 份……

生2（打断）：不对，笑笑是6块饼干的二分之一。

提示员：要提意见请先示意，看他的图你就明白了，要边听边看，生1继续说。

至此，生1在两个反对者面前，不想说下去了，也自认为自己的不对，但是在提示员秩序维持下，说完了自己的想法，生2也认同了生1的方法。

策略2　倾听的时候问自己"他在说什么?"

无论是哪种教学方式，倾听都是重要的。相对于传统课堂中听教师、优秀学生的发言来说，合作学习的课堂由于人人都是信息的输出者，信息输出的质量在很大程度上没有教师和部分优等生输出的信息更简练、准确，这时更需要倾听者能够耐心倾听。在实际教学中，经常出现倾听者这样的反应："你这里说的不对""你没有说清楚""我们的办法比你们的好"等等。总之挑剔多，欣赏少，最后导致分享的同学成了批判的对象。之所以出现这样的情况，一是倾听者急于表达自己，缺乏了解别人想法的意识，再者也是由于倾听者没有倾听能力，常常出现"假装听"、"边听边走神"、"只听声音没听内容"等现象，尤其是后者，在合作学习课堂建设的初期是经常出现的现象。

例如小组4位同学，人人都只说自己的方法，对于别人的方法，没有思考，没有反馈，没有帮助和指导，甚至对于同伴明显的错误也视而不见，小组学习没有产生相互的影响。针对这样的情况，教师可以采用让小组4名同学在全班展示他们刚才的交流过程，也可以用摄像机录下一些小组讨论的全过程，征得小组同意后在全班回放，让全班同学一起帮助小组发现他们互动中的问题，一起商量应对的办法。例如，针对"各人自扫门前雪，哪管他人瓦上霜"的情况，可以告诉学生，倾听时要做到"别人发言时，问自己他在说什么，与我的想法相同吗"。这两个问题分别提醒自己接受信息和做初步判断，小组长在小组交流时可以使用这些语言检查小组同学是否在倾听："他在说什么"、"你同意他的想法吗?""和你的方法是否一样?",也可以在小组轮流发言中建立"先评价后发言"的规则以促进倾听能力的发展。学生在经历一段时间的训练后,可以养成良好的倾听习惯和能力。

16. 如何让学生做出好的回应?

在小组内或者全班分享阶段,当学生讲完自己(自己组)的观点后,倾听者如果不能用学习、接纳、欣赏的心态对待同学的发言,总是千方百计的挑发言人的毛病,甚至是指责发言人,那么有效的学习就不会真正发生。

策略1　帮助学生从"挑剔者"转变成"学习者"

课堂上,面对同伴的分享,孩子们常常用挑剔的态度进行回应:"你这里不对""你们组应该……""你这里写得不标准……""你们为什么不这样这样……"。总之,就是别人的想法没有自己的好,批评、指责、质问、挑剔的现象严重影响了课堂对话的氛围,因此要引领孩子从一个挑剔者转化成一个对话者,从而真正成为学习者。

数学老师李莲莲班上有一个小男孩,无论哪组发言,这个男生都无视别人发言的精彩之处,总是第一个站出来"鸡蛋里挑骨头",导致汇报的同学不断解释他提出的没有思维价值的挑剔,感觉很尴尬,有的小组甚至因此不愿意汇报了。李老师也觉得他是个"小刺头",课上如果公开批评或者制止,又会影响其他同学坦诚提意见的积极性。李老师采用课后谈话的方法,让他先设身处地地想一想:"如果你在全班所有同学面前鼓足勇气发表自己的见解时,其他同学对你提出这么多挑刺的建议,你会有什么感受?"看着他不说话,老师又提出自己的建议:"你在课堂上总注意同学发言的失误,是不是不利于你向大家学习?"接着,老师给了他一个新的任务——"在明天的数学课上,你认真倾听发言人介绍的内容,找一找他有什么优点。"在第二天的数学课上,

"挑刺男"专注地倾听，认真记录发言人的优点，老师及时请他进行分享后的评价，他居然能够罗列三条优点，发言人感到被肯定的愉悦，而他自己也有了不一样的体验。

策略2　帮助学生掌握不同的回应方式

倾听以后的回应是对倾听效果的检测，也是促使学生认真倾听的重要策略。针对别人观点的回应能力是需要逐渐培养的。最初，学生的回应除了"挑刺男"那样挑毛病外，往往只是简单敷衍后急于介绍自己的方法"你说得挺好的，我还有其他方法……"，这样的回应忽视了前一个发言者交流内容中的有用信息和价值；还有的同学只要听到有些观点和自己不同就轻易否定，"我不同意你们组的意见，我认为……"。总之，缺乏对别人观点的深入思考，只想表达自己的想法。因此合作学习的课堂建设需要教师关注学生互动技能的形成。

为了帮助学生掌握倾听后如何回应，我们将倾听后的回应分为三种（如下图 B - 15 示意）：

我们将常用的回应方法符号化，更有利于学生理解和运用。

"?"表示"我没听懂……""我希望你能解释……""……是什么道理?"倾听者接收信息后首先自问"他在说什么?"，如果不理解对方的发言内容，需要用"?"所代表的上述句式回应。这样的回应可以促使发言人进行有针对性的解释。在解释过程中，发言人有时会换一种解释方法，在更换表达方式的过程中不仅让听众豁然开朗，也丰富了自己的表达方式，有效的互动形成了。

"!"表示"我要评价"，评价可以是"赞叹""特别认同"，也可以是"分析自己的收获和受到的启发"。"!"适用于听明白发言者的意思，经过思考，觉得和自己想法相同，或者受到某些启发。当然，我们期望并引导孩子们评价指向过程、思考，而不是表面上的评论和简单的对错判断。当发言人想的很好，表达的也很好时，直接对发言人的观点或者想法予以称赞："这个想法真的很独特，我们小组都没有想到，你

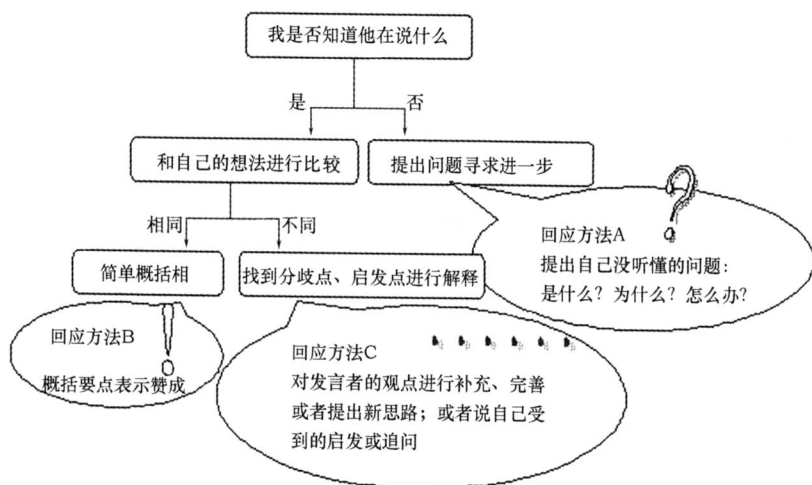

图 B-15 倾听后的回应示意图

们是怎么想到的呀?""我们也这么想了,但只是想,没有你们想深入,向你们学习。""你们组真的很了不起,我认为你们能用图来帮助你们展示,使我们更明白,更理解了,谢谢你们。"用一些激励的语言真诚称赞发言小组,使发言小组有成就感,更自信,同时也拉近了本组和对方的距离,评价要真诚的称赞,不要无病呻吟。

"……"代表"我有补充",这是孩子们主动完善某个想法,某个思路的过程,也是学习不断深入的机会。在认同接受对方想法的基础上,如果还有不同的思考,或者对于对方的想法还另有解释,再或者有不同的思路,这时都可以直接表达:"我很同意你的想法,但对于这一想法,我还有不同的理解……""我完全赞同你们的想法,我们组,还有另一个完全不同(相似)的想法……"

教师掌握基本的回应策略后,要在课堂上结合学习内容和学生的表现进行示范指导,让学生进行模仿训练,逐渐形成表达能力。也可以将互动好的教学片断放给学生观摩,甚至可以邀请比较好的小组将小组交流的过程放大到全班,供其他小组学习借鉴。

下面提供一个小组有效互动的案例,帮助教师体会互动的技巧,为学生互动能力的培养提供参考。

"长方体的认识"一课中,教师为学生提供长正方体模型,让学生发现并整理长、正方体特征,下面是一个小组的 4 名同学学习后交流的情况:

生1：我们认为顶点应该是8个，棱数量左右方向共4条，长度7，前后方向共4条，长度3；上下方向共4条，长度是2。大家有什么问题吗？

生2：你说的左右方向就是长方体的长，前后方向就是宽，上下方向就是高。

生2对于生1的回应很好，他不仅听懂了上面的观点，而且通过给三组棱命名强化了棱长特点。这是回应方法B，我们可以称之为"变化措词""概括要点""换种说法"等，这是和对方核实信息的一种基本方法。

生1：面的个数，1、2、3、4、5、6，6个面，形状，它是由长方形组成的。

生3：我认为上面是21平方厘米，下面一样，左右面是6平方厘米，前后面一样。

生3使用回应方法C，做了具体补充。一种基本方法。

生2：你说的有点啰嗦，其实只要说出上、左、前就可以了。

生2看来是很简练的人，他觉得生3的发言啰嗦，生3也接受了，这样的互动学生在描述他自己听到的信息，没有对错之分，教师无需干预。

生1：第二个长方体顶点和上一个长方体一样，是8个，长宽高也都是4条，长是5，宽是2，宽是2，面个数都是6，形状上，四个同样的长方形，两个正方形。

生1接受了生2介绍的长、宽、高的名称建议，开始更简练地介绍自己的发现。

生4：为什么是4个同样的长方形呢？

生4是一个好的倾听者，他提出了一个问题，用了回应方法A。

生3：我来解释，有两个面是正方形，正方形边长相等，旁边是长方形，长方形的长是一样的，正方形的边长就是长方形的宽，正方形四个边都一样，所以长方形的宽也都一样，长和宽都一样，所以是面积相等的长方形。上下10平方厘米，左右是4平方厘米，前后都是10平方厘米。还有问题吗？

生3尝试总结长方体的特征，使用回应方法B。

生4：感觉这个长方体上下前后是长方形，左右是正方形。
我是说有一种长方体侧面是两个正方形，另外四个长方形面积都相等。

这个小组的4位同学的交流互动是很有效的，他们紧紧围绕交流的话题，全体参与，倾听认真，回应温和有序，在1号同学的引领下，很好实现了独立学习后成果的分享。

17．"活动"在合作学习课堂上的作用是什么？

我们认为，活动是由共同目的联合起来并完成一定社会职能的动作的总和。人的全面发展，必须通过丰富多彩的活动来实现。因此，小学数学课堂中活动的开展尤为重要，除了对于学生数学活动的探究、数学思想方法的领悟、数学素养的形成等方面有着十分重要的作用外，数学活动的开展也为充分揭示数学本质，建立以学生的主体性发展为核心的课堂奠定基础。学生在课堂上不但要获得人类认识正确结果的间接经验，还要通过自主而独立的实践性活动、探索活动、创新活动而获得直接经验。

把课堂建设成学习共同体是教师重要工作之一，学习共同体的重要组织形式是以小组为单位的合作学习，我们的"合作"学习，不是"分工"意义下的合作，而是"交流"意义下的合作，即合作学习的核心是交流，通过教师与小组、教师与学生个体、小组成员之间、小组和小组之间的交流实现全渠道的互动。这种交流意义下的合作学习不仅是我们尝试的一种教学方式，更是一种教学理念，是一种课堂教学文化。

在这样的课堂上，我们的学生"自由思想、真实表达、尊重他人、追求进步"。在这样的课堂里，是"交流"推动着课堂向前走，承载交流的载体就是活动，这个活动要能承担课堂上的丰富、自由、个性且厚重的交流。

18．数学活动有哪些类型？

根据数学内容的特点，我们可以设计以下三种不同类型的活动。

一是探索未知的规律、法则、公式、性质等，探索过程也是推理的过程，属归纳推理，这种类型的教学内容可以设计"探索'是什么'"的活动。比如《商不变规律》《有趣的算式》等等。

二是有些教学内容，"是什么"只是一个事实性的结论，很多学生已经知道这个结论。学生需要做的是解释其中的道理，所谓的知其然还要知其所以然。这样的内容我们就可以设计"解释'为什么'"的活动。如计算教学中对算理的探索，如学生都知道 $a \times b = b \times a$ 后的解释说理。其实很多教学活动是把前两种类型融合在一起的，比如探索"平行四边形面积"，不仅要探索是什么、还要解释为什么。

三是"怎么办"的活动，这需要学生综合利用数学知识、经验、方法解决问题。如学生在学习了"什么是体积"以及"长方体体积计算"之后，探索"不规则物体的体积"就属这种活动。

19. 构成一个完整的活动（学习单）需要几个要素？

一个完整的活动，应包括三个要素（见图 B–16）：学习活动的内容，学习活动的要求，以及学习活动的时间。

共同休息日学习单

活动：哪天是共同的休息日？
父亲是火车司机，每工作3天后休息1天。母亲是飞机乘务员，每工作1天后，休息1天。我周六、周日休息。
1月4日大家都开始工作或学习。

2015年1月

星期日	星期一	星期二	星期三	星期四	星期五	星期六
				1	2	3
4	5	6	7	8	9	10
11	12	13	14	15	16	17
18	19	20	21	22	23	24
25	26	27	28	29	30	31

要求：请你想办法找到全家的共同休息日，并把找的过程表示清楚，让别人能看明白。

学习活动内容

学习活动要求

学习活动时间

图 B–16　活动三要素

什么是学习单？学习单简单的讲就是把问题任务化，任务活动化，活动思维化。学习单包括两条主线，一条是学科线，一条是学生线；二线归一就是一条教学的主线。

20. 活动设计遵循怎样的理念?

我们提出大空间活动设计理念。空间，是与时间相对的一种物质存在形式，表现为长度、宽度、高度（见图 B – 17）。

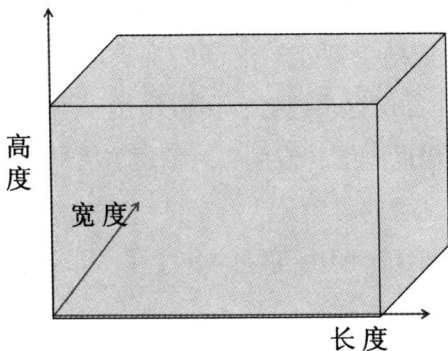

图 B – 17 "空间"示意图

（1）思维的长度

"长度"指思维的"连续性和完整性"，强调学生的学习不是片断的、点式的，而是强调完整、强调整体、强调"从头到尾"，这是学生独立发展的基本需要。因为学生总有一天会离开学校、离开老师、走向社会，他们需要"独立行走"! 思维的长度包括两方面内容，一是指思考问题的连续性，二是指有"头"有"尾"的完整性。

思维的连续性，这是我们提出"大空间活动设计理念"的缘起。以往教师精细化的预设、引导、追问使得孩子们的思维支离破碎、思维被绑架，学生通过"摸石过河"，虽然能"掌握知识、形成技能"，但直接导致学生越来越不会学习，不会思考更不会独立行走，学生的思维空间被挤占了! 这样的课堂意味着什么? 意味着学生不是学习的主人，而是教师实施课堂教学、达成教师所谓的教学目标的工具。学生是工具，多么可怕和可悲的事情! 所以，要给学生一个独立的、连续的思维空间，让他们尝试独立行走、学会独立行走!

思维的完整性，是在"连续性"的基础上提出的，它更强调从"头"到"尾"的完整思考。比如，学习"交换律"，以往教学，我们很关注要解决的问题本身，直接让学生"举例验证"。学生完成"举例验证"这个任务，但他们的思维不是从"头"开始的，是从"半截"开始。如果能把任务"前移"，从"头"开始进行研究，如"你有什么办法说明'交换位置结果不变'这样的规律是否一定存在？加减乘除是否都存在？"学生面对这个任务，可以举例也可以利用以往的计算经验来说明，还可以借助画图、借助实际情境、借助运算意义直接说理等方法进行阐述……学生的思考开放、丰富，且充满个性。孩子们在解决这个问题的过程中要经历解决问题的全过程，即弄清任务、拟订计划、实行计划、回顾反思。

（2）思维的宽度

"宽度"指的是思维的"丰富性"。在这个维度上，我们强调问题答案的开放性；解决问题策略和途径的多样性、差异性；表达方式的个性，看问题视角的独特性；允许不同层次的学生做出不同的贡献。这是基于学生整体存在"差异性"的基本现实而提出的，也是基于学生个体的独特性提出的。学生思维的丰富带来的是交流分享资源的丰富，这是合作学习课堂运行的保障。

活动的"不封闭性"是实现"思维丰富性"的重要指标。"不封闭"包括两方面的内容：一是过程的不封闭，即解决问题策略、途径、视角、表达方式的多样和宽广；二是指问题答案的开放度。为了促使学生思维的丰富，设计活动时，可以为学生提供丰富的学习材料。材料的丰富使得学生选择的空间变大，学生思维过程和结果也随之更加丰富起来。另外，我们以往的教学对学生的聚合思维关注较多，相对忽视了发散思维的培养。发散思维是从一个目标出发，沿着各种不同途径寻求各种答案的思维，这种思维训练无疑拓展了学生思维的"宽度"。

（3）思维的高度

"高度"指思维的"深度"，这也是让活动具有挑战性的基本条件。

让活动具有适度的挑战性可以激发学生的探究兴趣。这种挑战性可能来源于任务本身，如：数学概念的抽象性、问题本身的复杂性、学习经验的匮乏、知识的负迁移等。还可以从挖掘"表面不同事物背后的相通之处""变化事物背后的变化规律"等视角设计活动，使学生的思考更加透彻、思维更加深刻！

综上我们对"大空间"活动设计的思考，可以用下图 B－18 表示：

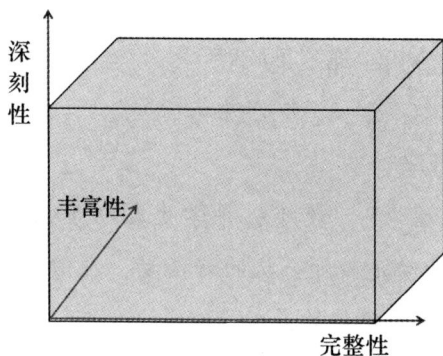

图 B－18 大空间活动设计示意图

当然，大空间并不等于越大越好，并不是信马由缰，大空间更需要教师精心"设计"。大空间活动设计基于教师对教学内容本质的理解和整体把握、对教学内容价值的思考和判断、对学生的分析和研究，而不仅仅是凭教师的经验。

21. 怎样把教师上课要问的许多问题设计成一个活动？

学习活动设计之初，老师把上课要问的几个关键性问题罗列在学习单上，学生通过回答这些问题完成整个活动任务。学生思维踩着"教师的问题"往前走，而不是自主的、尝试性的、探索性的往前走，思维路径单一，思考空间狭小，我们称它为"有形无神的合作学习课堂"。这样的课堂是把老师上课要问的问题替代了学习活动,怎样把老师要问的这些问题变成一个活动呢?

策略1 找准核心问题

课堂上教师期待学生澄清的认识有很多,总担心学生这个地方没学会、那个地方领会得不到位。殊不知,课堂上学生学习的收获不在于教师教了多少,而取决于学生参与和体验到了多少。所以,教师可以把期待学生澄清的认识及相应的问题进行罗列,你会发现,我们以往的所谓很多问题,其实可以用其中的一个"核心"问题代替,即这个问题学生认识透彻了,其他问题都不是问题了。找到这个核心问题,将这个问题植入学习活动之中,牵一发而动全身。

示例:"认识厘米"

二年级"认识厘米",教师引导学生在初步认识了1厘米的基础上,"做尺子"的活动是教师公认的好活动,在做尺子的过程中,巩固对1厘米的认识,体会单位的累加。

这项小活动之后,面对测量长度的工具直尺,通常老师会设计三个问题:①在尺子上指出1厘米;②在尺子上找出几厘米;③用尺子进行测量(用尺子测量的活动,重点不在技能,而在于借助测量活动体会单位的累加)。

其实这三个问题可以用其中的一个核心问题来代替,哪个是核心问题呢?受华应龙老师执教"角的度量"的启发:能在量角器上找到出各种度数角,学生就已经能用量角器量角、画角了,而这个过程不仅是学习度量技能技巧的过程,更是体会度量单位累加的过程。因此,我们认为,第二个问题即为这三个问题的核心问题。于是设计了如下活动(下图 B-19)。

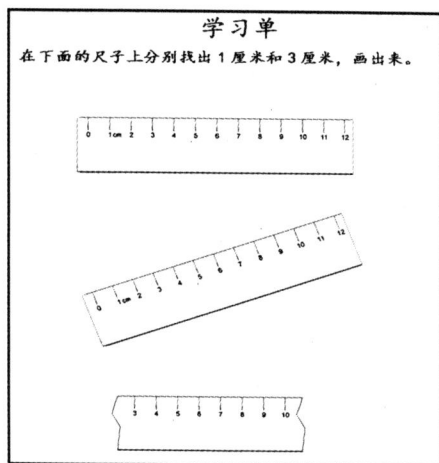

图 B-19 "认识厘米"学习单

设计活动时，抓住活动的目标（单位及单位的累加），少一些细碎的问题引领和干扰，让学生经历思考问题和解决问题的全过程，静心地感悟单位及单位的累加。

策略2 整合策略

传统教学中"师问生答"是主要教学形式，但有些时候要提问的几个问题是"并重"关系，解决了其中的一个问题不能代替另一个问题的澄清。这个时候需要教师跳出这几个问题，对这几个问题进行整合并植入学习活动之中，用"学习活动"取代原来的"教学提问"，用一个活动把这几个问题全纳进去，学生参与活动的过程就是澄清问题、清晰认识、获得发展的过程。

示例1：分数再认识（一）——变 or 不变

在三年级初步认识分数的基础上，五年级"分数再认识（一）"，重要的目标之一是感受分数的相对性。真正理解分数相对性需要澄清两个问题，一是某一个分数随着总数的变化对应量也在变化，二是关系不变。以往的教学，教师通过设问的方法帮学生澄清对上述两个问题的认识。我校张殿军老师在执教这节课时，以对"$\frac{1}{4}$"这个分数的理解为载体，设计了如下的活动：

师：近期在小组交流上这个组进步特别大，今天老师要对他们进行奖励（打开 A 盒糖取出 8 块）。这还有一个 B 盒，如果把 B 盒糖的 $\frac{1}{4}$ 奖励给这个小组。从 A 盒拿 8 块，B 盒的 $\frac{1}{4}$，你选哪个方案？用一个词形容一下 B 盒的 $\frac{1}{4}$？

生 1：千变万化。

生 2：神秘莫测。

生 3：深不可测。

师：同学们认为 B 盒的 $\frac{1}{4}$ 是千变万化的。今天就来研究这个千变万化的 $\frac{1}{4}$。（出示下图 B－20）

活动一： 变化的 $\frac{1}{4}$

1. 请你用画一画、举例等方法表示出不断变化的 $\frac{1}{4}$？

图 B－20 "分数再认识"学习单

课堂上，学生真正参与到"变化的四分之一"活动之中，通过独立思考、小组交流，学生对四分之一相对性的理解分为两个角度，一是"变化"的角度，四分之一随着总数的变化而变化；二是"不变"的角度，即关系不变。

课堂实施时，教师机智地捕捉到学生发言中"不变的都是把单位 1 平均分成 4 份，取其中的一份"。并适时聚焦：四分之一什么时候固定不变，什么时候千变万化？引导学生从"变"和"不变"中深刻理解分数的相对性。

示例2：分数再认识（二）

教材中设计的是两个大问题，从教材本身来看，第一个问题"你能帮淘气继续量下去吗？"只能体现出"分数产生的价值"，无法承载"分数单位"产生的价值；而第二个问题则在制作分数墙、观察分数墙的过程中引出"分数单位"，两个问题相对割裂。怎样整合呢，怎样让学生在测量的过程中体验"分数单位"及"分数单位的累加"呢？

带着以上的两点思考，我们首先借助已有长度度量单位"米、分米、厘米"，抽象变身出"1、$\frac{1}{10}$、$\frac{1}{100}$"这样的度量单位，在此基础上设计如下活动（图B-21），引导学生借助度量课桌长宽高的活动，经历寻找其他分数单位的过程。在寻找、测量的过程中，把找到的"单位"涂上颜色再有序地粘在黑板上，完成整个分数墙，体会分数单位之间的关系及1与分数单位的关系，为后续学习过程中把分数墙作为"工具"使用做好铺垫。

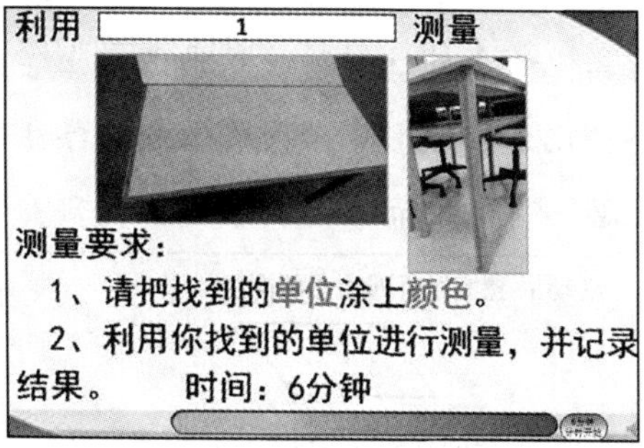

图B-21　"分数再认识（二）"学习单

此活动指向的不是度量结果（几分之几）而是对度量单位的寻找。这样的活动设计，很好地把教材中两个大问题进行有效整合，用上述活动来承载，整合的关键因素是活动指向（目标）的明确与清晰。

22．怎样通过活动设计，促使学生的思考更加丰富？

我们都知道，合作学习的核心是交流，是交流推动着课堂向前走。所以，交流资源的丰富多样至关重要，它直接影响教学目标的达成。然而在教学实践中我们发现，有些教学内容，为学生设计的"解决某个问题"的活动，学生能顺利解决，也能"连续完整地思考"，但解决问题的方法途径大同小异，造成小组交流时资源单一、匮乏，学生间的交流无趣。这样的教学内容，怎样设计活动，才能使分享交流资源丰富多样呢?

策略　为学生提供丰富的研究材料

通过课堂观察我们发现，学生在参与"解决某个问题"的活动时，学习材料的匮乏是学生思维路径单一、解题策略大同小异，造成交流资源匮乏的重要原因之一。基于对教学目标的深入思考和对教学价值的理性判断，我们在设计活动时可以为学生提供更为丰富的学习材料，促使学生多元地思考。

示例1：平行四边形面积

平行四边形面积的教学，最初我们设计了如下活动（图B-22），没给学生提供任何其他的支持性材料。结果课堂上学生的思路几乎和课本是一样的：割补转化为长方形从而获得面积，学生间的交流分享也显得单薄而无趣。反思一下，这节课的教学价值在哪？仅仅是获得面积计

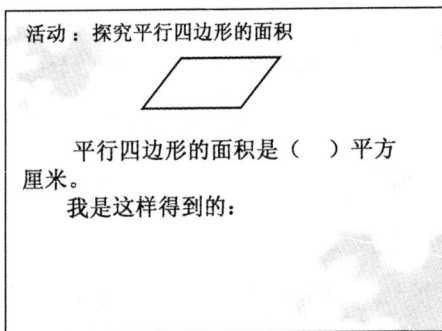

图 B-22　"平行四边形面积"学习单

算公式吗？当然不是，这是第二次研究平面图形的面积，它承载着对"度量本质"传承和进一步建构，即"度量单位的累加"。怎样帮助学生在活动中体验度量的本质呢？

于是我们为学生提供了丰富的研究材料（下图 B – 23）。其中我们增加了"面积单位透明网格纸"这个研究素材，帮助学生在活动中再次体验面积单位的累加的总和就是图形的面积，这对于图形面积本质理解至关重要。而且"数面积单位"是"割补法"的缘起（比如不是整格时需要移多补少成整格，这就是一种割补）。

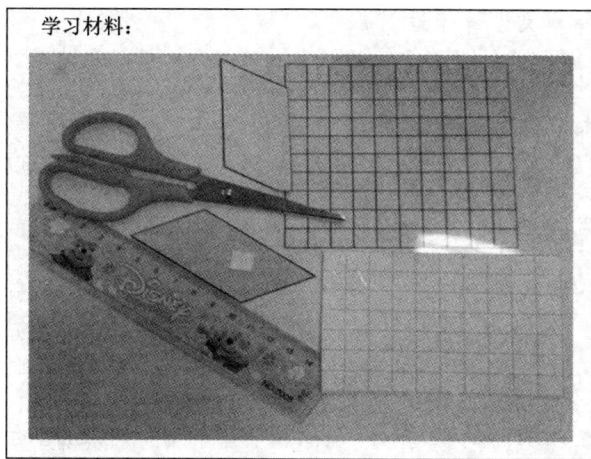

图 B – 23 "平行四边形面积"学习材料

示例 2：小数的意义

"小数意义"是在三年级"初步认识小数"基础上编排的，最初我讲这节课，受教材启发，试图借助现实背景逐步抽象出对小数意义的理解。首先我为学生提供了大量的小数生活背景的信息，并在此基础上设计了"想办法解释 1.11 含义"的活动。课堂实践发现，学生对"1.11"的认识，总迁回于生活实际层面，都是"1.11 元""1.11 米"等，总感觉学生对小数的认识抽象程度不够，学生很难从生活经验这个高度跳出来做很好的提升。

问题出在哪？怎么调整？

为了清晰这个问题，我们回看一下学生学习"数"的经历：

"小数的意义"虽然是在学生初步认识完小数的基础之上编排的，但在学习认识小数之前学生已经积累了多年认识整数的经验：借助生活经验、借助直观模型（借助迪纳斯木块，建立计数单位的表象，感悟相邻两个计数单位间的十进关系）、借助数线（体会数的序）、借助计数器（体会十进位值），也就是学生在学习本节课之前，已经经历了很长时间的数的研究，积累了丰富的研究数的经验。

我们教师要做的不是躲避、切断这些经验，而是正视、唤醒和利用。

于是，我再次设计了这节课。

我把学习材料放在学具框里，刚一上课直接介绍本节课的研究材料（右图 B–24）：让学生猜一猜本节课要研究什么？这个过程是唤醒学生认数经验、经历的过程，也是激发学生继续利用这些工具研究小数的过程。在此基础上，出示学习单（下图 B–24）：这样为学生提供丰富的研

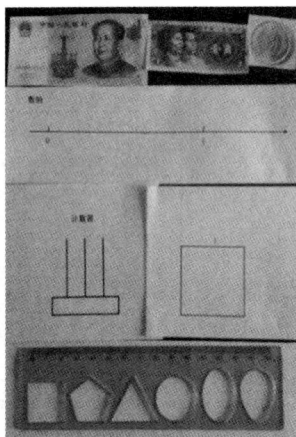

图 B–24　"小数的意义"学习材料

究材料，旨在让不同的孩子对"1.11"有丰富的个性化的理解，从而初步理解小数的意义。

七一小学　陈颖

小数的意义学习单

活动：请你解释说明小数1.11的含义。

(可以供助老师给你提供的模型说一说、画一画，也可以联系生活实际举例说明。)

我的解释说明：

图 B–25　"小数的意义"学习单

示例 3：体积的认识

"体积的认识"是北师版教材五年级下册第四单元"长方体（二）"单元起始课，隶属图形与几何领域中的"图形的测量"。体积概念的建立是学生空间观念形成过程中的一次重要的飞跃，它标志着儿童在研究二维空间大小的基础上，开始研究三维空间大小。

如何在一维的长度、二维的面积的基础上建立起三维的度量概念——体积呢？

对于体积概念的真正建立，我们倡导淡化形式，注重实质。也就是不必在获得"物体所占空间的大小叫物体的体积"的文字上狠下功夫，而应该在体积的特征上下功夫，力求触及其数学本质，发展观念空间。体积的特征，不是"教出来的"，也不是"看出来的"，而是通过体积的比较活动体验到的。

通过比较活动，一是体验"体积是对'三'维物体大小的一种表达"。也就是体积与一维的长度、二维的面积不同，而是让二维的面"站"起来，综合看"面积"和它"站起来的高度"这三个维度才能体现出"体积"的大小，即所占"空间的大小"。

二是体验体积的守恒性，即物体无论怎样变形，只要没增加或减少，体积值不受物体形状的影响，这种"守恒"观念是理解体积意义的关键。

三是体验体积的可度量性，即量化表达体积的大小，要借助一个标准（单位），单位个数累加结果就是体积。用单位的个数来反应体积的大小，这是体积概念的本质，可能也是所有度量概念在本质上的共通之处吧。

带着这样的思考，我设计了如下四个物体：橡皮泥、A4 纸、两摞硬币的比较活动（图 B-26），力求在比较中让学生体验到体积的守恒性，体验到体积是对三维空间大小的刻画，体验到体积是体积单位的累加。通过这样的过程，初步建立起"丰满"的体积概念，落实空间观念培养。

想办法比较下面4个物体体积的大小

A

B A4纸

C 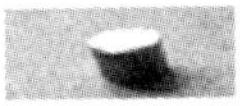

D 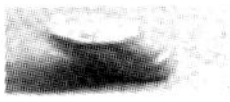

活动提示：
1.边比较边思考你对体积的认识。
2.在右侧简单记录比较的方法和结果。
活动时间：6分钟。

我对体积的认识：

图 B－26 “认识体积”学习单

本节课力求通过体积的比较活动，理解抽象的体积概念，期望学生对体积的理解不窄化、不形式化，尽量丰富、尽量本质。从实施效果上来看，谈两点感受：

（1）引发学生对“三”维的综合关注，这是建立体积概念的基础

本节课上，学生面对“面”很大却很薄的纸，能够不受“面大”的干扰，提出“虽然面大但很薄，体积不一定大”，这实际是剥离面积和体积概念的过程，更是引导学生对“三维”的综合关注的过程，在此基础上学生提出的“揉成一团”“折一折、叠一叠”等办法，目的是便于与橡皮泥、硬币进行“三维”大小的比较。

（2）借助两摞硬币的比较，初步触及体积的本质。

不论是面积，还是体积，都是相同的面积或体积单位的不断累加所得到的。只不过这节课学生接触的体积单位是“自制”的，是1枚一元的硬币为一个体积单位，20个这样的单位无论怎样摆放，体积是相同的。学生比较过程中，排除形状不同、长度不同这些非本质特征的干扰，而是抓住其本质特征“20个1元硬币的累加”，初步触及体积的本质，为后续进一步学习体积单位和各种规则形体的体积计算奠定基础。

七一小学　常秀杰

23. 活动设计给学生提供的研究材料是越丰富越好吗？

上面我们提到在设计活动时为学生提供更为丰富的学习材料，当然，需要指出的是，我们为学生提供丰富的学习材料，不是为了材料的丰富而丰富，而是旨在促进学生进行多元的思考。而有些内容需要减少学习材料，减少材料给学生带来的束缚，学生的思考空间更大，思维更丰富多样。

策略　缩减学习材料

示例 "小数除以整数"

"小数除以整数"是北师大版数学五年级上册第一单元"小数除法"第一课时的教学内容，教材上是借助"甲商店'买了5包，一共11.5元'，每袋多少元?"情境作为研究背景。课堂上为了让学生直观地理解算理，我给学生提供了研究材料——1张10元纸币、1元纸币若干张、1角纸币若干张，课堂上很多同学都借助纸币材料寻找计算结果，能初步理解算理，但方法单一。不借助情境材料和人民币材料，放手让学生研究可以吗? 于是在另外一个班我调整了活动设计 (下图 B-27)，旨在通过对学习材料的缩减，去激发学生的思维潜能。

学习单

你能计算出 8.4÷3 的结果吗?

可以借助画图、文字说明等多种方式把你的想法和思考过程写在纸上。(让别人能读懂你的思考过程)

时间: 5 分钟

图 B-27　"小数除以整数"学习单

课堂上学生的表现让我感到欣慰，缩减学习材料的做法是对的。有的学生自发地想到赋予抽象的算式以生命——元角分背景来解释算理;有的学生则调用刚刚学过的小数面积模型支撑自己的思考；还有的学生借助商的变化规律来解决问题；更让我感到惊喜的是有的学生能调用"数位顺序表"来说明算理……

除了多种方法外，学生还主动勾连了小数除法与整数除法的共通之处——都是遇到不够分的时候把大单位拆成10个小单位继续除。还有同学阐明，之所以与整数除法的算理、算法相一致，是因为整数、小数都是十进位值制。

从课堂上学生的表现我们不难看出，学习材料缩减了，但学生的思维角度并没有减少，反而为学生提供了广阔的思考空间，让学生经历了"火热"的数学思考过程。捕捉学生的朴素问题与朴素理解，再逐步理解算理算法，同时使学生获得数感的培养、数学思维、数学思想……还有更多！也可以看到"学生有巨大的潜能，作为教师要创设适宜的条件，激活其潜能"。

七一小学　王长弟

24. 设计怎样的活动可以减少资源流失？

在日常的教学中，我们经常会遇到这样的问题：有些知识内容比较简单，学生独立完成的思维路径本身就单一，在小组交流时学生还把一些有价值的错误资源有意或无意地抹去。面对这样的问题，除了教师在课堂上尽量充分收集并巧妙加以利用之外，在活动设计时能否就有意识将这方面考虑进去呢？遇到这样的课，我们该怎么办？

策略　把"解决"活动，改为"解读"活动

示例1："异分母分数加减法"

当我确定要讲"异分母分数加减法"一课，基于以往的经验，我很快将本节课的核心活动确定为：

独立试做：　$\dfrac{1}{2} + \dfrac{1}{4} = ?$

记录你的思考过程：

希望学生通过活动出现多种解题方法。可以通过后面的合作学习、交流分享，可以通过对多种方法的研究，让孩子们更深刻地理解算理。

但是通过课堂观察，我发现学生大多对活动一点都不积极。他们很快就算完了，小组交流也是无趣的。在我巡视的时候发现有一个组四个人貌似是四种"不同"的方法，实则是一种：先通分再计算。互动交流时，每个人只是在说自己的算法和听别人雷同的想法。出现的有价值的错误资源在小组交流中也被学生有意无意地"抹掉"了，无挑战、无兴趣充斥课堂。

由此，引发了我的思考：课堂上学生之所以无趣、无挑战性，是因为学生表面上都会"先通分再计算"，交流的资源相对匮乏、单一。

那么，我们怎样做才能使小组交流的资源相对丰富？怎么才能让这节课变得有点挑战呢？怎么才能让学生不仅会算，还能更加关注对算理的理解呢？最后我们一致认为不再让学生计算了，而变成解读，解读的资源由教师来提供，教师把全班的资源进行整理并设计成解读活动，提供给各组使用，这样就解决了资源匮乏的问题。同时，解读这件事本身就比做题有挑战性，面对丰富的解读资源，与"介绍自己是怎么算的"这样的活动相比较，学生感觉有趣、有挑战。而解读的过程本身也是对算理理解的过程（见下图 B－28）。

这四种方法里我们核心是对第二种进行深度的解读。方法四与方法二的对比，并不是想说明它的不简便，而是想进一步突出对算理的理解，即只要分数单位相同，就可以对分数单位个数进行累加。第一种算法保留了学生的错误资源，因为我们班确实出现了这种情况，它对估算

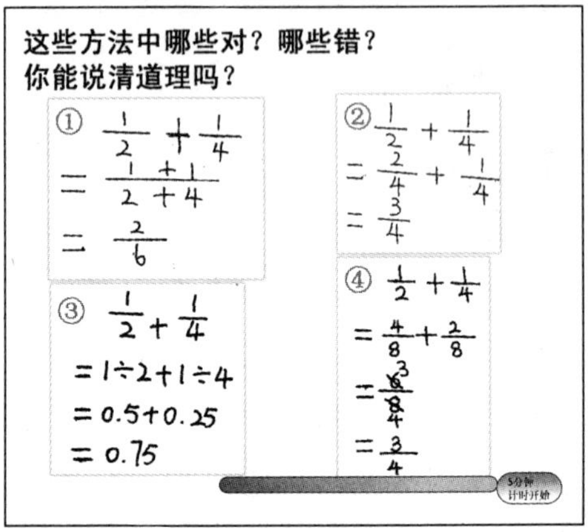

图 B-28 "异分母分数加减法"学习单

意识也有一定的培养。

课堂实践表明，学生通过解读"学习单"中的错误资源和优质资源，使得课堂丰富了起来。

——七一小学 李铁生

示例2："三位数乘两位数"——解读的力量

小组合作这种学习模式的推行，带来的是课堂上核心活动的变革。而一个核心活动则围绕着学生的独立思考、小组交流和全班汇报展开。好的核心活动能启发学生的思考，突破重难点，挖掘知识的本质。那么，如何设计核心活动，显得尤为重要。

怎样设计活动呢？以"三位数乘两位数"为例，研究最初，老师会直接抛出计算"114×21"的问题，让学生自己写出计算方法。然后在小组内交流各种算法。最后在全班汇报各种算法。老师再进一步提出"找方法间相通之处"的要求。课堂中我发现，学生资源异常丰富，丰富的背后带来的是学生不知分享哪些方法，导致优质资源的流失。

于是，我选出各类优质资源的代表，为学生设计了如下的学习单（下图B-29）。借助学习单问题要求的转变，让学生从原来的重复方法罗列，到用各种方式解释算法的道理，自主地理解算理。

188

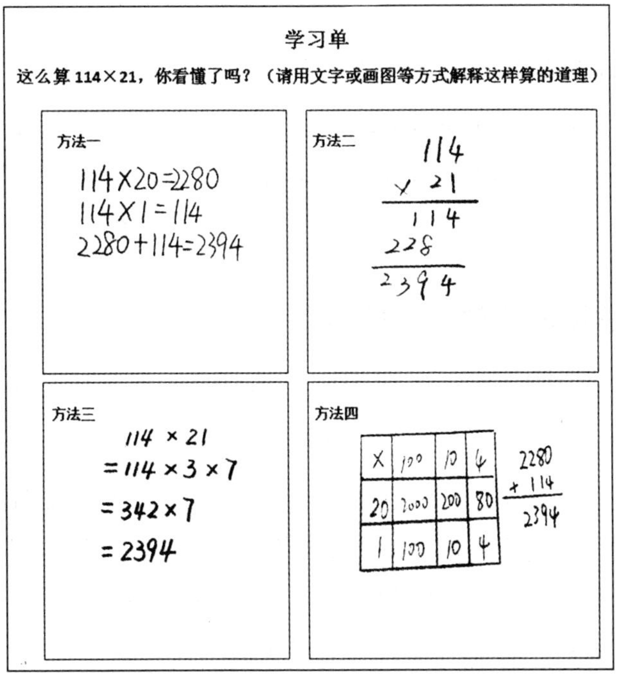

图 B-29　"乘法计算"学习单

一节课只是因为问题方式的转变，让我们看到了孩子头脑中的"大智慧"，见识到了"解读"的力量。通过对每种方法的解读，深入地探究到了方法背后蕴含的道理。

其实，对于一节看似重复的课程，不如老师学会转变（学习单、核心问题、交流方式等等），给学生更高的挑战，也许就会收到意想不到的效果。

——七一小学　刘畅

示例 3："比的应用"——变做题为解读

听了几节"解读活动"的数学课，深受启发。这样的解读活动，避免资源流失打破常规模式。以往都是自己把自己的想法说给别人听，而这次是自己的想法由别人解读，而自己又解读别人的想法。学生感到很新鲜、有挑战性。这种解读能力的提升为学生的学习生活积攒后劲。

带着这种想法我也尝试上了一节"解读"课——"比的应用"。我把学生在课堂上想到的方法（还有老师想到的方法）整理在一起，供学生解读。

本节课的活动设计我们首先基于学生的兴趣：不再让孩子们重复地做题，而是换个角度去解读题目的答案，尤其是身边同学的作品，使学生更感兴趣。解读过程也是学习的过程，培养了学生从不同角度思考问题的能力。

七一小学　胡志辉

25. 活动的挑战性不够怎么办？

挑战性高的活动应该具备足够的难度和驱动力，足以让学生进行一番苦苦的思索，每一个学生都可以通过自己的努力品尝到解决问题的喜悦。如果教师在课堂上出示的活动学生无需过多思考就能解决，这样的课堂活动就显得过于苍白、没有多少价值，更谈不上是有营养的。换句话说，有挑战性的活动是使劲跳起来才能摘到的桃子。

然而，教材中有的教学内容对学生而言"不用跳就能摘到桃子"，需要教师适当增加任务难度。任务难度增加的程度基于对学生的分析，基于对教学内容的价值分析。

策略　增加任务难度

示例："交换律"

"交换律"是北师版教材四年级上册第四单元"运算律"的第二课时，本单元以"整数混合运算"作为第一课时。把"运算律"单独为一个单元，以凸显运算律在整个混合运算中的作用。后续学习内容有"加法结合律""乘法结合律""乘法分配律"。

交换律的教学到底要"教什么"？为了明确这个问题，需要追问"为什么要学这个内容？而且是在四年级学这个内容？学习它除了'学会交换律''使计算简便'外，还有什么价值？"交换律的学习，至少还有以下三个价值。

第一，学习交换律的过程是对运算再认识的过程。

加法、乘法为什么会有交换律，而减法和除法却没有？是因为加法中的两个加数地位"对等"，乘法中的两个因数地位"对等"。比如，加法中"部分＋部分＝整体"，对于"整体"而言，凑成整体的两部分地位对等，与位置无关，所以可以交换位置。减法中被减数是"整体"，减数是整体中的"一部分"，二者关系和地位不对等，不能交换位置。乘法是加法的简便运算，加法有交换律，乘法也应该有；除法是减法的简便运算，减法没有交换律，除法当然也就没有交换律。这样的讨论过程，是对运算意义及运算间关系再梳理、再认识的过程。

第二，学习交换律的过程，是培养学生"说理"能力的过程。

学生对"$3+2=2+3$"这样的事实确信无疑。然而，若对"交换位置结果不变"进行说理，却没那么简单了。其实，说理的途径很丰富，不仅仅可以用"举例"的方法，还可以借助以往的计算经历、借助直观图、借助实际情境、借助运算意义等进行说理。

第三，交换律的学习，第一次学习由关注"结果"到关注"结构"。

在以往的计算教学中，关注的是计算结果，而交换律的学习，关注的是形式和结构。若要清晰表达"结构"，需要用"代数"的方法，即 $a+b=b+a$。这是学生第一次接触这样的表达方式。

那么，设计怎样的活动挑战性适度呢？我变以往的"举例验证"的活动为"解释说理"的活动；变对"加法和乘法"的研究为对"加减乘除"的综合研究。通过这两方面的改变，增加任务的难度和挑战性。

我们设计了这样的活动（下图 B－30）：

图 B－30　"交换律"学习单

这个活动，围绕核心问题"交换位置结果不变的规律是否一定存在？加减乘除是否都存在？"让学生首先亮出自己的观点，然后对自己的观点进行解释说理。

这样引导学生从"头"开始完整地思考问题，预设学生的说理方法很丰富：举例、画图、借助现实情境、借助运算意义等。学生需要自发地对已有认知进行调用、重组，这样的"说理"活动比让学生机械地"举例验证"要有挑战、有价值得多。

26. 如何设计小组活动？

在合作学习的课堂上，学生活动其实分为三个层次：独立活动、小组活动、全班分享活动。三个层次的活动相互顺接、匹配、螺旋上升，使得课堂自然地向前流淌。

小组活动与个人活动相同，也包含三要素：活动的内容，小组活动的要求，以及小组活动的时间。（如图 B-31）

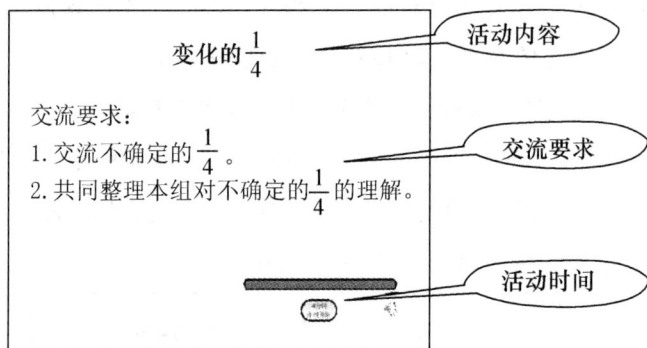

图 B-31 小组活动三要素

前面一直在谈个人活动（学习单）的设计，那么如何设计小组活动，使得小组活动很好地顺应个人思考，同时又使学生在小组活动中有所提升呢？

策略1　把"整理"作为小组任务

在合作学习初期，很多老师认为设计好独立学习活动就大功告成了，小组活动不用设计，只要小组成员间交流独立学习的成果就可以了。其实不然，小组活动也应明确要求。比如，把"整理"作为小组任务。

示例："讲故事——归一问题"

下面是我校孙红艳老师执教的"讲故事——归一问题"的"个人活动"和"小组活动"，见下图 B-32。小组活动的第一个要求"轮流介绍自己的表示方法和算式，并说说你每一步算式的道理"是承接学生"个人活动"的，是对学生独立学习成果的表达和交流，第二个要求"总结你们小组一共有几种不同的表示方法？"是把组里所有的方法进行完善和整理，作为"小组"成果。这样通过小组活动，不仅把学生个人学习中的好想法、好方法与组员分享，还使得学习中的困难、误区、错误得以暴露和研讨或解决，最终整理出组的成果。这个过程无疑使得学习在向前推进。

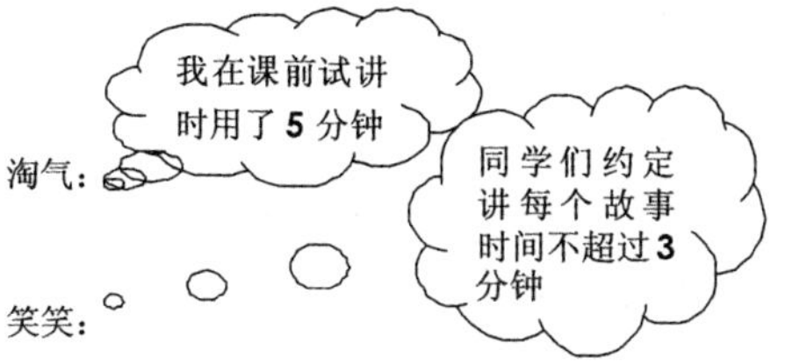

淘气：我在课前试讲时用了 5 分钟

同学们约定讲每个故事时间不超过 3 分钟

笑笑：

这个故事一共 850 字。

照试讲时的语速，淘气能讲多少字？

活动：我来解决（5 分钟）

要求：1.先想办法表示图中的信息和问题，可以写一写、画一画。

2.结合你的图列式计算。

小组活动：淘气能讲多少个字？

要求：

1. 轮流介绍自己的表示方法和算式，并说说你每步列式的道理。

2. 总结：你们小组一共有几种不同的表示方法？整理一下。

图 B-32　"讲故事——归一问题"个人活动与小组活动

策略2　勾连策略

我们都知道，要想促进学生的数学学习，很大一方面依赖于引导学生建立良好的数学结构，并运用结构思考过去和未来。引导学生逐步学会运用结构进行思考，是我们教育工作者应该关注的问题。

从这个角度看，活动设计时应有意识引导学生从"联系"的视角看待不同，旨在引导学生逐步会用结构进行思考。

示例："小数乘法（第一课时）"

我校李勇老师执教的"小数乘法（第一课时）"的"个人活动"和"小组活动"如下图 B-33：

```
┌─────────────────────┐   ┌─────────────────────┐
│      个人学习单       │   │  小组活动：           │
│ 班级    小组    姓名  │   │                      │
│      0.4×3=?        │   │ (1)交流你们小组成员    │
│ 记录下你的思考过程：  │   │ 不同的思考过程。      │
│                     │   │ (2)总结不同思考过程    │
│                     │   │ 背后的联系。          │
│                     │   │                      │
│                     │   │                      │
└─────────────────────┘   └─────────────────────┘
```

图 B-33　"小数乘法"个人活动与小组活动

小组活动的第二个要求就是引导学生能够跳出各自的、众多的、不同的方法，观察不同方法背后的联系，这些勾连不仅是方法之间的勾连，更是与以前整数乘法的勾连，最终回归到乘法意义、十进制等本源。

策略3　引导发现策略

很多数学公式、规律需要探索。数学公式、规律固然重要，但探索过程中的丰富体验更为重要。我们的数学课尽量让这些体验"拉长"

一些，让公式"迟到"一些，因为活动经验是在活动过程中逐步积累起来的。所以我们在设计"个人活动"和"小组活动"时，尽量把"发现公式或规律"作为小组活动甚至放在全班分享之后。

示例："长方体体积计算"

我校朱凤书老师执教的"长方体体积计算"，个人活动是通过"度量"获得体积而不是获得公式，学生在度量过程中有丰富的体验。小组活动中"轮流说说你研究的是哪个长方体体积，你是怎样研究的"顺接学生的独立思考，然后让学生记录"通过交流你们有什么发现和体会"，这一要求使得学生走向更理性、更个性的思考。具体活动设计如下图 B-34。

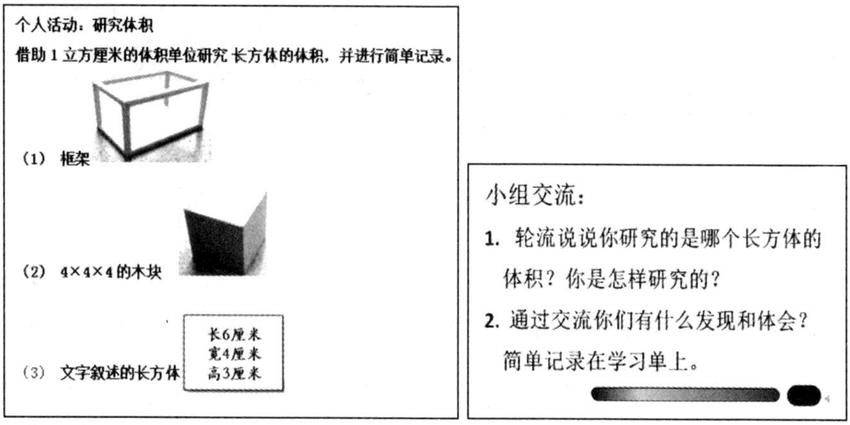

图 B-34　"长方体体积计算"个人活动与小组活动

27. 如何灵活使用课本上提供的素材设计学习活动？

教材中有一部分内容所呈现的素材直接可以设计为一个活动，比如《图形中的规律》，书中所给的就是一个完整的活动，它的思维路径足够丰富，不同的学生可以用不同的策略解决问题，其挑战性也适度。像这样的活动，我们就可以直接利用。

然而在合作的课堂上，总有老师反映一节课内容太多、讲不完，最初我们也遇到这种情况，这就需要我们重新审视教学内容、审视课本为我们提供的研究素材。有些时候我们会发现并没有因为教材中所给的素材丰富多样，学生的思维就呈现的丰富多样，这时就需要我们勇敢地"删"掉我们不需要的素材，而把更多的时间留给学生去思考、交流、分享。

策略　智慧的删

示例："比较图形面积"

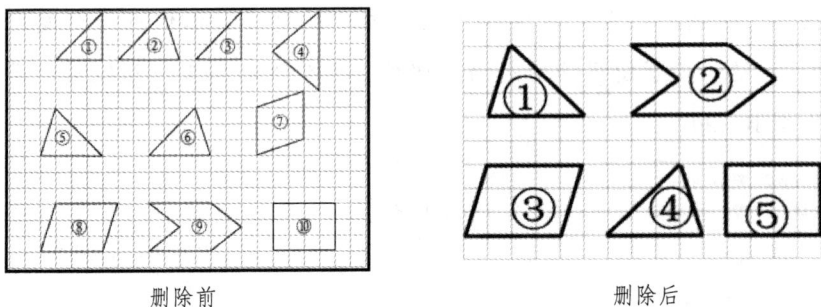

删除前　　　　　　　　　　　　　　　删除后

图 B-35　删减前后学习素材对比

比如北师版五年级上册"比较图形面积"，教材中给学生呈现了 10 种不同的图形，找出两个面积相等的图形，说明两个图形面积相等的理由，并以此为载体让学生清楚比较图形面积大小的方法可以是数方格、重叠、拼接以及割补等，为探索图形面积积累经验。如果按照传统课堂方式讲授，完成 10 幅图的比较丝毫没有问题，但是，在小组合作的课堂中，要给学生独立思考的时间，交流的时间，分享的时间……面对这么多图形，学生要把所有的相等关系罗列出来，再一一说明理由，时间肯定是不够的。所以，我们对每一幅图进行了分析，最终留下了 5 个图形（见上图 B-35）。通过课堂实践发现，图形的个数减少，但比较面积的方法数方格、重叠、拼接以及割补一个也没少，相反，学生更能清晰地表达出每两个图形面积相等的理由。素材个数的理性减少，带来了课堂的丰富和厚重。

——七一小学　王长弟

28. 学生"都会了"，怎样设计活动？

前文中谈到我们将数学活动分为三类：一是以探索规律、法则、公式、性质等为主的探索"是什么"的活动；二是以解释、推理为主的解释"为什么"的活动；三是以综合利用数学知识、经验、方法解决问题为主的解决"怎么办"的活动。在小学数学的教学内容中会有很多本属于探索"是什么"的活动，在信息化高速发展的今天，学生认识事物的手段和方式日新月异，他们对一些规律、法则在课堂学习之前已经知道了，如果再将其活动设计为探索"是什么"的活动，学生会缺乏兴趣，所以我们将这类探索活动转换为解释说理的活动。

策略1 变"探索"为"解释说理"

示例：2 的倍数特征

针对这一教学内容我们课前进行了前测，数据显示有90%以上的同学知道特征：看个位就可以；看最后一位；看末位……但怎么知道的，他们的回答是"课外班学的"，"妈妈告诉我的"，"书上写的""尝试着算了一些"……问他们为什么只看个位就行了，他们似乎有些茫然。

可见，特征背后的道理孩子并不知晓，这是学生认知的"盲点"，所以，我打算把这节课做深，不仅让孩子知道 2 的倍数特征，还要让孩子知其然更要知其所以然！因此，我精心设计了本课活动（下图 B - 36）：

"只看个位行不行?"这个具有挑战性的话题顿时激起了孩子们的探究欲望。独立思考时，他们冥思苦想，多种方案跃然纸上；小组交流时，他们又各抒己见，大胆说出自己的想法；组内质疑时还不时出现面红耳赤的小插曲……讨论之后，小组学习单上，孩子们的想法丰富多样：有的利用百数表进行直观解释；有的利用百、十、个的方格图进行说理；还有的干脆借助代数表示 abc，利用十进位值进行说理，整百整十数是 2 的倍数，因此只看个位即可……

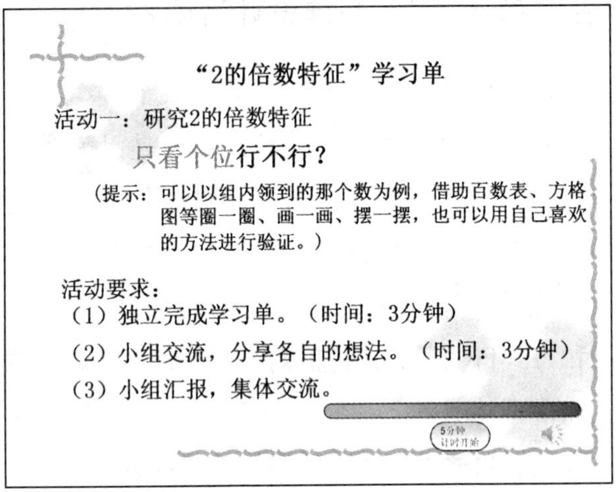

图 B-36　"2 的倍数特征"学习单

——七一小学　纪金玲

策略 2　变"发现公式"为"解决问题"

数学中很多计算公式，学生在学习之前可能已经知道了，但公式的探索过程、体验过程较公式本身更重要，是积累活动经验的过程。于是教师的活动设计可以由"指向公式"变为"解决问题"，在解决问题的过程中积累活动经验。

示例："长方体体积公式"

有很多教师在教学"长方体的体积"时，先让学生"猜想"体积公式，然后给出一些"小立方块"（一般是 12 个），让学生拼成不同的长方体并填写事先设计好的表格，进一步验证体积公式（或者用 12 块拼摆不同的长方体，概括归纳出长方体体积公式）。我认为这样的活动并没有重视"数立方块"，还是为了尽快地得出长方体的体积公式。而数的过程不充分，探索过程就不充分，就不能充分暴露学生的思维困惑与障碍，最终导致"记忆公式，简单套用公式解题"，而失去感受公式背后道理的机会，发展空间能力的机会，失去深刻理解体积概念的机会，甚至在以后的解决问题中，遇到复杂的、灵活的问题就无从下手。

于是我设计了以下的活动（图 B-37）：

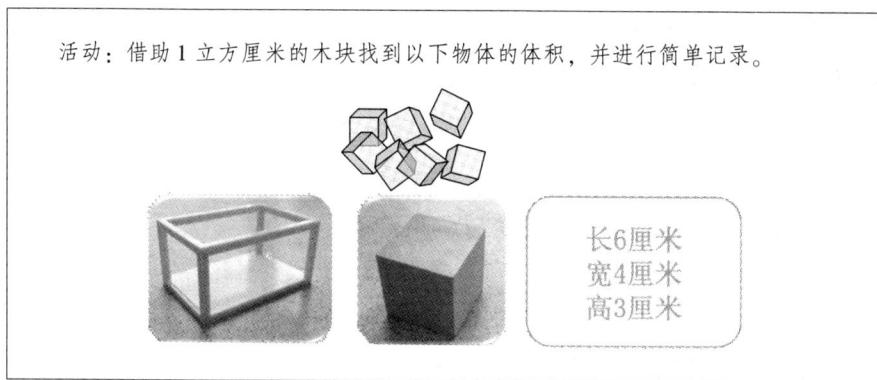

图 B-37　"长方体体积计算"学习单

需要说明的是，教师提供的长方体有三种方式：长方体框架；长方体木块；长方体长、宽、高数据。这个活动设计有两层考虑。第一层就是让孩子有测量的需求。长方体框架需要学生用填充的方法来度量其体积，长方体实心物体需要复制的方法度量，第三种只能根据长宽高的数据复原一个长方体。操作形式不同，关注点也略有不同，但是学生都会经历相同的感悟过程：长是几厘米，每排就几个，宽是几厘米，我就能拼摆几行，那高是几厘米，就能拼摆几层。从而建立体积与每行摆几个（长）、摆几排（宽），摆几层（高）之间的联系，从而深刻理解长方体体积公式。第二层面的考虑是这三个材料是有层次的，它承载的不仅仅是发现一个公式的价值，还有空间观念的培养。比如说，第一个活动学生能够清晰感受到要度量的是"空间"，深化对体积概念的认识；第二个材料没法放进去测量，这时候学生要在头脑中构建另一个和它相等的长方体，这是发展学生空间想象力的机会；第三个材料更有挑战性，没有实物，没有直观的东西，需要在头脑中先有表象，然后再有实物的操作。

学生丰富的想法，清晰的表述，直观的演示，促进了课堂的良好互动。

本节课让学生有数数的需求，并在数数过程中深入地思考：数什么？数数能得到什么？数数是否麻烦？是否蕴藏着规律？等等。本节课多次经历"从堆积的体积单位块想象出长方体"，再将"长方体"想象分割成"堆积的体积单位块"。

通过这样的活动是指向解决"体积是多少"的问题，体积公式只是学生充分经历之后的感悟之一。这样的经历不仅可以提高活动的挑战性、趣味性，同时能够凸显数学的学科价值。

七一小学　朱凤书

29. 练习课的活动怎么设计？

学习新知识可设计一个与知识内容相关，与学习能力水平相匹配的活动。那么，练习课怎么办？在数学教学课时中练习课也占了一定的比例。练习课是让学生一道道做题，老师一道道判题，一道道讲题，也就是我们俗称的"耪地"吗？当然不是。

策略1　选择典型的练习题作为学习素材

在练习课上，我们的课堂不用像"耪地"一样逐题平均使用力量，只选择典型题作为活动设计的素材，但要做到"减题不减点"，即练习题的数量减少了，但知识点、目标点不能减少。

示例："长方体（二）"

北师版五年级下册第四单元"长方体（二）"主要学习"体积和容积概念""体积单位及换算""长正方体体积计算"等内容。怎样通过练习，帮助学生进一步巩固相关知识内容，同时发展学生思维，落实空间观念的培养呢？

本单元在教材中的"练习四"共安排了12个练习题，要求用1课时完成练习任务。逐题做、逐题批、逐题讲的"耪地式"练习肯定无法完成任务，并且没有必要。

我审视了这12道练习题，最后精心选择了其中的6道：2、6、7、

9、11、13。

并设计了如下的个人活动和小组活动（图 B – 38）：

《练习四》48页中2、6、7、9、11、13

独立完成：

（1）审题时请画批。

（2）想办法展示你的思考过程，标注困难点、关注点。

《练习四》48页中2、6、7、9、11、13

小组交流：

（1）每道题先订正答案，再说思考过程。注意画批。

（2）做好发言准备，每题不超过3分钟。

图 B – 38　练习课活动设计示例

策略2　针对数学素养提升的活动设计

创新意识是数学学科最核心的素养，创新意识的培养是现代化数学教育的基本任务。教育心理学认为，创造性思维有赖于发散思维和聚合思维协调结合。我们现在的课堂教学中注重了学生聚合思维的训练，相对忽视了发散思维的培养，使得"发散思维"和"聚合思维"发展不协调，从而窒息了学生的创造思维，这应该引起我们每个教育工作者的反思和重视。我们可以利用练习课，精心创编练习题，旨在提升学生的数学素养。

示例："长方形周长与面积练习"

师直接揭题：让我们围绕周长和面积，走进第一个练习，"想想它是谁"？看谁善于联想和创造。

1. 出示：10 + 8 + 4

师：想想它是谁？

（由于学生没有做过这样的练习，教室里是寂静的，但我知道，他们的思考是火热的，他们需要的是"等待"……）

生1：它是一个三角形！

生2：没错，它的三条边分别是10厘米、8厘米、5厘米。（其他

学生表示同意）

师：你们很善于联想，那么这个算式反应的是这个三角形的……

生齐：周长。

出示（图 B–39）：

活动一：猜猜它们是谁
要求：画出示意图，并标明数据。

5×4   6×2+5×2

图 B–39   "周长与面积练习"学习单

…………

"根据图形列算式"属于聚合思维，又称求同思维、集中思维，是依据已知信息，为问题求得唯一的或最佳方案的思维。可见其答案是封闭的，练习的目的是巩固计算公式，学生只需要记住并套公式即可解决。

"根据算式想图形"属于发散思维，又称求异思维、辐射思维，是从一个目标出发，沿着各种不同途径寻求各种答案的思维。比如"5 × 4，想想它是谁?"，引导学生从周长和面积两个角度进行思考，其答案是开放的。学生的思考更多的是概念性的活动，学生通过联想，巩固周长、面积概念和计算方法，同时，就"周长"而言，5×4 不仅可以表示边长是 5 的正方形周长，还可以表示边长是 4 的正五边形的周长。这样，转换视角观察、思考，改变已习惯了的思维定向，训练学生的发散思维，而发散思维最能代表思维创造性的特征。

——七一小学   常秀杰

30. 作业（试卷）讲评课怎样设计学习活动？

作业（试卷）讲评可以帮助学生分析前一阶段的学习情况，查漏补缺、纠正错误、巩固基础，并在寻找产生错误的原因的过程中吸取失败的教训（包括听课、审题和做题的方法与习惯等等），总结成功的经验。同时，通过作业讲评还可以帮助教师发现自己教学方面的问题和不足，进行自我总结、自我反思、改进教学方法，最终达到提高教学质量的目的。

示例：如何进行作业（试卷）讲评

在日常教学中，教师经常把作业（试卷）讲评课变成"对答案课""题目重新解释课""学生改错课"等等，但是这样一来很难让学生从作业中发现自己在知识点、解题能力、解题思路等方面存在的问题，更不利于学生思维的训练。于是，我们将作业（试卷）讲评课的活动设计为完成如下学习单（见下表 B-7）：

表 B-7　作业讲评课小组学习单

主要问题	举例(题号)	解决策略
主要优点		

1. 课前准备

课前，学生要对自己某阶段作业中错题进行错因分析并改错，找到错题所反应出来的问题，并把问题从思维层面（思考的方法）、技术层面（解题技巧）、事实层面（基础知识）及态度层面（学习习惯）进行初步的分类，归纳作业所反映出来的主要问题、解决策略和主要优点。这样可以提高孩子对阶段所学知识的概括和归纳能力，并能理解重点内容和一些解题思路，同时也希望通过对主要优点的总结，帮助孩子在掌握知识的基础上能够树立信心，能够更加喜欢上数学。

2. 课上研讨

直接进入小组活动：

活动要求：

1. 组内分享每个人的主要问题及解决策略、主要优点。

2. 整理本组有价值的分享内容，填在小组学习单上。

本阶段教师首先需要对学生的讨论交流进行指导，引导学生对同类问题进行汇总，对主要问题所涉及的知识进行挖掘，找到同类知识的本质。其次，教师要对学生的主要问题所需的解决策略加以指导，体现学生解题思维的提升。

3. 全班分享

小组合作的汇报交流阶段，教师更要注意引导各组尽量分享有价值的问题，特别是要把思维层面的问题聚焦，通过全体学生的交流，把知识学习深入化，把思维拓展开，引导学生辩证地看待问题，培养学生结合生活实际或者画图、推理等能力，从而把改试卷、改错题的讲评课变为加强思维、增长兴趣、提高能力的数学课。

——七一小学　王长弟

31. 复习课的活动怎么设计？

众所周知，复习课是让学生将学过的知识概括地理解和加深，形成知识结构的一种课型。其内容一般是把有关联的部分知识进行整理，加以分类形成知识网络。其任务是帮助学生对所学的知识进行整理、沟通、查漏补缺，培养学生思维的整体性。

策略1　思维导图

在进行单元复习时，我们可以引导学生围绕单元核心词，理解、整理、建构，不仅深刻理解每个知识，更能熟悉它们之间的联系，使学生逐步学会从关系的角度思考问题。

示例：分数单元的复习课

五年级上册分数单元以概念繁多、关联紧密为特点。课上先与学生一起头脑风暴，把繁多的概念"关键词"呈现出来，这是开展活动的基础。

活动：概念梳理

（1）2人一组

说一说这些概念的含义，根据之间的联系摆放位置。

反复调整概念图，粘贴，便于交流。

（2）4人一组

互读、互评、互解释概念图，把好的地方做标记或者批注。

准备全班交流的发言内容（解释、收获、困难……）

（各组学生作品略）

最终，学生、老师共同参与，共同梳理出如下结构图（图B-40）：

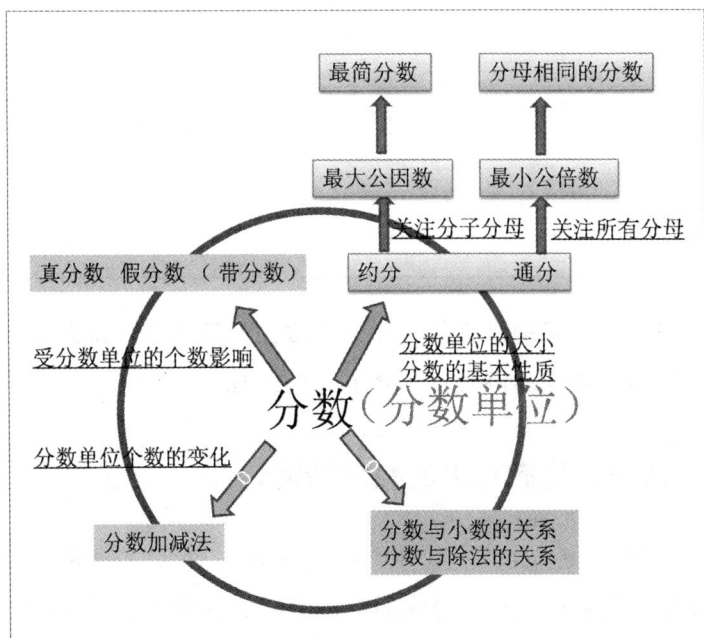

图 B-40 分数单元知识结构图

——七一小学 朱凤书

策略 2　查漏补缺，策略提升

在新授课教学中，学生经历的都是一个一个的知识内容探究，这些知识内容学生是否真正理解？是否在学生的头脑中成为知识储备？这些知识内容是否能形成一个完整的知识体系？能否应用这些知识解决问题并提升策略？看来查漏补缺，并积累解决问题的方法策略是复习课应关注的内容。

于是结合具体复习题目，我们尝试着设计了如下学习单（见下表 B－8）：

表 B－8　单元复习学习单

知识点	题号	错因分析	小提示(方法、窍门、易错点)

用表格整理，将知识变得有序，简洁，一目了然。错因分析、给出小提示的过程就是查漏补缺、策略提升的过程。

32. 怎样优化教材中的教学情境？

苏霍姆林斯基说过："在人的内心深处，都有一种根深蒂固的需要，这就是希望自己是一个发现者、研究者、探索者，而在学生的精神世界中这种需要特别强烈。"教师在数学课堂教学中有意识地创设适合学生的问题情境可以激活学生的求知欲，满足学生的这一种需要，促使学生为问题的解决形成一个合适的思维路径，从而达到最佳的教学效果。

在教学实践中，有时教师会将书中的情境进行改变，而这种改变不是为了所谓的创新，追求与众不同，而是为了更贴近学生，更有利于学生的理解，即情境不仅为学生的数学学习服务，也为开阔学生的视野和眼界提供可能。

示例1：搭配中的学问

"搭配中的学问"选自北师大版小学数学三年级上册中的一课，属于综合实践课。我们发现，教材中给出的"小丑搭配服装"的问题情境，学生兴趣不浓，不利于学生的理解和迁移。于是，我们重新整合教材内容，结合学生已有的生活经验，选取了便于学生认知和感悟的一项体育项目——乒乓球比赛，学生喜闻乐见，自然会更有探究兴趣；接着设置相应的探究内容，即"有5名乒乓球运动员，其中有2名男选手和3名女选手，他们之间能组成多少组混双组合呢（见下图B-41）？

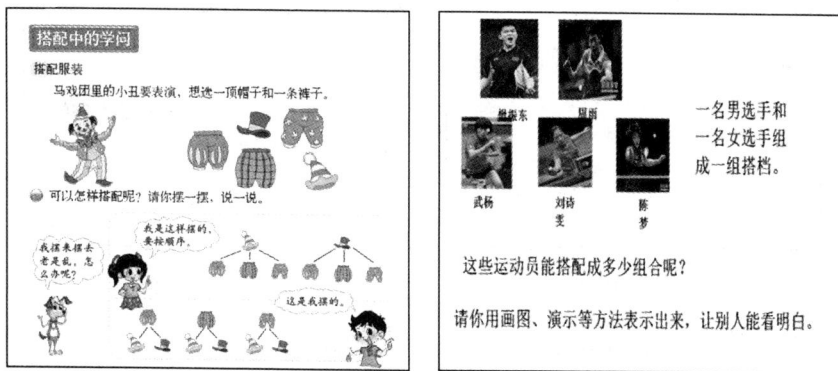

教材中的情境　　　　　　改变后的情境

图 B-41 "搭配中的学问"情境改变前后对比

替换引入情境，由学生熟知的体育赛事入手，立足于让学生在真实、贴切的现实素材中。这种换不是从数学角度去换，而是基于让学生探索并掌握简单的搭配方法，并能有适当的方法表示各种搭配方法，同时在培养学生的符号意识的过程中，还可以丰富学生的见识。

示例2：比的认识

我们都知道比和除法、分数有着千丝万缕的联系，在教"比的认识"这节课时，既要将比和分数和除法建立联系，又要把它剥离出来，让学生真正体会到比独特的价值是什么。我们认为比的独特价值是它能反映事物内部的结构，比如用长和宽的比来反映形状结构，用几种颜色的用料比来反映颜色的配比结构，用男女生人数的比来反映班级的人员结构，等等。就体会比的独特价值而言，"奶昔配方"比教材中的"谁更像"更贴近学生，所以我们在第一课时认识比的时候进行了情境的替换（见下图 B–42）。这个更贴近学生的"奶昔配方"，促使不同的学生有不同的、个性的解决问题的途径，这也正是学生从不同的视角看"比"的过程。

教材中的情境　　　　　　　　　　调整后的情境

图 B–42　"比的认识"情境改变前后对比

33. 什么样的内容可以设计自学的活动？

有些课，知识点很细碎，且大多是"事实性知识"，没什么"嚼头"，怎样设计活动？从学习论角度看，"授人以鱼，不如授人以渔"。还有人认为"授人以渔，不如授人以'渔场'"。"鱼"是知识，"渔"即方法，"渔场"就是学习环境。在"渔场"中，学生历练了一身的本领，实现了从"知能"到"智"的提升。试想，即使教会学生打鱼的方法，若生态破坏，鱼儿绝迹又该如何生存？若给学生搭建了一个"渔场"，他们就可以靠自己智慧参悟到捉蟹、捉鳖的方法来生存。可见，教知识不如教方法，教方法不如培养思维、启迪智慧，让学生自悟方法。那么对于没什么嚼头、零散的知识，可以给学生"自学的渔场"，让学生在自学中"学会""会学"。

示例："旋转与角"

"旋转与角"是北师版四年级上册的教学内容，本节课是在二年级学习的静止的角的基础上，从运动的角度进一步认识角，认识平角、周角，从而发展学生的空间观念。这些细碎的事实性知识，怎样设计活动呢？我们将本节课设计成自学辅导课（见下图 B－43）。

> **自学22页"旋转与角"**
> **自学要求：**
> **（1）学会了什么？想到了什么？简单批注。**
> **（2）有什么问题，用"？"及文字简单描述。**
>
> 8分钟计时开始
>
> **小组活动：**
> **整理"学会的""想到的"和"问题"。**
>
> 8分钟计时开始

图 B－43　自学活动设计

细碎知识点的学习被"自学活动"所取代。下面是学生分享自学成果的过程。

生1：我知道了角的大小与边的长短无关，角的开口越大角的度数就越大。

生2：比直角小的角是锐角，比直角大、比平角小的是钝角。

生3：平角比周角小。

师：有什么问题或不同建议吗？

生4：老师，我不太同意生1的观点，角的开口越大，角不一定越大！

生5：我也有一个问题，平角很像我们学过的"直线"，它们一样吗？

（说实话，生4和生5的发言我没想到，我觉得这部分内容很简单，学生的自学会很"顺利"，教给学生去处理吧，我暗自告诉自己。没等我开口，学生就开始围绕生4、生5的发言开发表看法了……）

生6：我不同意生4的看法，开口越大当然角就是越大呀。

生4：你看这两个角（边说边在黑板上画了两个角），你们觉得谁大？

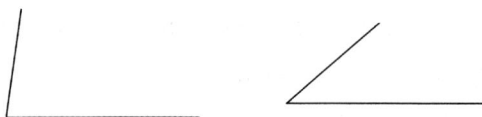

生6：当然左边的角大呀！！

生4：那可不一定，得看角的一条边是从哪旋转到哪。比如这两个角，当然右边的角大。

师：右边的角我们在小学不研究，它比平角大、比周角小，叫"优角"。

生7：哦，我说的呢，书上画的角，都有一个"小弧线"，原来表示的是旋转的起始边，这条小弧线要画。

师：说得真好，能从"运动"的视角看角！刚才还有人问道"平角"与"直线"一样吗？谁对这个问题想发表看法？

…………

看来我们要相信学生，给他们创造更多更大的展示平台。我想，这是一个渐进的过程，需要做对、做好很多事，去创建一个不一样的课堂。

34. 如何进行单元整体活动设计？

现在是以创造力取胜的时代。通过下图 B–44 可以看出未来创新人才所应具备的特征。这些要素中，越靠近左侧，越容易定量分析，越容易通过指标来衡量，越容易导致功利；越靠近右侧，越不容易用数字来衡量，因此，对于人的全面培养，是更加重要的方面。

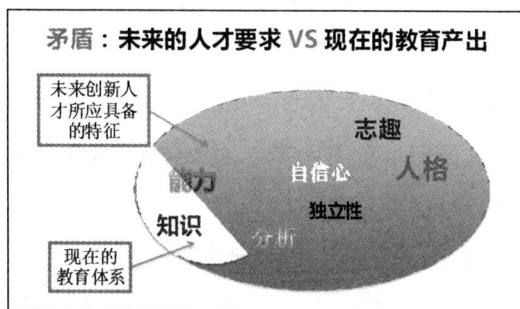

图 B–44　未来人才与现在教育产出对比图

长时间地、持续地思考一个问题，对培养学生的创造性来说很有价值。我们尝试进行单元整体活动设计，旨在引导学生能长时间地思考一个问题。

示例："圆柱单元"

六年级学生在"认识圆柱"之前，已经直观认识了很多立体图形；认识了很多平面图形，并研究了它们的周长面积；研究了长方体、正方体的表面积和体积。对于即将学习的圆柱体，他们的经验很丰富，并且研究圆柱体的过程，是对前面平面图形、立体图形的一种贯通。

皮亚杰说过，儿童识别一个形状，必须要通过对形状的直观感知和对实物的客观操作来完成。而发展空间观念途径包括学生生活经验的回忆、实物的观察、动手操作、想象、描述与表示、联想、模拟、分析和推理等等。

我们尝试把本单元进行整合，让学生自己去认识圆柱，给学生一周时间持久思考这个问题，旨在达成知识目标（认识圆柱特征、表面积、体积等）的同时，培养学生解决问题的能力、说理能力、动手操作能力，培养空间观念，培养学生的创造力。

学习任务设计：一是独立思考自己打算怎么了解、认识圆柱体；二是小组成员商讨从哪些视角、哪些方面、用什么方法研究圆柱体，进行分工合作。

布置任务后的第二天，我们发现学生不知做些什么，因为过去学生的作业是以书写为主，老师让做哪些题就写哪些题。经过追踪发现，学生只用观察法，发现圆柱体上下两个面是圆的，侧面展开是个长方形。教师进行次指导："你们有什么发现，你们是怎么想到的？还有什么办法说明你的发现呢？"回去试一试。

经过老师的指导，学生知道怎么研究和研究什么了，有的学生还做成各种各样的学具。教师又引导："还可以怎样认识圆柱体呢？"教师引导学生从不同的视角研究圆柱。第二天、第三天……每天教师都追踪学生完成任务的进程，发现学生变了，开始认真思考了，认真研究了。学生为了诠释自己对发现的理解，去想各种办法。有的去网上查资料，有的去生活中寻找，有的去真正动手操作实践……

虽然还很稚嫩，但我们觉得这就是一种创造。在整个过程当中，学生的学习力大大增强，他们的学习途径拓宽，研究视角多样，学习能力增强。

我们会欣喜地发现，学生在创造、解释过程中，他们的想象力得以发展，空间观念发展了，合作意识增强了，深度思考意识增强了。因此我要说，必须改变我们的角色，改变我们的教育理念，改变学生认为学习就是倾听、就是做题的这种观念；要让他们知道，学习其实最终形成的是思考，是人的智慧的体现。

——七一小学　张殿军

35. 设计活动时如何关注教学内容的价值？

目标好比航海的指南针，没有指南针船将无法到达目的地。而教学目标的制定既基于教材和学生本身，又基于教师对教学内容的价值判断。

示例："商不变的规律"

"商不变规律"是北师版四年级上册的内容，以往在教学此内容时教师是让学生通过观察商相等的算式总结商不变规律，并加以验证。商不变规律这节课的价值只是获得规律、应用规律吗？还是应该给学生留下些什么呢？带着这个疑问，我们又对和商不变规律相关的后续学习内容进行了梳理。我们发现由于商不变的规律是学生学习小数除法、分数的基本性质、比的化简等知识的基础，如果教学时只注重了算式之间的关系，那么很容易造成这一规律对以后的学习只有概念上的联系，缺少实际意义的支撑。它们的本质联系在哪？我们认为是"单位"。

近年来我国的教育专家不断提出单位意识的重要性。我们认为"商不变规律"的教学是培养学生单位意识的重要契机。

图 B–45 "商不变规律"学习单

从而我设计了上面的课堂活动（上图 B–45）。让学生借助人民币直观图，经历了不同的单位以及单位个数的改变这一过程，发现被除数和除数之所以会发生变化，是由于单位的不同，单位的个数就不同，而商不变。

经过我们的课堂实施发现，学生有不同的完成学习单任务的方式，比如：

（1）以 5 元为单位的（如右图 B－46），那 80 元里面一共有 16 个这样的单位点数 1、2、3……16），然后呢，1 个笔袋需要 20 元，一个大圆里有 4 个这样的单位，（点数 1、2、3、4），于是就用 16÷4＝4。

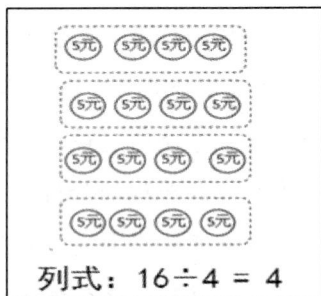

图 B－46

（2）以 10 元为单位（如右下图 B－47），一共有 8 个，80 元里 8 个这样的单位，2 个这样的单位就可以买 1 个笔袋，所以可以用 8÷2＝4。

（3）以 20 元为单位，一共有 4 个，80元里 4 个这样的单位，然后就用 4÷1＝4。

（4）以二分之一为单位，把这一个圆圈平均分成两份，然后这一共有 80 个圆，有 80 乘 2，一共有 160 个二分之一，这样买 1 个笔袋的元数是 20 元。然后呢，20 也是每个平均分成两份，用 20 乘 2 等于 40，最后就用 160÷40＝4。

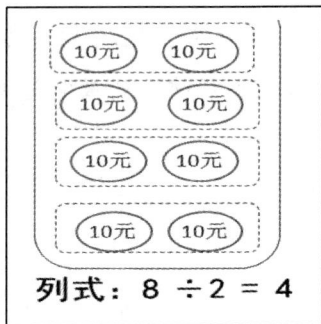

图 B－47

（4）以四分之一为单位，然后用 80 除以四分之一，就是用 80 乘 4等于 320，然后用 20 乘 4 等于 80，然后用 320÷80＝4。

…………

通过这样的活动设计，我们发现学生的学习有了现实生活经验的支撑，可以使学习与生活实际具有一致性。更重要的是，学生的单位意识加强了，感悟到了"单位"的神奇之处。

36. 如何从课程观视角下设计活动？

长期以来，我们习惯于在一个个的科目中学习系统的知识，每个科目都是一个知识系统，并且不同科目的知识系统之间较少关联，这种做法对于高效率地获取学科知识具有一定优势。教师在日常教学中通过不断增强学科底蕴，以帮助学生对本学科知识理解更加透彻、深刻。当然数学老师思考更多的是如何设计"数学活动"，在前文已经有很多阐述。

然而，小学生认识的客观世界是一个综合的整体，他们在认知事物时是不分学科的，遇到实际问题也不会想到用哪个学科的内容去解决，这些相互分离的学科知识很难发挥作用。另外，每个学科"单打独斗"，目标达成情况是"1 + 1 = 2"甚至"1 + 1 < 2"（同样的知识内容在不同的时间段不同学科重复出现），学科间相互支撑的点几乎没有。我们提倡把不同学科有效整合，发挥学科间相辅相成、互促互进的作用，力争做到"1 + 1 > 2"。所以，提倡学科教师能用课程意识来指导自己的学科教学，能从课程视角下设计活动。

示例："神奇的七巧板"

我们在一年级以"神奇的七巧板"为活动主题，进行了初步尝试。

课程设计背景：

"趣"和"游戏"一直是我们设计一年级课程的基本理念，让学生体会"学习好玩"，是我们的追求。一年级小学生喜欢动手，想象力丰富。数学课上，学生通过七巧板拼图活动进一步熟悉了学过的平面图形。课堂观察我们还发现，学生对七巧板的兴趣远不止"拼数学里的几何图形"，他们有着更加丰富的思考和更加开放的思维，他们乐于表达和分享自己的"作品"，何不为学生搭建这样的平台呢！

单元目标：

1. 知识与技能

通过用七巧板拼图的活动，进一步熟悉平时学过的图形——正方形、长方形等，在拼接中直观感知图形特征。学生能用背景丰富自己的拼图，并能用几句话把拼图的内容表达出来。

2．过程与方法

（1）通过引导学生认识七巧板，并用七巧板拼图、添加背景的过程，培养学生的空间观念，发展学生的想象力、创造力。

（2）通过看拼图编故事的活动，培养学生的口语表达能力，建立学习的自信心。

3．情感态度价值观

通过拼摆图形，培养学生认真倾听、乐于分享的好习惯，激发学生的学习兴趣，感受"七巧板真奇妙""学习真好玩"。

融合学科：

本主题在一年级涉及的学科：数学、语文、美术。

实践尝试：

首先教师（数学教师）引导学生初步了解了七巧板的由来，通过观察认识了七巧板的组成后，设计了如下拼正方形的活动。

活动：拼正方形	活动：拼正方形
独立思考：	小组交流：
用手中的七巧板拼正方形。（可以选其中的几块来拼，拼好后放在盘子里）	要求：从1号同学开始依次介绍自己拼好的正方形。
时间：5分钟	介绍时说说你用了几块？分别是什么形状。
	时间：6分钟

预设学生有八种拼法：

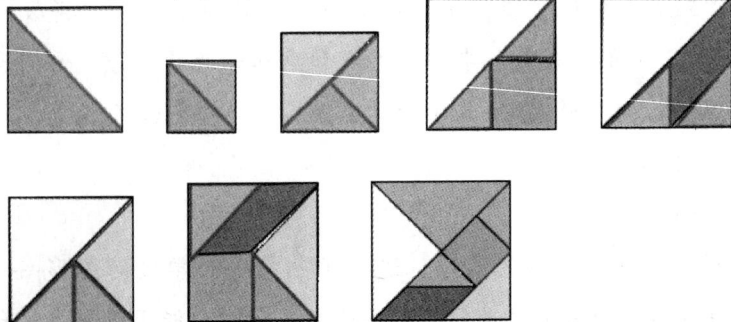

在全班分享了正方形的多种拼法之后，教师（美术教师）又让学生欣赏了用七巧板拼成的很多图案，学生领略到了七巧板的神奇。然后教师引导学生聚焦到一幅"小兔子"图上（图B-48），并示范添加背景，呈现出不同的、生动的画面（龟兔赛跑、小兔拔萝卜、守株待兔），见下图B-49：

图 B-48 小兔子图

图 B-49 加背景的小兔子图

然后进入学生创作时间（见下图B-50）：

活动：创造力大考验

独立完成：

用七巧板粘出自己喜欢的图形（动物、植物、人物），并为你的这个作品添加简单的背景。

时间：15分钟

图 B-50

最后教师（语文教师）引导学生根据自己创作的有生命的七巧板图案，创编故事（见下图B-51）：

活动：我会想象

要求：

用创编的七巧板图案讲故事。并讲给你的伙伴听。

独立思考：5分钟

我说你听：5分钟

图 B-51

课后，我们随机访谈了3名学生，听听他们是怎样说的：

问：今天上完七巧板的课有什么感受？有什么想法呀？这么多老师在一起上课，上的时间还挺长，你们喜欢哪些地方呀？

生1：喜欢这个教室，很大，很宽敞，容易活动。

问：上课的时候，喜欢哪个环节呀？

生2：喜欢编故事，就是没叫到我。

问：你们都编故事了吗？编的是什么故事？

生2：稻草人的故事。

生3：火箭，但不太会编这个故事。

生1：拔苗助长，我还想编很多故事。

问：你们是不是觉得再多编会故事就好了！

生：嗯。

问：还喜欢什么呀？

生2：我喜欢拼拼图，我刚才想到了一个新的，拼正方形的那个！老师把我的拿到了黑板上！

问："关于"七巧板"这节课，你有什么建议？

生不约而同的：时间太短了！再加点时间就好了！

生1：再多点人编故事！

生3：能用2副七巧板拼图就好了！老师让我们每人准备2副，上课只用一副。

生4：如果是每个老师都上"七巧板"这节课就好了！

分析：通过与学生课后的访谈发现，学生喜欢七巧板整合课程——"有趣的七巧板"。他们的"时间太短""如果每个老师都上'七巧板'这节课就好了"等等，表达了他们对整合课的喜爱。

学生作品：

作品1（图B-52）：

图 B-52 贪吃的小熊

《贪吃的小熊》，有一天小熊在一个森林里，它发现了一棵树上有很多的蜂蜜，它心想又可以吃得饱饱的了。它爬上树一摸，这是马蜂窝，它撒腿就跑。跑到前面，它看到有一条河，它自己不会游泳就跳进去了，呛了好几口水。马蜂找不着它了，就回家了。小熊它怎么觉得它自己浮起来了，原来小熊它自己就会游泳，它一望头，马蜂不见了。从此以后，小熊就再也不贪吃了。

作品2（图B-53）：

图 B-53

小鱼每天都在河里游来游去。有一天，有一只青蛙游过来，小鱼问："青蛙大哥，你在这里干什么？"青蛙说："我在岸上玩了半天，太热了，来洗个澡。"小鱼问："岸上什么样？我从来没去过。"青蛙说："我背着你去吧。"小鱼说："不行，我离开水会干死的。"青蛙说："每天晚上我来给你讲一些岸上的故事。"从此傍晚池塘边就有了呱呱的叫声。

总之，跨学科整合课的研究，对教师和学生而言都很有价值。对教师而言：一是提升老师们的研究能力；二是教师在一起做整体性工作，促进教师的职业满足感、建立积极的人际关系。在主题计划中，不同学科领域之间的联系加强了，而教学内容对学生来说则更富有意义和关联性。

对学生而言：这样的课程活动设计，使学生学习的不再是一堆互不关联的零碎知识，而是将学习理解为最有意义、持续时间最长，参与思考水平最高的体验式课堂活动。这样能更好地满足和促进学生个性化的学习，促进学习者综合素养的提升。

37. 学生不明确学习任务，教师怎么做？

合作学习课堂的学习任务，一般都以一个主体活动为载体。活动的目的是否明确，直接影响着学生独立学习环节的开展。在我们的实际教学中经常会出现这样一些现象：学生根本不理解活动要求，而无从下手；学生对活动目标的理解有偏差，与教师预设大相径庭；学生对活动目标的理解不深入，停于表层，方法单一。那么，怎样揭示任务能让学生快速到位地理解活动任务？

根据学生的年龄特点和任务的复杂程度，老师可以采取以下的方式引导学生理解学习任务。

策略1 开门见山直接呈现任务

我们的课前引入往往有这样的几种形式：谈话引入、小游戏引入、情境引入，或者开门见山直接揭示课题。我们认为不管引入的形式怎样，教师在揭示活动任务时尽量做到简单明了，不要"绕圈子"。例如，在探究"分数乘整数"时，我们可以这样直接揭示学习任务："今天我们学习'分数乘整数'，请你以'1/5×3 为例进行研究'。"

策略2 具体任务解释

对于学生第一次接触的学习单形式或者是用图例形式呈现的任务需要教师稍加解释，让学生明确研究目的。例如，刘畅老师在教学"确定位置"一课时，教师出示了这样的学习单（见下图 B-54）：

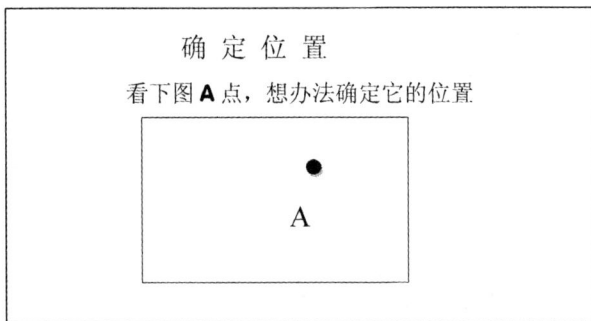

确 定 位 置
看下图 **A** 点，想办法确定它的位置

图 B-54 "确定位置"学习单

看到学习单，如果教师不做任何解释的话，学生可能会一头雾水，不知道从何处入手思考，这时就需要教师对学习单进行解释说明，让学生明确任务。刘老师边用手势指引边这样对学习单加以说明："笑笑家装修，需要在长 5 米、高 3 米的墙面上钉一个钉子。钉钉子的位置已经在施工图上设计好了，但是怎么进行说明，能让工人叔叔一下子找到钉钉子的位置？"这样的解释收到了不错的效果。

策略3 适当示范解释

这种方式主要用于低年级或任务较复杂时。

例如有一位教师在上"分数再认识二"时，设计了这样一个开放的大空间的主体活动（见图 B-55）。为了帮助学生理解探究任务，教师首先引领学生利用手中无刻度的 1 米长的纸条测量学习袋的长度，得出学习袋的长度是 1 米的 1/3，从而创造出 1/3 这个分数单位，教师的引领起到了很好的示范解释作用，帮助学生理解了学习单，明确了学习任务。

图 B－55

策略4 确认核心词，明确学习任务

教师呈现学习任务后，到底学生是否真正明确了学习任务，我们也可以采取提问的方式进行了解，如："谁真正理解了活动任务？谁还对活动任务有疑问？谁能再说说活动的任务是什么？谁能用自己的话解释一下活动任务？"

绝大部分学生明确学习任务后，进入独立思考探究环节，但这时并不排除有极个别孩子，还是不知道做什么，但也不提出质疑，这时就需要教师加强巡视，发现问题及时个别指导。

38．学生独立学习的时候，教师干什么？

在开展小组合作学习的初级阶段，教师有时候不知道干什么。比如，学生开始进入 5 分钟的独立思考阶段的时候，有的老师会站在前面不动，怕打扰到学生的独立思考；有的老师会去调试课件，准备下一步的教学；还有的老师会到学生中转一转，也就是课中巡视。

"巡视"看似是一个简单的问题，但是"关注什么？如何记录？说不说话？"都是常见的困惑。

策略 1 巡视中关注个别生

教师经常会发现，同学们独立学习的时候，有几个人呆着没有动笔，或者咬着笔头发楞，这就可能是如前文所述的还不明确学习任务的学生，这时候需要教师个别辅导，低声对学习任务再进行解释。

对于提前完成任务的小组，教师要给予关注，提示他们进行一题多解、多解相联系等方面的思考，充分利用自主学习时间。关于这个环节，教师说不说话的问题，我们建议，不面向全体学生说话，打断他们的思维，只是指导个别小组就可以了，毕竟这是"独思"环节，要保证思维的连贯性。

策略 2 巡视中收集学生资源

所谓资源，主要包括"典型资源""错误资源"和"创新资源"，教师应该在巡视时候重点关注，把"与众不同"的资源收集起来，并分类记录，避免资源的流失。这时候，需要教师快速进行价值判断，分析出课前预设目标是否能达成，有没有预料之外的生成。比如预设是只有 abcd 四种方法，通过巡视发现 abc 出现了，但 d 没出现，反倒出现了 ef，这时就需要教师及时调整预设方案，完成第一次课中备课。关于记录，教师可以用笔头记录或者用便携式设备拍照等不同方式。笔者常用的是笔头记录，并用星号、问号、三角等不同标志代表——重要、有问题、已完成等含义。

附：教师课堂资源记录表

方法 1：

表一

	方法预设	小组组号	备注
方法 1	画实物图	⑧⑨⑩	
方法 2	转化为加法	②⑩⑧	⑩？
方法 3	转化为整数	③④	
方法 4	面积模型	①③④	
方法 5	人民币背景	⑤⑥⑦⑧⑨⑩	
方法 6	数轴	⑨⑩	
方法 7	计数器	③	
方法 8	竖式	⑤⑥⑦⑧⑨⑩	
课堂生成新方法			

方法 2：

表二

第 1 小组 方法：	第 2 小组 方法：	第 3 小组 方法：
第 4 小组 方法：	第 5 小组 方法：	第 6 小组 方法：
第 7 小组 方法：	第 8 小组 方法：	第 9 小组 方法：
第 10 小组 方法：		
备注		

39. 学生组内交流的时候，教师干什么？

在"小组交流"环节，学生们已经有了自己初步的研究成果，接下来的小组交流环节，以小组为单位进行表达、分享、补充、质疑等。在交流时他们轮流地说，专注地听，注意控制音量和时间，同时做好下一步"全班分享"的准备。这时候的教师需要开始第二次"课中备课"，继续巡视，关注小组交流的效能，同时注意收集学生资源，重点收集新颖资源和错误资源。

策略 1 指导小组合作技能

小组交流是否"抱团"，是否轮流有序发言，是否有不参与的同学，是否有争执，是否有效利用时间等等，这些是小组交流时教师应关注的问题。对于发言顺序混乱的小组和不"抱团"的小组，教师要及时进行合作技能指导，促进小组作用的发挥，指导轮流发言，让每个学生参与其中；对于个别不参与的学生，教师需要亲自进行个别辅导，了解原因，有针对性地解决，让其明确什么样的小组合作是好的合作；对于小组谈论的热点、困难点，教师也要指导记录员进行及时记录，以备全班交流使用。

例如，探究学习"四边形分类"时，A 小组小组交流时对于（右图）是否是梯形，引发了小组争论而且声音越来越大，老师巡视时及时用手势提醒学生控制音量，然后问明争论原因，并适时指导："遇到争议时，记录员要及时记录，等到全班分享时提出问题，进行全班讨论。"

策略 2 关注小组学习成果

小组交流时往往会出现意见不一致的情况，这时教师应通过巡视，及时发现并记录，作为全班分享资源加以分析利用，因为这些争执点往往是本课的重难点，需要放大放慢。在拉长解决的时间后，这些重难点自然会在学生的探讨中迎刃而解。

总之，在整个巡视过程中，教师不仅要"眼观六路""耳听八方"，还要头脑积极思考，对于观察搜集到的学生信息，快速分析判断，在心中初步梳理出后续汇报的梯度和层次。对于超出预设的生成，更要做好如何应对的准备。对于跑偏和出错的小组，做好解决方法的储备。完成第二次的"课中备课"。

40. 学生全班分享的时候，教师干什么？

在开展合作学习之初，我们教师也"很不习惯"，看到孩子们表达不完整的想"修正"，看到"啰嗦"的想打断，看到"单一"的想"补充"，看到"无序"的想调整，看到"肤浅"想"提升"……那一段时间我们教师经历着"等待甚至是忍耐"。但这种"等待甚至是忍耐"是值得的，它带来了学生的巨大变化：他们胆子大了、敢说了、敢辩论、能质疑了……

策略 1　理智的等待者，等待学生学习的真正发生

因为学永远是教的起点。无论何时，如果学生还没有开始学习，我们的教学就不能开始。所以，寻找到学生开始学习的地方，在这个地方教师是信任是等待，留给学生独立思考、交流、分享的时间，让学习和思维真正发生之后，根据学生的学习情况开展教学，我们的教学才是有意义，有价值的。所以我们说，课堂上，教师的这种等待和忍耐可能比教学技能、技巧、课堂艺术更重要。这种等待和忍耐是教师的一种品质，是对学习的一种尊重。

※ 李老师在执教"组合图形面积"时，教师预设了 8 种方法，但全班分享时，学生们只想到了其中的 7 种，而对于其中 1 种巧妙的剪拼方法（图B–56）却没有人想到。怎么办？是教师直接告知，还是等待？老师陷入纠结。李老师选择了后者，再

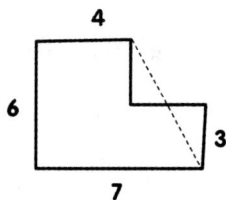

图 B–56

次给学生 3 分钟的思考时间，果然取得了意想不到的效果。

策略 2　"智慧的参与者"，这就要求教师在课堂上"该出手时就出手"，但是"到底何时出手?""又该怎样出手呢?"

我们初步总结了"速度"和"方向"两个维度的出手时机。

速度方面：在全班分享时，学生有时会出现一些影响课堂进程的现象。例如，学生有时对简单、浅显处过度关注，而对重点、难点、困难处却一带而过。这时就需要我们教师及时干预，把握课堂速度。每节课的重点、难点，教师心中有数，但学生却并不十分了解。他们有时只是将某种特别有价值的方法当作众多方法中的一种，同等地进行说明介绍。这时就需要教师快速地进行价值判断，如果认为有必要放大到全班来分享这个资源的话，教师就要及时干预，通过"引导学生评价"或者"别的同学再次分享"或者"进一步细化解释"等方式，将重点、难点处放大、放慢，引起关注，加深理解。而简单浅显处则引导其快速通过。

方向方面：学生在分享交流时，偶尔还会出现知识性错误、思维迂回，或者就某一问题争论不休的现象。这时就需要我们教师适时出手，引导学生及时把握课堂研究的方向。例如，学生就"某一个问题争论不休"时，经常会出现孩子们一个一个热情地参与进来，但有时就会慢慢偏离最初的问题，甚至有时还会忘了最初的出发点，这时就需要教师及时出手，引导学生聚焦问题、清晰话题、明确讨论的方向，然后再继续探讨。而对于知识性错误，教师可直接指出；当学生出现思维迂回时，教师也可大胆出手，引导学生将思维引向深入。

总之，我们认为，在这个环节教师应该成为"智慧的参与者"。

41. 学生"忽略重点，一带而过"的时候，教师该怎么办?

在全班分享时，学生有时出现将某种特别有价值的方法当作众多方法中的一种，同等地进行说明介绍；有时甚至将关注重点放在简单浅显之处，而对重点、难点却一带而过。

教师明确重、难点，而学生却不知道重、难点。这时就需要教师智慧参与、合理引导，即停顿引起关注。

策略1 停顿，寻求解释，放大重点

下面我们来看看张老师在执教"分数再认识（一）"一课时的课堂实录。

（前面的教学中，学生从"变化"的角度谈了对 $\frac{1}{4}$ 的认识：四分之一随着总数的变化而变化。）

> 教师故意干预，让课堂在此停顿下来，寻求进一步的理解和解释，把教学重点放大、放慢。

师：大家明白了是吗？其他组对他们的结论还有什么补充？

生O：不变的都是把单位1平均分成4份。

师干预：什么意思？不变的是？

生O：不变的都是把单位1平均分成4份，取其中的一份。变化的是单位"1"在变化，总数不一样，所以四分之一也就不一样了。

生P：我补充，单位1指的是总数。

生Q：我补充，四分之一这个比率不变，但是总数的数量是在变的。

师：看来大家觉得我写的"千变万化的四分之一"不够全面，你们还可以理解成"?"的四分之一？

> 教师在此出手，让课堂再次停顿下来，引导学生从"变"和"不变"两个角度进行理解，在解释过程中，充分体会分数的相对性。

生S：时而变，时而不变。

师：固定不变的四分之一。

生：可以。

师:那四分之一什么时候固定不变,什么时候千变万化?讨论一下吧。

生T:在总数确定的时候,四分之一就是固定不变的。如果不知道总数,它的四分之一只能靠猜,猜成什么整体都可以,除以4就是它的四分之一,所以这个就是千变万化的。请问大家有什么补充?

生U:我给你的发言整理一下,你的意思也就是说,千变万化的四分之一是在总数不确定的时候,固定不变的四分之一是在总数确定的时候。

> 对四分之一相对性的理解应为两个层次:一是"变化"的角度,四分之一随着总数的变化而变化;二是"不变"的角度,即关系不变。教师机智地捕捉到学生发言中"不变的都是把单位1平均分成4份,取其中的一份"。并围绕问题"四分之一什么时候固定不变,什么时候千变万化?"从"变"和"不变"中深刻理解分数的相对性。

生V:我同意你的观点,我可以帮你解释得更清楚。(借助实投解释)千变万化的四分之一就是在它的整体"1"不确定,假如说整体"1"是4厘米,它的四分之一是1厘米;8厘米的四分之一是2厘米;假如整体"1"是12厘米,它的四分之一就是3厘米。不变的是1厘米、2厘米、3厘米,他们表示的都是四分之一。

生T:我受到了启发,我可以反着解释。这是一个正方形A,如果想让它成为四分之一,必须再添上三个同样大小的正方形。在这里可以把A缩小,也可以把A扩大,这样可以根据四分之一的变化来确定不同的整体。

师:你的意思是不管这个A怎么变,都是这4份中的一份,都是四分之一,是这个意思吗?

生T:是。(全班鼓掌)

张老师的适时停顿,巧妙引导使学生解释得更清晰,将问题引向深入,收到了很好的效果。

策略2 停顿、指导、评价

※ 例如,陈老师执教的"小数点搬家"一课中,学生对于0.04变成0.4,是"数字没动,小数点移动",还是"小数点没动,数字移动"争论不休,此时教师让课堂停下来:"到底谁的移动引起的小数大小变化呢?"其实你们双方的观点并不矛盾,一方面可以看作是4的位置不变,小数点移动了;另一方面可以看作小数点位置不变,4移动了,小数的大小都会随之改变。教师通过指导、评价帮助孩子们澄清了概念,加深了理解。

42. 全班交流时，学生遇到困难，解释不清或者争论不休，教师该怎么办？

课堂交流不是一帆风顺的，同学们各自表达自己的想法，经常会出现解释不清或者争论不休的情况，这时候教师干预作用怎样发挥呢？

策略1　教师给予直接的支持

示范，点拨，直观演示。

一些难点是知识过于抽象，学生解释不清。我们可以提示学生借助画图，或者我们给同学提供学具或者提前准备好多媒体课件，把它变形象，变具体，变直观。

※ 在刘畅老师四上"确定位置（二）"执教中，一名学生提出"钉钉子的位置应该是在3米和4米之间的与竖着2米和3米之间的这

图 B－57

个点"。他解释不清引起了很多同学的质疑，此时，教师站了出来，及时出示课件（如图 B－57）说："请我们结合这张图来看一看。"教师结合着此图，更直观地让学生明白了该如何定义3米或4米。学生也不再提出质疑，而是将话题回到了研究内容上。

策略2 终止争论，再次聚焦，清晰争论的问题

当学生遇到困难，解释不清或者争论不休时，我们教师又应该怎么办呢？我们认为，教师也应该是一个好的倾听者，一定要听出孩子们在争论什么，抓住争论的要点，把问题聚焦，清晰地判断出这个问题的争论有没有必要。如果是关键问题，就可以根据实际情况，开展二次讨论或正面指导等。如果不是关键性问题，而且影响了课堂的速度和方向的话，教师可以果断出手，聚焦争论，解决争论。

43．如何引导学生进行课堂学习反思？

荷兰著名数学家和数学教育家费赖登塔尔教授指出："反思是数学思维活动的核心和动力。"元认知理论认为：反思是学生对自己认知过程、认知结果的监控和体会。数学的理解要靠学生自己的领悟才能获得，而领悟又靠对思维过程的不断反思才能达到。小学生的数学学习是一个思考过程，更是对自己的思维活动和经验的反思过程。只有通过不断的反思，把经历的过程提升为经验，学习才具备了真正的价值和意义。那么怎样引导学生进行学习反思呢？

策略1 引导学生对学习过程进行"自问"反思

如，自问：①这节课的重点难点是什么？②我是利用哪个具体的例子展开研究的？③在开始研究时我遇到了哪些困难？④我是怎样解决困难的？⑤通过研究我得出了什么结论？⑥这节课的知识和以前学过的哪些知识有联系？有什么样的联系？⑦我还想研究与这个内容有关的哪些问题？

策略2 引导学生对小组合作技能的自我反思

如，自问：①本节课我在小组中担当了什么样的角色？有没有发挥好的作用？②这节课中我是否认真倾听，是否积极回应？有没有好的质疑？③我的做法对别人有没有启发，我对小组有哪些贡献？④我们组的发言是否有序？是否有争议？怎样解决争议的？

策略3 引导学生反思自己与他人的学习差异

如：①我的方法与别的同学有何异同？②我为什么没想到别人的方法？③怎样的语言表达更能简明充分地表达自己的观点？④这节课中谁给予了我最大帮助，谁令我产生了新想法？

44. 教师如何引领学生感受数学之美？

数学是一门科学，但数学教学却是一门艺术。教师们常常在思考：数学课上，教师作为无形的引领者，要以什么来吸引学生、感染学生？我的学生在数学课堂上除了获得知识本身之外，还应该得到什么呢？

策略1 提供生活中的素材作为研究背景

例如：探索"两位数乘一位数"，利用买游泳圈作为研究背景；研究"三位数乘两位数"时，利用卫星运行时间为背景；学习"确定位置"时，就利用学生的座位顺序作为研究背景展开研究……

策略2 提供生活中的素材作为研究工具

例如：研究"分数再认识"时，利用纸条和数学书作为研究工具，探索分数单位（图B-58）；研究"搭配中的学问"时，借助羽毛球运动员男女搭配混双组合，有几种搭配方法，作为研究搭配学问的素材（图B-59）……

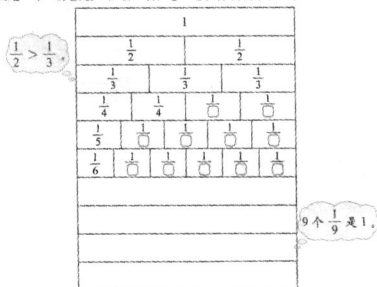

图 B－58　　　　　　　　　　　　　　　图 B－59

策略3　直接研究生活中的数学问题

例如：结合生活实际，研究生活中的时分秒、年月日、平年闰年；测量生活中的实物质量，研究千克与克；测量土豆的体积，探索不规则物体的体积测量……

策略4　展开想象，从抽象的数学走向生活化、具体化

例如：一年级学习数字"5"，老师让孩子说出生活中的"5"，学生不仅能说到"手有五指""五边形"这样的答案，还有"奥运五环""五彩缤纷""五花八门"等美妙的事物和成语；又如学习数字"7"，孩子们除了"一周七天"这样的答案外，还有孩子会说出"七仙女"等美丽的传说。在学习认识"＋"号时，老师让孩子说说像什么："十字架""红十字""十字路口"。在学习四边形时，学生也会联系生活想到：电视桌、冰箱、家具、楼房、道路、生活用品、学习用品等这些孩子们熟悉的东西。让数学走近学生，走进学生的生活，感受生活中处处有数学。

45．让学生感受数学用于生活之美

策略 1　设计联系生活实际的数学游戏

例如：为巩固四则运算，开展算 24 点的数学游戏；学习了一年级第二册"认识人民币"的知识之后，设计"小小商店"的数学实践活动，通过"角色扮演"的活动形式，进一步加深学生对人民币的认识，掌握人民币的换算及计算方法，培养学生应用数学的意识和能力。

策略 2　开展解决生活中实际问题的探索活动

例如：设计租车方案，设计购票方案（策略的优化）；想办法测量某栋建筑物的高度（杆高影长的关系）；设计起跑点（计算圆周长）。通过这样的探究活动，让学生体会到生活中充满数学，同时也在应用中感受到"成功"的喜悦。

生活本身就是一个巨大的数学课堂。数学课堂中，只有再现数学知识与人类生活的密切联系，把鲜活的生活题材引入课堂，用生活问题激活课堂，把学生的生活经验巧用于课堂，生动的生活事例活用于课堂，数学课堂才会有生活之水的滋润，才能充满个性与灵气，才能更加富有情趣和魅力。

C

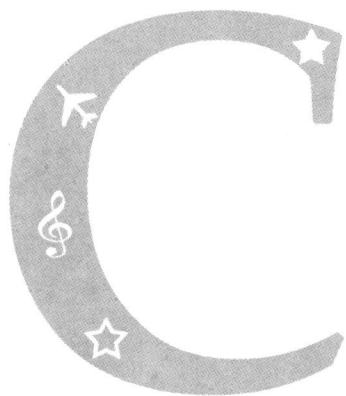

现场专家点评及媒体报道

附录1

北京市小学数学"减负，从变革教与学的方式开始"专题教研活动发言

2013 年 10 月 15 日

创造合作学习的课堂　实现教与学方式变革

北京市海淀区七一小学　朱凤书

一、问题的提出

（一）课堂现状引发的思考

2012 年 12 月学校的预研究——

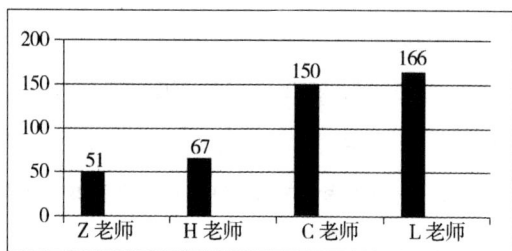

图 C－1　七一小学 4 节数学研究课问题数量统计图

这是我校 4 节研究课中教师每节课提问数量的统计（见图 C－1）。最多的一节课提出 166 个问题，平均每分钟 4 个问题；四节课平均提问也高达 90 余次，平均每分钟提出 2.3 个问题。这是典型的师问生答的课堂。学生在课堂上没有问题、没有质疑、没有争论，缺乏激烈的思辨，回答问题成为学生主要的学习方式。

教师个人话语时间所占比例超过 60%。学生课堂时间被教师的"讲和问"占据着。（见图 C－2）

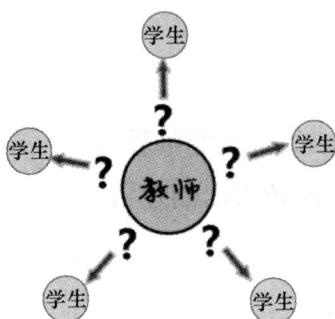

图 C-2

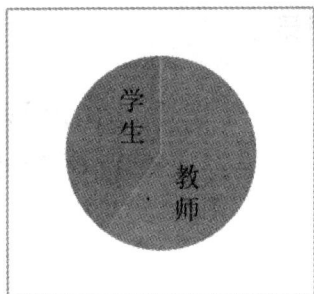

图 C-3　师生语言比例 3:2

让我们再来看看教师提出问题的质量。我们把数学问题分成 4 类：选择性问题——只要学生回答"是"或"不是"，或两个答案选一个；记忆性问题——学生依靠记忆的信息表达出来，但思考水平较低；思考性问题——学生对已有知识进行加工而获得问题的答案；探索性问题——学生在问题中作各种探索、沟通，通过寻找条件和问题的反馈调节，形成解题思路。前两类问题都直接指向答案，而不是指向思维。

4 节数学课中，这两类问题合计最高的达到 66.6%。这么多的问题指向的是依靠记忆就可回答的事实性答案，而不是指向思维发展。

表 C-1　七一小学 4 节数学研究课问题类型统计表

问题类型	Z 老师		H 老师		C 老师		L 老师	
	次数	比例	次数	比例	次数	比例	次数	比例
选择性问题	12	23.5%	17	25.4%	43	40.9%	83	50%
记忆性问题	8	15.7%	19	28.4%	27	25.7%	18	10.8
思考性问题	27	52.9%	29	43.2%	28	26.7%	59	35.5%
探索性问题	4	7.9%	2	3%	7	6.7%	6	3.6%
总计	51		67		105		166	

数学课堂的状况就像图 C-4 这幅图一样在我们的脑海中不断浮现：

如果把"通过小河到达对岸"比作课堂教学目标，教师在课堂中提出的一系列问题就好比铺在河中的一块块石头，过多的、精心化的设计为学生达到教学目标铺设了一条道路，学生行走在教师精细化的设计里，我们似乎能够感受到学生的思维在流淌，似乎孩子们也顺利过了河。但是，学生的思维是停滞的，他们感觉不到是在"过河"，留下的经验仅仅是"踩石头"。这种现状使得学生没有独立过河的机会，没有完整思考问题、解决问题的经历，精心铺设的石头把孩子们的思维切割得支离破碎，直接导致孩子们越来越不会学习、不会思考，更不会独立行走。

学生的思维空间被挤占了！

图 C - 4

课堂上没有充分的学习时间，没有足够的思维空间，学生的学习如何发生？我们强烈感受到课堂教学方式的变革迫在眉睫。只有"把课堂时间还给学生，把思维空间还给学生"，才能真正实现课堂教学的有效，才能实现真正关注学生的发展。

科学减负从这里开始！

（二）确立合作学习模式作为突破口

我们确定合作学习模式，主要是它可以成为实现"教师教"与"学生学"两个方面变革的载体，在变革的过程中让学生拥有学习时间和空间。

合作学习的核心是交流，通过教师与小组、教师与学生个体、小组成员之间、小组和小组之间的交流实现全渠道的互动课堂，在单位时间内创造了更多的表达、阐述、解释机会，所有的学生都能在每节课中主动参与学习活动。它的另一个特点是以学习任务作为开展教学的载体，一节课通过 1~2 个主要活动完成，这就促使我们借助"学习活动"的设计将琐碎的追问以一个完整的大问题呈现，这正是我们要培养"会学习"的人的最好途径。

二、我们的探索

（一）组建研究团队

2013 年 2 月底，我们正式开展合作学习校本研究，以中年级的 8 个班为实验班，组建了教学专家、一线教师共同参与的研究共同体。外部学术资源介入教师常态工作——备课、解疑、听课与讨论，及时发现问题，及时干预；另外全学科教师参与，通力合作，学生的合作技能和学习环境才能得到较好的保障。

（二）选择适当的合作学习方法切入

在诸多的合作学习的方法中，我们尝试使用小组成就区分法（STAD）。结合我校的教学实践，我们把 STAD 简化成以下教学环节：明确目标—独立学习—小组交流—展示质疑—测评反思，教师课前的工作重点是确定目标、设计活动，在课堂上主要是适当支持、调控进展。

（三）在"做中学"

教师是课堂变革的核心因素，教师的观念转变和教学技术的学习需要同步进行。因此，我们采用"做中学"的方式，根据不同阶段面临的困难寻求学习上的支持和行动上的方向。

问题 1：在 2013 年 1 月，陈向明老师对教师需求进行调研，老师们提到最多是：与原来的小组合作有何区别？有没有什么模式？

对策：老师们对合作学习的了解只是形式上的、片断的参与式讨论，对此，陈向明老师进行了合作学习的参与式培训，温思涵博士进行了"教与学"互动交流理论介绍。两次培训，让我们认识到合作学习将以往课堂中个体竞争性环境改进为组内合作、组间竞争的环境；合作学习更关注"学"的研究；讲授、个体学习、小组学习、多渠道互动构成课堂更丰富的组织形式；倾听、交流、合作、学习方法、交往技巧、情绪管理等合作技能不再是教学的附属目标，而是有效学习的重要组成部分。

问题2：培训之后，老师们表示出更多的困惑：怎样监控小组的学习情况？如何分组？如何指导小组学习？

对策：专家示范课，温思涵博士以"手的皮肤"为例进行合作学习的课堂示范，老师们受到很大启发。

效果：温博士示范如何分组，如何解释小组任务，指导小组如何完成任务，我们开始尝试进行分组；每个小组兴致勃勃为自己的小组起名字，制定奋斗目标；讨论制定了四人小组中每个成员的职责，制作胸牌。罗长红老师上了第一节研究课，教师评价对象开始出现基于小组活动效果的评价。

问题3：学生乱了，课讲不完了，没时间进行课堂练习，教学经验和新教学方式不适应性发生冲突，老师对合作学习提出质疑，有些家长对合作学习的课堂提出质疑，老师的懊恼和学生的兴奋同时出现。

对策：课堂出现的问题主要是学生没有合作技能，建立小组学习规则，培养合作学习技能成为迫在眉睫的事情。

效果：为了建立学习规则，老师们想出很多办法，如特殊手势用于结束讨论，使用计时器培养效率意识，针对小组学习技能的评价等。

相对规则的建立，好的合作技能培养更困难。我们从每个成员的职责培养开始。面对交流时每人都在说，没人倾听的现状，罗长红老师上研究课"好的倾听"，和同学们一起讨论怎么说怎么做，才是好的倾听者。"好的讨论""怎样质疑""怎样做小组长""好的发言人"等专题研究课先后进行，我们放慢教学进度和节奏，用一个月的时间进行合作学习技能的培养。

我们开发了评价工具，针对技能和学业水平进行针对个人和小组的评价。评价的主体有教师，也有学生；评价的对象有学生个体，也有学习小组，评价的内容有结果，也有过程。老师和同学逐渐达成共识——在学习的过程中"过程比结果重要，真实比正确重要，进步比优秀重要"，这样的态度对于鼓励孩子参与起到很好的作用。

问题4：有形无神的合作学习课堂，前半节课合作学习，后半节课教师问答，问题出在哪里？

对策：（1）教师追问的习惯（2）关注"教"较多？关注"学"较少？（3）学习单的设计：缺乏挑战性、可操作性、路径单一、脱离教学目标，致使学习单成了"摆设"。要想实现教学目标，还要依靠教师的"追问"。于是发挥教研组的作用，讨论学习单的设计，反复实践、调研学生，确定适合的方案。

效果：研究后我们认为在这个过程中需要考虑以下几个问题：

a. 将问题转化成任务，明确做什么？预期学习成果是什么？

b. 考虑所有孩子的学习路径，需要教师反复调研才能得到。

c. 小组交流的话题是什么？预期成果是什么？

d. 设计学习材料。

问题5：我们感到"常常插不上话""学生容易跑题""学生的总结不到位"，老师在课堂上做什么？

对策：教师在课堂上的主要作用是调控和支持。如何有效调控？适当干预？适时支持？我们正在探索中……

学习的过程就是我们不断面对困惑，积极实践，主动学习，取得小收获，再到产生新困惑的过程。

三、我们的收获

(一) 学生的变化

课堂中我们能够发现学生的变化：发言自信，有条理；会倾听，懂包容；学习的主动性增强；学习能力得到重视。

（二）教师情感的转变

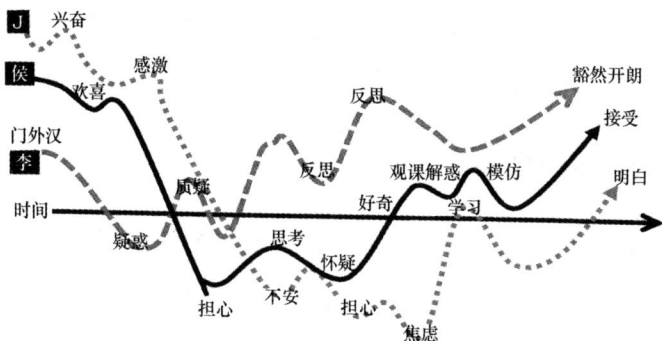

（三）从关注"教的技巧"到关注"学的方式"

在实践中，我们逐渐从教师权威决策过渡到学生需求决策。老师们在设计教学活动时，首先想到的是"学生会怎么想？""他们是怎么理解的？"学生的意见和需求成为活动设计最重要的依据，教师更多是从学生需求的角度来思考课堂活动的设计。

在合作学习的课堂中，老师要承担学习资源开发、学生学习的支持、小组活动的调控等工作。更重要的是，教师不能完全把控课堂，学生会出现教师预设之外的种种可能，这对教师的专业知识、教学技巧都提出了巨大挑战。面对这些挑战，我们常常束手无策。但是从无策到有策的努力就成为我们专业成长的新的方向。

（四）教师对课堂教学认识的4点变化

1. 以学习目标为载体，带动学生自主学习与合作学习。学习不再是被动地等待教授和提问；合作学习以学习目标为导向，培养自主性与合作性的学习。

2. 以学习单的材料为载体，给学生创造独立探究、合作交流的大空间。学习单让学生独立面对解决问题的全过程，有利于学生完整思考、整体把握、个性化地设计自己的学习路径；小组成员间的交流实现同伴相互学习和协助，有利于提高有效理解，帮助学生进行反思提升。

3. 关注合作技能，培养社交技巧。学习不只是知识的学习，还有社会情境下的人际关系的学习。

4. 培养学生学习策略的发展和自我认识的能力。在个体自主学习和与同伴交流学习的过程中，了解自己和他人。

四、进一步的思考

第一，合作学习的教学方式只是诸多有效教学方式中的一种，没有哪一种教学方式在所有情况下都优于另一种，很多教学方法都是合理的，选择哪一种特定的模式依赖于教师的教学目标、学生特点以及社会认可的教育目标而确定。

第二，合作学习的课堂会带来教学内容、课程形式、时间设置等方面的变革，期待通过深入关注实现课程内容与形式的有效结合。

北京市小学数学"合作·互动·分享"专题教研活动上的发言

2014 年 10 月 28 日

路上的风景

北京市海淀区七一小学　朱凤书

各位老师，大家好！

我代表我们学校研究小组和大家分享一下我们四个学期以来的一些研究成果。

简单回顾我们经历的四个学期：

2012 至 2013 年第二学期，那个时候我们初步了解了什么是合作学习，在形式上是什么样的一个结构，相关的教育理论有哪些，相关的实践到了什么程度，开始了形式上的小组合作。

2013 至 2014 的第一学期，吴正宪老师进入到我们学校的课堂，给我们一定的指导。也是在这个学期的 10 月份，我们也承担了一次市级的研究活动。这个研究活动对我们学校，对我们整个数学团队的提升，是有巨大的推动作用，因为借助这个平台，学校数学教师的参与数量由 4 人扩大到全体，大家的共同参与加快了研究的步伐。

2013 至 2014 第二学期，这个学期我们也和成都芳草小学做了一个深度的互访，两个学校进行为期一周交换老师上课。这种深度的学习能够交流一些细节上的问题，对于我们进一步推进工作，也起到了重要作用。

现在已经进入第四个学期，我觉得我们走起路来更轻松了，因为我们把前三个学期的一些经验直接运用到了新三年级整个年级上。在一、二年级 2 人合作学习的基础上，三年级正式组建四人小组。这个学期我和常秀杰主任各带了一个年级，他去四年级，我去三年级，带着两个年级的老师一起上课，一起研究。她特意选择了一个没有行动，没有变革的一位老教师带的班级，从 9 月份的第二周才开始进入这个班上课，大家刚才已经看到不到两个月的时间，小孩的变化非常显著，这个显著的变化也是基于前三个学期的一些研究成果的直接运用。

这个过程让我们懂得不断地聚焦问题，不断地探索前行，是变革成功的一个重要的途径。在研究的四个学期里，学生的体验是丰富的，我想给大家放的是这样一段。

（播放视频）

这是我随机地在楼道里录了十几个小孩的感受，选了几个给大家看。其实还有一些学生也是会给我们一些启发，比如说我下面还举了三个小例子：

245

"小组"里面欢乐多

七一小学四年级（4）班　李如许

在我的学习生活中，有几个在学习上形影不离的伙伴，每一天我们都一起讨论、一起努力，一同进步！因为我们是：一个"组"的！而正是这"小组"生活给我留下许多欢乐……

我们组里有四位成员：爱犯"小糊涂"的苏红珊、天真可爱的亢祺、活泼细心的范自在、和我——李如许。在小组中，为了完成学习目标，力求做到优秀，我们每个人都有着自己的角色：组长、资料员、发言人、记录员。记得我在做"资料员"的时候总是经常丢了这个、忘了那个。可是当我把这任务交给范自在以后，却被他做得令人赞不绝口：他每天细心的把资料发给每一个组员，并留好组内的资料，做好整理工作，简直是棒极了！

慢慢的，我发现了：其实组内的每个同学都很优秀，只是表现在了不同的地方，但一旦我们面对同一项学习任务时，那可就绝对可以化作一只"重拳"。在班里开展"思维导图"的过程中，我们就发挥各自的优势与特长，完成了一项又一项挑战：四个人有的执笔；有的拿着书本、笔记，甚至课辅资料搜寻关键词语；还有的认真地看着导图不时提出自己的建议。尽管有时我们也会争论不休，但当经过反复推敲、一起探究、交流总结后获得成功时，我们又喊着"Ye——"一齐蹦了起来。

我爱我们的小组，还时不常地挤出自己的一些零花钱给大家做点儿"无私的奉献"——买"奖品"，可我的心里却是甜津津的，因为它让我在自己的童年体会到合作学习的快乐、共同成长的幸福！

这个是四年级的一个小孩，他写的一篇小作文叫作"小组里面欢乐多"，这个里面的第三自然段自己写到，"慢慢地我发现其实组内的每一个同学都很优秀，只是表现在了不同的地方"。

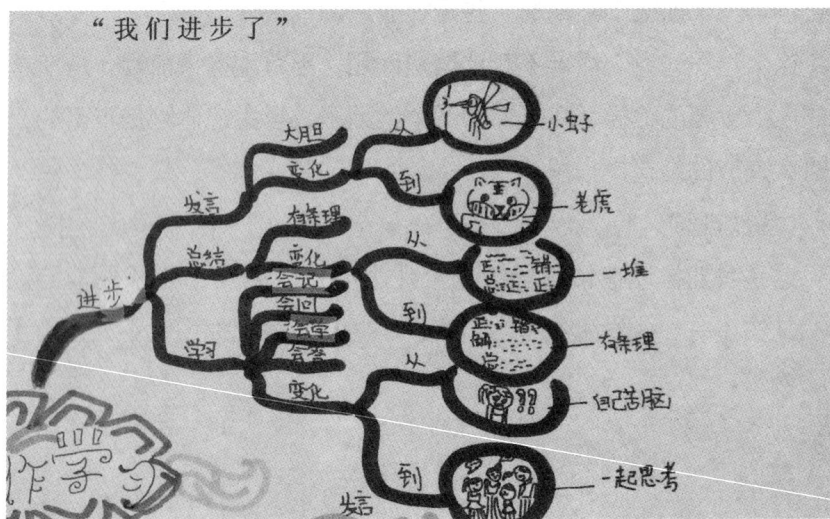

这是一个小孩画的思维导图，他用这个方式来表达"我们进步了"。大家可以看到他用了图式的方法来表示他们的发言从嗡嗡叫的小

虫子到像小老虎一样的自信。学生的总结从对错的争论，乱成一团争论不休，到能够说明观点，正确的是什么，错误的是什么，并且能够加以解释和总结，有条理地来表达。第三个分支是从一个人的苦思冥想到大家聚在一起思考，一起想办法。

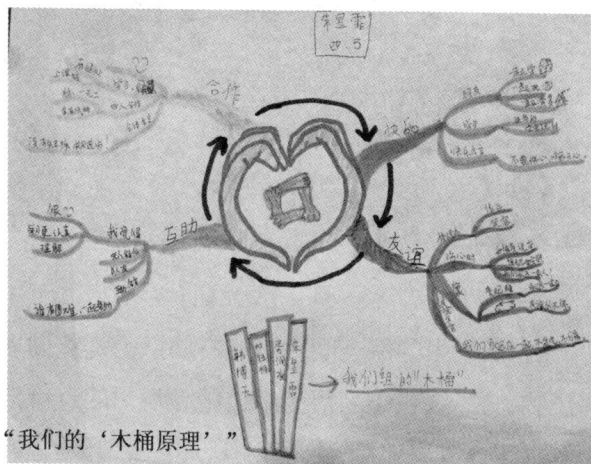

"我们的'木桶原理'"

这个图我也特别地喜欢，中间大家可以看到是四个手臂围在一起，表示我们四个同学在一起，"合作、互助、友谊、快乐"是他们对于小组学习的核心内涵的概括。这里面标注了我们组的木桶，有强有弱有高有低，但是孩子们认为小组可以通过互助实现"没有短板共同进步"。做合作学习的过程中，许许多多的孩子们在用一些简单的，又特别有哲理的一些见地，感动着所有参与的老师们。

当然，在这个过程当中，我们也曾经经历过各种的困扰。比如说小组里有混日子的人，讨论的时候有跑题的人，有不倾听的，有不参与的，有不思考的，这些同学都是存在的。我们在进行全班分享的时候，也会出现典型包场，一个人占主导，也会出现参与不够，有的人袖手旁观，也会出现在讨论的时候低效。这些问题，都是随着我们对这些现象的分析，逐渐得到解决的。

我今天也给大家带来了三个小策略。

第一个策略：巧妙设计组牌，建立小组文化（图 C - 5）。

这是我上课的三年级 6 班的教室，大家可以看到，这个教室的右边

图 C – 5

的这面墙上，现在学校里的每一间教室的右墙壁都是整面墙用来展示孩子的合作学习成果的，这些作品都是小组精心学习的有价值的成果，给大家展示，下面有组号。座位采用是 T 字形的，最开始也有老师用田字型，但是发现在讨论的时候，还是不方便，所以还是用了 T 字形。

组牌设计成一个三棱柱，三个面颜色不同，内容不同，功能不同。白色的这面上是组名，红色的面上有小组的职责分工、组的奋斗目标，绿色的面上呈现小组公约和评价表。我们约定不同的颜色表达小组学习时的不同声音——绿色朝前表示我们小组学习已经结束了；红色朝前的时候，我们组有争议，需要老师来帮忙；白色的表示我们正在进行中，请勿打扰。

组牌有以下作用：

组牌承载的是小组组建的最初的一系列的课程，从小组成员的确定开始，就引入组牌。例如，我们采用双向选择的方法确定小组成员时，通常会先让同学们推选小组长，小组长确定之后，再征集想和该小组长在一起的同学的意愿及组长的意愿确定小组成员，老师可以根据性别和学业水平进行微调，这是一课时。第二课时就要组建小组的文化，给小组起名字，以及讨论小组的奋斗目标，向全班公布小组达成的共识。第三课时就要讨论小组内有哪些事务需要管理，我们怎样进行分工，哪些小小组牌作用大！

- 作用1　组建小组确定小组成员
- 作用2　小组文化建设，有共同的目标
- 作用3　小组规则自己制定
- 作用4　小组成员的评价表
- 作用5　上课时无声的语言
- 庞

人承担什么样的责任。

每个班级的情况不一样，设置小组角色就是不一样的，有的班级选择的是小组长、发言人、资料员、监督员四个角色。我在三（6）班组建的时候，他们推荐的事务管理者是小组长、监督员、材料员和维护员，他们认为教室墙壁的展区是需要维护的。

第二个策略：学习单，不简单。

小学数学的活动设计可以分为三类：一类探索"是什么"，主要是用于探索规律、法则、公式、性质的发现，这类活动强调的是一个发现的过程；第二类学习活动是解释"为什么"的活动，主要是用来解释推理，这个活动体现的是说理的过程；第三类是综合运用数学知识和经验解决数学问题的过程，我们称之为"怎么做"的活动。无论是什么类型的活动，我们认为都要有三个要素，一个就是要明确提出做什么事，二是他怎么做，第三个要素就是完成任务的时间。这个时间很必须吗？我们觉得是很必须的，因为做任何一件事，都是有期限，都是有时间节点的，在课堂上更是这样，因为课堂才有40分钟，哪段时间做什么事情，要让孩子有时间效率。

第三个策略：教师需要做什么？

教师需要做的事情特别多，在课堂上看起来老师很轻松，但是有很多事情是需要老师做的，比如说我们说这个讨论效率低，每节课老师去实践的时候都会发现，学生没完没了地重复他那些话，听起来很清楚，但是实际上又不得要点。面对这种情况，我们怎么做呢？我们就会在中午休息的时候，把几个小组带到多媒体教室去，给他们一个正式的学习单，让他们独立学习。开始交流的时候，就把摄像打开，小组内开始讨论。讨论过程中，我们请其他的小组在旁边看，观察的学生就会发现一个人还没说完就到时间了，其他人都没有说。此时停止讨论，就让观察者说怎么办？别的同学也会说，说你怎么样，你哪句话可不可以少说？你不能一个人占用那么多时间等，所有的这些问题，都可以在这种小微课当中得到解决。

另外要培养让孩子会说，这个说其实挺重要的，我先说这个说。这个前面有几个要求，就是声音适中，有条理，围绕讨论的内容不跑题，眼神上也要有交流。像这些规则，或者是这些技巧，大家也能感觉到我们这个四（9）班的小孩也知道。他会考虑到听众，他说你写字太小了，老师会看不到。这个叫适中。我们会跟小孩讲，你在这种场合你这个字写多大合适，你声音多大合适，你要在那种场合声音多大比较合适。

下图是回应的技巧，这个回应既包括全班分享时候的回应，也包括小组讨论的时候。A说完了，B和C、D怎么回应他，都是一样的。回应分了两类：第一类是赞同的时候，有三种回应的方法；如果你不赞同的时候，主要是有两种回应方法。我们就把学生回应片段录下来。例如有些课一个组还没有说完就下课了，全班那么多好的东西没有呈现出来。我们就把那些好的资源扫到PPT里大家看。这么多的好想法，咱们怎么能在40分钟之内做好分享呢？再让学生看那个录像，这个过程当中哪出现了问题？我们的时间都去哪儿了呢？哪儿可以节省时间，腾出来时间做更有价值的事，只要把录像放给他，这些规则都能出来。

下面这张PPT想告诉大家，课堂的艺术就是在"等待"和"干预"之间寻求一个平衡点。在合作学习课堂建设的前期，老师们尤其要等待，甚至是能耐，效率低一点也没有关系，那个时候要等，因为我们老

说
- 声音适中
- 有条理，围绕讨论的内容
- 眼神交流

对别人的发言赞同时:(1)重复重点，表示认可;(2)进一步解释说明，表示认可;(3)补充其他方式，认同结论。

对别人的发言不赞同或有疑惑时，可以这样做： (1)追问寻求解释，例如，你是怎么得出结论的? 你能解释一下你的想法吗? (2)表示不同意，提出对方的问题或错误，说明自己的想法。

师习惯于出手。但是过了一段时间之后，孩子们的交流技能发展得很好的时候，这就需要老师在恰当的地方果断出手，以提高我们课堂的效率。

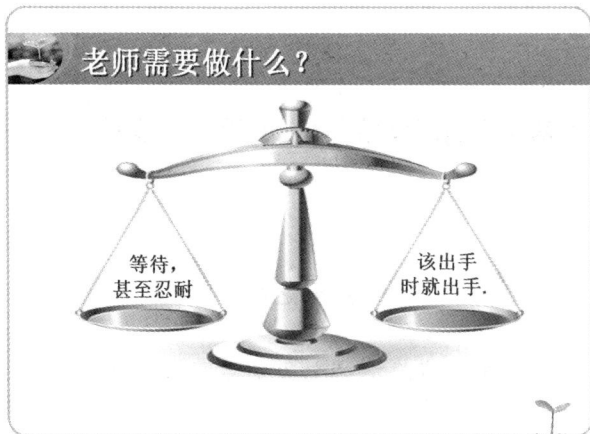

老师需要做什么?

等待，甚至忍耐

该出手时就出手.

我们认为老师出手的地方有两个维度，一个是速度，一个是方向。

速度决定了课堂的节奏、进展，是决定了课堂能不能达标的重要的因素。例如重点、关键、困难的地方，这个时候就要放慢放大，可以通过追问的方式调控速度;如果对于简单的、重复的、浅显的内容，学生总是纠缠，就需要教师站出来纠正、组织。

方向就是保证交流的内容围绕学习内容，不偏离。例如学生争论不休的时候，甚至不清楚在争论什么问题的时候，老师需要澄清问题，指明讨论、分享的方向。还有是思维迂回无法深入地交流，需要教师的点拨，把思维引向深入。

总之，老师需要做的事情，就是小组学习的时候需要去指导，全班在分享的时候去组织；课前需要设计、课后需要诊断，合作学习的课堂还需要教师培养学生的合作技能。

最后，我想用这样一句话作为结束语。今年十一我特别大胆地挑战了一下自己，在柴达木走了 100 公里的路。走路的时候，我写了这么三句话："我们固然被冲刺目标的那一瞬带来的荣耀骄傲和喜悦所吸引，但是我们更被路上的风景所折服……默默的坚定的行走，是最高形式的敬仰，是达到目标的唯一方式。在行走中觉察，在行走中追梦。"

我特别高兴与大家分享，再一次感谢吴老师给我们这次大家交流的机会，也希望在座的有相同意向的老师们和我们一起共同地默默而坚定地行走。谢谢大家。

海淀区"基于合作学习的七一小学课堂变革"现场会发言稿

2015 年 5 月 6 日

变革之路

北京市海淀区七一小学　朱凤书

各位领导、各位来宾：

大家好！今天我以"变革之路"为题，围绕"我们为什么要进行变革""我们经历了怎样的过程"以及"变革给我们带来什么"这三个方面，回顾我们自 2013 年 1 月至今，两年多的变革之路。

"我们为什么要进行变革"

我们变革起因首先来自对课堂现状的不满：秧田式的座位排列在集中学生注意力于教师讲解的同时，也使得教师成为讲台上的主角，"教师问，学生答""教师讲，学生听"成为课堂最主要的活动形式。

变革的起因还来自我们对教育的理解和追求。在参加海淀区"个性化教育"实践研究的过程中，我们对教育的理解和追求不断深入。史静寰教授在培训中介绍了《世界是平的》一书中的观点——世界已经进入全球化3.0时代，这是一个靠创造力取胜的时代。而我们的教育恰恰对于创新人才所具备的能力、志趣、人格、价值观、独立性等更为重要的要素缺乏关注。

带着对教育的美好期望，七一小学教学团队在张建芬校长的支持下，在大学教授、教研人员、科研人员不同方面专家共同指导帮助下，开始了脚踏实地的探索之路。我们从学习者需求出发，将"发现每一个""关注每一个""基于每一个""实现每一个"作为基本理念，努力实现对学生"自主学习"与"学习力提升"的关注，在关注知识目标的同时，特别关注学生会不会学习，愿不愿交流分享，能不能独立思考，有没有好奇心、探究欲望，是否有质疑精神和民主意识……等等创新素养目标，并将这些目标转化为七一小学学生7个核心素养——自立、好奇、宽容、真诚、尊重、热情、合作。

我们的变革选择从教学模式的改变入手，一方面是我们意识到传统的教师中心的教学模式的优化很难从根本上确立学生的中心地位，另一方面，我们看重合作学习教学模式既关注"学业成就"又关注"多元化的包容与接纳"和"社会技能"，是培养未来社会人才核心素养的较好载体。

"我们经历了怎样的过程"

接下来，我和大家分享我们艰难的历程。

变革专家约翰·科特和威廉·布里奇斯研究发现，每个人面对变革都需要经历三个阶段，回顾我们走过的路，特别吻合这样的三个阶段。

第一阶段：我"做"还是"不做"？

2013年2月至2013年7月，是合作学习教学方式变革的第一个学期，学校共有28位教师参与课堂实践，经历了参与式策略培训、合作学习理论培训、共读一本书等一些列准备活动。尽管如此，回到课堂上，老师们仍然不知道怎么做。

我们经历了怎样的过程

崭新开端 — 我做到了

中间地带 — 我应该怎么"做"？

告别过去 — 我"做"还是"不做"？

变革专家约翰·科特和威廉·布里奇斯（William Bridges）研究

七一小学

课堂组织形式的变化，让学生异常兴奋。课堂上学生的"乱"困扰着我们：随便说小话，注意力不集中，对于问题争吵不休，讨论时说无关的话题……。面对这些现象，老师们有的选择了"放弃"，有些教师尝试通过进一步明确个人责任、建立课堂新规则、利用评价等方法进行课堂管理。

当课堂逐渐建立良好的秩序，我们又面临了新问题：开放的课堂带来了学生丰富的学习成果，激发了孩子们强烈的表达愿望，老师们感觉到"我插不上话了""学生说不到我要的重点""每节课都上不完""学生互动时总是说一些细枝末节"……由于等不到学生"有用"发言，老师们开始运用讲授、追问、灌输的方式拉着学生回到教师的思维路径上来，是"先放后牵"地走了形式。当然也有教师开始分析原因、寻找对策。

这个学期虽然有很多老师在过程中放弃了，但是坚持"做"的老师已经对合作学习有了较多的理解，在教学组织形式上形成了一些经验，他们将在以后的研究中发挥重要作用。

第二阶段：我应该怎么做？2013 年 9 月至 2014 年 7 月。

1. 教育理念的理解

第一个学期的艰难实践告诉我们，变革不是一件容易的事情。专家的报告、先进的教育观念虽然能够得到老师们的认可和共鸣，也能够让大家热血沸腾，可是一回到课堂我们关注点永远是"怎么办"（"上不完课怎么办?""后进生不参与怎么办?""学生讲不清楚怎么办?""成绩下降了怎么办?"）。这些担心一方面是因为缺少有效的策略，更重要的是没有达成教育观念的认同。针对这一普遍现象，我们于 2014 年 1 月组织全体教师就什么是"教学质量"展开讨论会。通过各个小组观点的碰撞，老师们逐渐发现争论的焦点在于"考试分数"是否等于"教学质量"。由于考试成绩的可测性，其它质量的不可测性，长期以来我们更多看重分数，轻视其他。也逐渐认识到，教育变革的目的是使得目标的重心适当向"其它"偏移。

2. 研究课做载体，形成"专家"教师

在这一阶段，研究课是最重要的载体。这是 2013 年 9—10 月两个月研究课的数量为 80 节，每个学期都超过 100 节次。教师集体投入时间和精力共同确定教学目标、设计教学活动，预设教学设计带来的有可能的学生认知路径和互动方式，在不同班级中不断地实践和修正。听课分享已经不仅仅是某个学科内部的事情，不同学科教师的交流密切频繁。

在这个阶段，学校要特别注意及时发现教师的好经验、好做法，及时进行分享，让教师成为"专家"。例如，2013 年 9 月，史小宁、罗长红两位教师进行开学前合作学习操作策略分享式培训；2014 年 4 月，高强老师思维导图培训；学校组织的阶段性策略分享，"专家"被邀请到其他组介绍经验；优秀小组被邀请到其他班级上课，小组长到前期开展合作学习的班级"观摩"；优秀录像课师生共同学习等，学校有很多老师被邀请到外地、外区及本区的学校进行策略分享。教师作为"专家"进行的培训深受教师的喜爱。

这个阶段涉及教师范围广，学科多，课堂展示频繁，教师所处的阶段复杂，一些先期研究的教师和很多后续参与的教师一起成为课堂实践的先行者。

特别值得说明的是，在这一阶段，我们得到上级领导以及各级教研、科研部门的大力支持和鼓励，并提供平台促进学校研究的深入。

3. 具体策略的探索

行动层面上的探究是老师们最关心的内容。面对层出不穷的问题，我们很难找到成熟的经验可以借鉴。在寻找策略的过程中，我们逐渐找到一个解决问题的基本原则，那就是"将问题退还给学生"。例如：

学生方法太多了怎么办？（七一小学五年级数学组）

教学内容过多，运用小组合作学习模式教学任务难以完成。在课堂上学生的想法多样、丰富，如果一一展示时间不够，不展示又觉得可惜，经常出现讲不完课的现象。

对策：小组录像，现场指导如何选择资源形成小组成果。"分类后说""对比着说""选择（共同的、争议的、意外的、错误的）着说"，提升学生对于信息和资源的处理能力。将解决问题的方法交还给学生，这一过程既是解决问题的过程，也是学生自我发展的过程，更是教师将"关注学生"的理念转化为行动的过程。

如何设计好的活动？（数学教师王长弟）

活动设计是合作学习课堂的核心，好的活动设计能够促进学生的个性化学习，从而产生丰富的资源，以此支撑同学间的交流与互动，从而推动课堂学习的深入丰富，进而达成教与学的目标。然而在教学实践中我们发现，有些活动，学生学习的方法途径大同小异，造成小组交流时资源单一、匮乏，学生间的交流无趣。怎样设计活动，才能使分享交流资源丰富多样呢？

对策：这种问题主要依靠教师解决，在针对我们实践过的成功的与不成功的课例，我们逐渐总结出一些策略——"变解决为解读""增加学习材料""收集资源聚焦""分享学习目标"等策略。

第三阶段崭新开端（我做到了……），2014年9月至今。

这个阶段的数学课堂和教师呈现以下特点：

1. 灵活的教学模式。（模式与资源）

2. 考虑学生的利益和需求，并因此而改变。

3. 开始寻找新的发展点。

不敢说我们已经达到这个阶段，但是的确有一些教师已经做到了，他们开始不满足于原有的变革行为，开始尝试新的变革。

如果说第一阶段更多需要外部研究人员的影响和先进教育理念的培训，第二阶段更多需要教师团队的实践探索，那么第三阶段更多需要教师的学习、反思和发挥影响力。

变革给我们带来了什么？

1. 丰富了我们对合作学习的认识

最初，我们依据合作学习的定义，理解到的合作学习是：分工与协作共同完成任务；是运用小组的教学模式；是积极互赖和小组责任……

现在，老师眼中的合作学习是一种充满关爱、尊重、接纳的生活；是学生学习的自然状态；是对学生学习的适当支持；是学生之间，学生与教师、材料的对话……

2. 初步建立了合作学习的课堂

（1）稳定的教学模式。老师们将 STAD（小组成就区分法）作为主要教学模式，把合作学习稳定化、常规化。

（2）学生的小组技能和个人表达能力得到较快的发展。

（3）教师团队的学习热情和交流分享的意识特别强。"意外""惊喜""遗憾""妙招"成为老师们口中频率最高的词语。

3. 教师教学理念的变化

从关注怎么"教"到关注学生可能会怎么"想"，可能会怎样"做"；从关注学科知识技能到关注学生综合发展；重新思考教师的作用：为学生而改变……

4. 促进了教师学习的发生

观念的碰撞、策略的探索、经验的分享、反思与改进形成了七一小学新的教研模式。

5. 学生综合素养的变化

从关注"我"到关注"你""我""他";

从关注答案的对错到关注想法的合理;

从关注学习成绩到关注综合素养（合作、接纳、包容、尊重、分享、真诚等）……

当然，任何一种教学模式都不是完美的，教师和学生都要保持思维的勤奋，不能让这个模式一成不变。要根据教学内容和教育价值判断选择恰当的教学模式开展学习活动，不能用一种模式的僵化替代另一种模式的僵化。

结束语

"变革之路"是一条没有终点的路，我们可能会不断纠结"做"还是"不做"，可能会不断面临抛弃某些已有的熟悉的经验，探索新的途径和方法，可能会不断追求新的目标。

感谢大家的倾听!

附录2 现场观点

北京市小学数学"减负提质，从变革教与学的方式开始"专题教研活动现场观点

陈向明（北京大学教育学院教授、博士生导师）：

这次活动有一个特别好的定位，不是为了展示成果，而是提供一个素材供大家讨论，因为真实的场景才能激发我们更深层次的思考。我觉得学校领导特别有敢于冒险、敢于挑战自己极限的勇气和魄力，而且将关注课堂教学改革联系到减负，这个定位特别好。今天学校的汇报也让我觉得进步太大了，因为上次汇报的时候我就发现，揭示困惑和具体的问题比较少。但是，这次我们看到学校领导一直在分享自己的困惑，现在还是有一些问题不知道怎么做。

这也是教育的本质所决定的，教育必定会充满悖论：一方面我们成人有自己的预设，希望儿童怎么学习；但是儿童又想自由表达，有自己的个性特点。我们始终处在挣扎之中——预设和生成、开放和聚焦、创造性和规范性——我们时刻生活在这些矛盾和张力之中。

我觉得今天报告的内容特别好，而且报告人特别介绍了一些学习和教学的工具。我觉得我们一线老师特别需要这些工具，像学习单、计时器，还有手势的使用。

另外，今天的课堂也给我很大的震撼。我特别想进到课堂去看孩子们讨论是怎么样的。平时我们很容易老去评价老师，弄得老师很紧张，可能也没有几个人真的愿意来做这么大的示范课，因为大家都看着他。但是，其实小组合作学习更重要的是关注儿童怎么学习，通过我们观察儿童怎么学习，老师自己来想我该怎么调整，而不是直接跟老师说你应该怎么做。因为他看不到十个组的情况，我们其实是增加几百双眼睛帮

老师看到学生的学习状况。

在平时观课时，我发现一些老师联系学生的实际生活不够。而今天，当张老师为学生提供一个糖盒子来学习数学问题时，我发现，我观察的那个小组的一个小孩就说，假如我吃巧克力，巧克力有一块一块的，我切两块就是八块的四分之一，我喝饮料我喝了多少多少就是四分之一。他们会很快地联系实际，儿童的思维就打开了。

这也就涉及到"教学的本质是什么?"的问题。有人说，教学的本质是老师自己发起一些事，然后教师要灵活地回应你自己发起的那些事。今天我听课的时候感觉，需要改变这个定义。教学活动不光是教师发起的，还有儿童自己发起的。教师一放开，等于你的权利就让给孩子了。原来学生排坐，你控制得很好，你觉得我的教学内容都讲到了。但是，你一开放，就会发现你根本控制不了。这个时候，即使是一个好老师，也不可能什么都预先准备好，而是怎么在临场应对学生千奇百怪的、很有个性的反应。这就需要我们老师不仅有非常好的学科知识，而且还要有人际互动的能力，了解儿童的困难到底在哪里，这个困难和学科系统知识是什么关系，这个问题特别复杂。

在观课过程中，我们看到，有的老师有时候好像和学生是拧着的。这说明他们不了解儿童的学习状况。这需要一个过程，不是一两年就能够做到的，需要长时间的磨练。教育是通过人际交往来实现的，教师不能只是把知识和能力运用到课堂，还需要通过很融洽地跟儿童共同思维，往前推进，教师有一个示范和引领的作用。

另外我想说的一点，有关老师们在课后开展的教研活动。刚才老师们的座谈特别具体，提供了很多证据，而且也很客观。以前我很担心，如果讲一些负面的话，是不是会得罪老师。今天我看到老师们都特别坦诚，特别开放，而且讨论的内容和过程都有结构，彼此有分工，老师们也使用了观察表。

其实，我很想了解任课教师的分组标准。比如说，我观察的那个小组有三个男孩、一个女孩。根据日本学者佐藤学的观点，如果一个小组里有三个男孩、一个女孩，配合得还不错；但是如果一个小组里有三个女孩、一个男孩，他发现小组成员内容易产生矛盾，女孩都在争夺男孩的注意。他认为，这好像与人性有关。但是，我最近去瑞典参加一个课例研究研讨会时，有一位来自美国的老师说，她发现上数学课时，如果一个小组内有一个女孩和三个男孩，这个女孩会感觉特别压抑，处于弱势地位。因此，教师需要考虑，选择什么标准进行分组比较合适？不同的课程和不同的学习活动，是否需要不同的分组标准？性别是不是两两最好？

此外，刚才上课时，老师几次下到学生中间游走。我就在想，教师的游走有目的吗？是随便看看，还是谁有困难就帮谁呢？也许，有时候，教师可以有意识地把学习能力比较弱的学生放在一组，在小组活动时，专门去帮那个组。我刚才观察时发现，有一个组到活动最后结束时还没有学到四分之一这个内容。所以，老师怎么知道学生现在是不是明白了呢？是不是可以在小组的桌子上放一些小红旗、小绿旗之类的？如果小组完成了任务，就竖起小绿旗；如果小组有困难，就竖起小红旗。这样教师就可以到插小红旗的小组去提供帮助。这也是一种过程性评价的方法。我们还需要开发一些更加实用的工具，帮助教师及时了解学生的学习状况。

吴正宪（北京教科院基础教育教学研究中心小学数学室主任、特级教师）：

今天北京市小学数学教研室在海淀七一小学与大家以"合作、分享、互动"这样一个主题展开教师研修活动。我们是在教育部、北京市教委提出进一步"减轻学生过重负担"的背景下，提出的这样一个研究专题。研修活动的定位不是教师示范教学的展示，而是就"如何改变学习方式，促进儿童积极主动学习"作一些探讨。我们大家一起走进真实的课堂发现问题、提出问题并请专家和一线教师共同解决教学中的现实问题，从中激发我们更深层次的思考。真正落实"减负"，切实改变教与学的方式，提高教学质量。北京市小学数学研究室领衔的"合作、分享、互动"主题研讨活动，既是落实教育部、北京市教委提出的减负要求，也是践行儿童数学教育的重要途径和方法。七一小学的教师们在教的方式和学的方式的变革上做出了大胆的尝试。

今天朱凤书副校长代表学校以如何开展"合作、分享、互动"的课题汇报反应了近期学校老师们的实践与思考，也提出了一些困惑的问题；二位老师的现场课堂教学让现场的老师们与学生共同经历合作、分享、互动学习过程；特别是七一小学数学教师团队的课后现场研修讨论，给大家带来了重要启发。这是一支善于反思、研究的数学教师团队，老师们在观课研讨的过程当中，从各自不同的观课维度做了对课的反思、评价和研讨。这是教师群体共同反思研修的过程，是一个专业的研究过程，一个科学的研究过程。给我们带来了许多启发和思考，让我们现场的每一位教师与七一小学的师生们一起上"手术台"共同经历了反思研究的过程。在这儿，我非常感谢尊敬的张建芬校长，感谢海淀区小学数学教研室在此作出的引领和努力。课堂教学中我们看到了教师教学状态的改变。刚才这位有20余年教龄的教师"老兵新传"故事告诉我们，过去只凭经验做教育是不够的，要以科学的研究精神进行教育教学研究。骨干教师找到了突破"瓶颈"的路径，就是不断地学习反思。可以说，七一小学的数学教师们在探索"合作、分享、互动"的教学过程当中，职业生命在这里又迸发出新的火花。减轻过重学习负担，提高教学质量，关键是有一支高素质的教师队伍。我走进七一小学多次，深深地为建芬校长的这样一种办学理念和学校教师这样一种专业的研究态度而感动。

我认为，当今儿童学习数学面临的最大问题在于，他们感受不到数学学习的快乐，缺少学习的自信。我们大人们常常以成人的眼光审视严谨、系统的数学，并以自己多年来习惯了的方式将数学"成人化"地呈现在孩子们的面前，对孩子的奇思妙想、异想天开并不在意，还忽视了儿童的心理特点和已有的数学活动经验。作为一名教师有责任让儿童享受充满活力的课堂生活，让每一位儿童都能获得良好的数学教育。我们在"合作、分享、互动"的课堂里尊重每一位儿童，在一种轻松、愉悦、思维碰撞的智慧课堂中获得学习的自主，发展儿童的学习能力。我有几点学习体会与大家分享。

1."合作、分享、互动"的研究旨在激发并挖掘每个儿童的学习潜能，让他们的思维能够外显，将自己个性化的想法能够和同伴分享，把一个人的精彩变成大家的智慧，把一个人的问题变成大家的学习资源。体现了儿童是学习的主人，让儿童在倾听、交流、互动、分享的过程中获得综合素养的提升。今天二位老师都给足了孩子们比较充分的独立思考时间和小组讨论的时间。老师耐心地倾听，不断地点拨，让每一位学生都能在轻松、愉悦、思维碰撞的这样智慧的课堂中获得学习的自主，发展学生的学习能力。

2."合作、分享、互动"的研究旨在进一步唤醒教师的职业热情，走出职业倦怠。改变自己习惯了的教学行为，改变教学方法，为儿童创设良好的学习环境，让教师在一点点的改变中获得了专业自信，提升研究品位。从与老师们的访谈中，我们看到七一小学的新教师有了研究和思考的方向，有经验的老教师也不仅仅停留在经验层面，而是在自己的职业生涯中又添上新的色彩，大家研究的氛围更浓了，他们教学改革的探索更加自觉，并焕发出新的教学生机。

3."合作、分享、互动"的研究旨在促进教师的专业发展。儿童是数学学习的主人，教师是数学学习的组织者、引导者与合作者。教师在课堂教学中如何面对孩子的差异？如何处理预设与生成的关系？如何利用课堂资源？学生不同纬度的解读、不确定的答案等等都给课堂上的调控带来了挑战。教师的实践智慧在课堂中逐步体现，教学机智在具体的教育教学场景中得到磨练。今天我想从教研方式的转变，大家看到了教与学方式的改变，是需要一个过程，即问题、思考、互动、分享。课堂里的问题不仅仅是老师发出去的，更多的是孩子们在课堂里产生的新思考、新困惑、新疑问。有了这些问题学生开始独立思考，小组讨论，有效地促进学生的积极思考。

我建议进一步推动小组合作学习，多给学生合作、交流、分享的实践和机会，真正构建以生为本的生态智慧课堂。有效的课堂教学不是把知识经验从外部装到学生的头脑中，而是引导学生从原有知识经验出发，建构起新的知识经验。因此我建议要加强对学生倾听、合作、交流、分享的技能培养。要引导学生分享合作成功小组的经验，发现自己小组的不足，提高小组合作学习的实效性。我建议进一步关注合作学习的本质。学习形式是为教学内容服务的，有了好的教与学的方式，更重要的是如何把提升学生的数学核心素养，落实《课标》（2011 版）提出的"四基""四能"。注重学生的实际需求，关注学生的认知发展水平、学生的思维的发展进程，尊重学生的学习感受，强调积累活动经验和思考的经验，强调在学习知识的过程中获得基本的数学思想。这方面还需要进一步探索与提升。

王振全（清华大学博士）：

七一小学这一颗种子，我们看着它开花，三年前来到七一小学是惊奇有这么所好学校，三年中，在这个过程中，每天都会发现惊奇。今天感觉到整个就是震撼，这个震撼主要来自于一些问题的思考，老师们提到了很多的问题，为什么我们发现合作学习之后，我们会谈到自主的问题，没有充分的自主哪里有合作。在这个过程当中，我们看到了一些非常好的问题，譬如说像学习单这个要素。什么是学习单？学习单简单地讲就是把问题任务化，任务活动化，活动思维化。学习单包括两条主线，一条是学科线，一条是学生线，二线归一就是一条教学的主线。包括教师的干预，可能我把它定义为教学位或者学习位，就是在我们新型的教学方式转换下，老师的位置应该在哪里。40 分钟也罢，30 分钟也罢，你在哪里定位你的点。就像你引导学生去爬山，你指方向就可以了，学生爬山，你在每一个山脚处、在拐弯处给学生提供方向标记，还是在山顶举着一面旗帜激励大家一起登山。老师的教学位非常重要，

360 度课堂学生的思维在哪里，我们老师的位置就应该在哪里。

今天很多话题非常有意思，而且是非常的深入。这也是我经常跟老师们交流，包括我们提出了一些教学必须要有个大框架，胖问题，但是七一非常厉害，它把这个大框架搞成七一小学的大空间。

首先是育人目标上。你们今天合作学习作为我们所倡导的就是自主学习的大空间、探索学习的大问题，以及合作学习的组单位，还有有效工具的学习单等等这些方面的育人目标。我们过去讲育人目标就是知识，知识到位、能力到位，我们对三个目标的理解就是教学目标。现在改进了学习目标，我们提学习目标不提教学目标，或者从另一个方面提教学目标，但是我们今天更强调的是发展目标。这三个目标其实要从教学目标转向学习目标，乃至于发展目标。老师们感觉到自己上这个课为什么讲不完，老师讲是不是更容易让学生理解呢？如果让学生学习是不是耽误时间？你到底要教给学生什么？你是要把你这些知识教完，还是为了发展他的思维，发展他的基本学习能力？如果是基本学习能力的话，你耽误什么了呢？我们要把育人的目标进行转变，从育人目标进行逆向升级，然后再考虑我们的学习目标到教学目标。这个过程当中一个是育人，第二就是适合学生。在整个合作学习过程当中，我们有一些基本的理论包括我们的孩子就是一部教育史，你怎么样去承建他。今天我们孩子的自信，孩子的表达，孩子的个性怎么出来，就是在七一这片土壤上发芽的，包括我们每个孩子都要看成一个独特的天才，学生是第一教学资源，学习需要是教育的起点，以学的方式去教，这些我们作为整个课堂信心建构秩序性的准则。

再看我们的专业化教学，今天我们这堂课非常的专业，几年前我来海淀谈到合作学习，很多学校的校长就说我们搞过了。为什么七一能搞成，我感觉到这里面就是一个专业性，合作学习与学科属性紧密结合，数学课我明显的看到它不仅是合作学习，可能也是基于问题的学习。它与学生的个性相结合，与学生的小组机制相结合等等若干的科学化、专业化的设置让整个的流程建立在规范性的基础上，于是我们这个课堂的真诚效应就发生了。我把它题解为十六个字：全脑互连，协同表征，思维建构，渗透学习。我们开始是自由表达，接着是规范性表达，最后个性化表达，创造性的表达。数学带着例证表达，英语带着句型表达，语文带着阅读表达等等，我们对一系列的细节问题进行专业化的设计和研讨。

七一小学承办北京市小学数学 "合作互动分享" 专题教研活动现场观点

2015 年 1 月 3 日

王振惠（海淀区教委基础教育一科）：

2011 版新课标里边提出，要倡导学生自主合作探究。那么，如何能够把这种说法变成自己的想法，并且把这种想法再落实到行动上，变成一个实实在在的做法，真正地用这个做法来促进孩子的发展？我想七一小学以及我们在座的学校团队，正是在研究这样的一个课题。

我非常清晰地记得，2013 年 10 月，我们大家也是在这里研讨小组合作学习。那时候的小组合作，我们感觉还稍显稚嫩。而现在，我们感觉这种合作学习模式真的是比较成熟了，学生已经比较自如地在进行表达，思维非常活跃。那么这种变化源于什么？我想一是七一小学的张建芬校长，她本身就是教数学出身的一位专家，是一位专家型校长。二是七一小学朱凤书、常秀杰这样的一些教学干部；三是我们这个数学团队，这么多优秀的一线教师，一种研究的热情被点燃了，智慧和潜力就在此迸发了；四是这么多专家、学者扎根在学校，长期地一直默默地在引领着、支持着这个项目。五是市区级教研科研部门，尤其是教研中心的吴主任、范博士，这样一些优秀的专家，一直与一线学校干部教师并肩战斗在一起，在合作研究遇到困难的时候进行适时地点拨和指引。

当前，课堂教学在进行着一种观念性的、根本性的变革，即从原来"教得好"，到现在要引领学生"学得好"。原来"教得好"，更多的是关注教师的教学设计、课程、教材的分析与理解是否到位。而现在"学得好"，更多强调的是要看学生的学习兴趣、积极性、主动性，以及各种能力的发展。学生在走进课堂之前是这样一个起点，走出课堂的时候应当有所提高。所以在这个过程中，我们的老师真的是在用他们的智慧，在引领着孩子一步一步往前走。

所以这里面体现了三种观念的变化。

一是学生观。就是我们怎么看待我们的学生。其实学生是一个个活生生的、具有生命力的主体，他们才是学习的主体。教师应是通过设计各种各样的学习活动，让学生得到发展。这样的学生观树立起来之后，教师就会适时地退出去，把舞台让给孩子，所以学生观真的非常重要。其实，在一些课堂上还依然是老师在表演，是学生观没有转变的结果。课堂不是要老师怎么去展示你，而是要看孩子是否在这一节又一节的课堂当中得到成长。

二是教学观。当前有很多很多的教学改革，我们认为这个改革如果不发生在课堂上，那它一定不是真的教学改革。课堂应该成为学生学业进步、思维发展和精神成长的场所。在这样的课堂中，学生应该得到人性的关怀和精神的解放，应该得到对他们生命的尊重。所以我觉得就像张老师那堂课上，很多孩子都在充分地表达他们新的发现、新的创造，我真的觉得这些孩子特别了不起。将来他们走向社会，会有这种创造力，而这种创造力的激发就是靠我们的老师们。教师教学观念发生改变之后，就知道课堂真的不能仅仅是知识的传授，而更应该是关注学生怎么学会的，他在这个学习过程中有什么体验。只有这种具有真实教育意义的学习，才是真正的学习。而我们老师其实更像是助推剂，在这个里面起到一种点拨、引领、助推的作用就可以了。

三是课程观。海淀区有十四所学校在研究课程整合，有学科内部的整合，也有学科间的整合，而七一小学也是这个团队当中的一员。我们之所以致力于研究课程整合，主要是想我们学校的教育一定要从教学向课程来转型。教师应该在主动思考和研究我们应该教什么，我们应该怎么去教，甚至深入地去研究我们为谁而教。教师应该由被动地教教材的内容，变成依据课标去主动地筛选、研究学科的内容。教师只有不再斤斤计较于一两个知识点的得失，才可能站到学科的高度去考虑育人的问题。当我们能够站到育人的高度去思考这个问题的时候，我们的教学研究就不会拘泥于一些方法、技艺，而是会聚焦到课程整体育人的功能，促进学生全面、健康、可持续的发展。所以树立正确的课程观非常重要。

总之，一旦我们所有的干部教师在观念上发生改变，那么课程、教学发生改变是必然的事情。而我们所有的团队成员也一直行走在这条艰辛而又幸福的研究之路上，我想我们一定能够享受到为人师者的专业尊严和生命价值。谢谢大家！

海淀区基于合作学习的七一小学课堂变革现场会现场观点

2015 年 5 月 6 日

严星林（海淀教科所课题管理室主任）：
一、我们看见了一个怎样的课堂？

在课改进行了这么多年，今天我们在七一小学看到了真正体现课改理念的课堂。这是怎样的课堂？我觉得这个课堂它的特点特别突出，是一种学为中心，主动建构，活泼开放的课堂。课堂的氛围是民主、平等、尊重、宽松的，这样营造起来的是一种安全的课堂氛围。在课堂上的主要教学方式或者说学习方式，是以思考、合作和交流几个因素贯穿起来的。因此，课堂的效果也非常显著。我觉得可以概括成这么几个方面：首先是对学生思维训练深刻深入，深度的交流碰撞激烈，参与度高；其次是学生合作能力突出，训练有素；此外学生的表达能力突出，表现出思维的敏捷和逻辑的清晰。

二、这样的课堂有什么样的价值？

这样的课堂，它的价值可以概括为两句话：改变传统课堂过于偏重"知识技能维度"的弊端；定位于"全人"培养和适应未来的"奠基"培养。

具体而言，这个课堂的价值体现在四个方面：（1）首先是独立意识和精神的培养。我们在这课堂上能看到的是批判性思维的培养，质疑精神的激发，好奇心、求知欲的保护。（2）聚焦学科核心知识技能的习得。我们在课堂上没有看见机械的训练、记忆，也没有琐碎的讲解分析，它是聚焦在学科的本质和学科的素养，选择了"大问题"支撑整个课堂结构，聚焦关键知识技能。（3）关注社会化技能的习得。在课堂上，学生的合作、表达、沟通，甚至辩论都能看到，学生表现出来与人得体交往的素养良好。（4）最后一个我觉得是完善人格的养成。看到我们的学生是积极的，友好的，健康的，坦诚的，阳光的，是正向人格的一种塑造，我觉得这样的课堂有这样的价值。

三、老师是怎样实现这样的课堂的？

第一个首先解决的是学生观的问题。学生是什么？想培养什么？课堂应该是什么样的？定位清楚之后，为自己的课堂风格制定目标，我想要什么样的课堂。

第二点是钻研学科。要深刻地领会学科的本质，学科的素养，不断思考学科在促进人全面发展的独特作用。最基本的要从三维目标的框架，思考学科的独特价值。《丰富应对差异》那本书里面也提到了这样的一个观点，好的课堂应该是师生一起被学科独特的魅力吸引，就是说围绕学科的某一核心概念展开对话、交流、争论，甚至分享。既不是学生中心，也不是教师中心，而是被伟大事物吸引在一起的学习共同体。

第三个方面要实现这样的课堂我觉得是一定熟悉掌握一些课堂教学的技能。比如如何组建学习小组、如何培养学生倾听、如何判断学生学习状态、如何恰当评价与反馈等等。教师们创造出很有效的做法，比如让学生自己讨论组长应该负担什么样的责任、自己制定规则等等。再比如如何培养学生的倾听，你看刚才老师介绍这个策略特别有用，你说如何培养学生的倾听，就两句话，他在说什么，跟我的想法一致吗？你就让学生想这两句话，这就是倾听，他没有讲大概念。

四、学校是如何帮助教师实现专业发展的？

从学校的经验来看，可能有以下的一些做法值得借鉴和推广：首先一定要寻找教师课堂上存在的问题，确定明确的改进目标；其次，要尊重教师差异，教师的主动需求要放在第一位，让一部人先富起来，允许旁观；第三，促成教师研究团队的形成，走合作研究的道路；第四，实实在在开展真研究，及时梳理、提炼和分享实践小策略；第五，要为教师搭建交流平台。在一定程度上说，没有交流就没有研究，也就没有教师的专业发展。

张立军（北京市基础教育研究中心语文室主任、特级教师）：

第一句想说是"一个人走得快，一群人走得更远"。其实这也是在解读我们学校的合作分享式教学所产生的深远意义。过去我们往往在授课的过程当中是一对一，那现在实际上我们把群体学生调动起来，让他们形成一种互动。以往我们面对的是个体生成性资源的再利用，而群体性资源生成很困难，但是今天参加七一小学的活动，我感觉我这个困惑获得了解决，找到了答案。通过这样的一种合作分享的过程，实际上就是在调动的一种群体性资源的生成，让每一个学生都参与进来。所以我说一个人走得快，一群人走得远。

第二句是"老师管住嘴，学生迈开腿"。过去好像我们正好颠倒，教师在课堂上主说，没有学生行动的过程。现在我们换了一种观念，使学生动起来，感官动起来了，肢体动起来了，思维动起来了，语言动起来了，情感动起来了。

第三句话就是"给学生一个支点，他可以撬动地球"。合作、分享的教学过程需要给学生提供一个支点。这种支点可以是一个活动，也可以是一个问题或者话题，这个话题就成为了撬动学生这节课走下去的一个支点，这种支点就让学生启动思考，打开话匣子，让学生有了探究的空间，有了思维碰撞的机会，有了分享交流的资源。课标上说自主合作探究，但是有些问题没有探究价值，今天在七一的课堂上，我看到了学生自主、合作、探究的状态。

第四句话是除了有这个支点，可能会提供一些途径，也就是方法的指导，要让这一群人走在有风景的路上。

史静寰（清华大学教育学院教授、博士生导师）：

一、个性化教育中的学生

如果把我们个性化教育简简单单理解成个体教育，我们会发现这几乎是不可能。因为这种集体教学的优势很难去用个体化教育的方式去替代的，现在我们也不可能再去回到个体化教育。所以我觉得七一学校《以丰富应对差异》非常典型地体现了个性化教育的理念。今天我们在课堂上看到，老师面对的是一种非常丰富的，当然也有差异的一种群体性的学生，学生的差异性变成了一种丰富性，从而成为非常宝贵的教学资源，也只有"大空间"的活动设计才能够创造这种丰富性所需要的环境。

二、个性化教育中的教师

对学生来讲，其实学生是充满了探索内在需求和潜能的，这对学生而言是与生俱来的，因而学生更容易接受。而我们的学校，我们的教师来说，过去是用我们自己自以为是的一种设计限制了学生的这种潜能。所以在这样的一个教学变革的过程当中，教师绝不是"说得很多"变成了"什么都不说"，洗耳恭听就行了。教师的作用其实是更重要了，刚才是七一的老师讲到了要做理智的等待者、智慧的参与者，我觉得概括得非常好。所谓理智的等待者就是说你的这个空间你要给学生。

但是教师扮演什么样的角色，我想用这么几个词来概括。

一个是唤醒，这也是七一用的词。要唤醒和激活学生内在的那种潜力，就是每个人都存在潜力，只不过他以潜在的形式存在了。优秀的教师应该能够唤醒，能够激活这种潜能。同时怎么样去唤醒和激活，要创设一种丰富的学习环境，甚至包含有效的提问，比如非常有效的活动设计和空间资源的运用，使得学生自动地进入到这种场景当中。

一个是陪伴，一个有效的陪伴，陪伴学生的学习过程，并且在必要的时候要去点拨。所以在刚才七一用的那两个词，叫理智的等待者和智慧的参与者后面，我想还要加一句，叫无形的引领者，就是成人对成长中的人有一种道德上的责任，你要去引领，你要去影响他，而不能完全仅仅是一个随着学生一起走，走到哪算哪。

三、个性化教育中的学校

学校作为一个组织，在这样的一个变革的过程当中，他扮演什么样的角色。我们说学生期待好的老师，好的学校，那么对教师来讲，他的改革的历程本身其实是一个很艰难的过程，所以在老师启动这个改革的时候，或者说在最初，我记得那三个阶段不知道大家还有没有印象，在最初的告别过去的阶段，一个是要引进外部的力量，作为一个既有的组织，特别是学校，相对要滞后社会的发展，而且它自己已经自成体系的组织，它有一种天然的自运行的机制，如果不能引进外部的力量给它足够的刺激，你是很难启动改革的历程。不是我们老师不够优秀，而是必要的时候，我们要打破学校的相对封闭的空间。所以我觉得这是七一做得非常好的一点，就是在早期告别过去的时候，我们来做现状的调查，让老师们意识到，我们一分钟问 2.3 个问题，还是一言堂。但是你问的是什么问题，怎么样去改变这种我们认为已经做得不错的课堂，引进外部的力量非常重要，这是第一个。第二个其实引进外部的力量，你搅乱了学校很容易，外部专家一来，一听你这课上得不怎么样，那个课有什么问题，我觉得专家挑刺的能力是很强的。但怎么样把这种外在的破坏性的力量转变成一个建设性的力量，这是需要学校有非常清晰的一个目标，非常有效的一个组织。所以第二个阶段他谈到了培训教师形成改革的初始的核心的动力。而且我们不要大家齐步走，在这样的静悄悄的教改过程当中，其实最初始之于三五个教师自愿结合的群体，逐渐扩大，逐渐有新的力量，我觉得是一个可能更顺畅的改革的过程。那么第三个就是既使借助专家也好，培训教师也好，你得有清晰的一个改革的目标，所以这个清晰的目标和你的现状之间谁最清楚，老师和这个学校的领导，你们是最清楚的，所以告别过去这个阶段，我觉得这三个要素七一把握得非常好。

所谓中间地带的时候就是真正启动这个改革难，但是其实启动了改革以后，改革的第一个阶段是更难的，因为课堂会变乱，老师会从会教到不会教，从很自信到不自信，甚至会质疑我为什么要这样做，我这个得不偿失吧，会用各种各样实际存在的问题来干扰自己继续走下去的决心，在这个时候学校扮演的角色绝对是至关重要的。所以我们说学校必须有冷静的判断，这个判断就是课堂乱了，这个乱就一定是坏事吗？所以我不知道还有没有印象，其实七一在这个时候它没有讨论乱的问题，它讨论了什么问题？质量标准的问题，到底什么是教育的质量。所以乱和不乱它的标准如果发生了变化，你就会重新去思考新型的课堂教学，我们不熟悉的教学，这样的课堂教学我们是不是要重新地思考。所以对这个冷静地判断，它就表现出学校管理者的这样一种能力。

最后我想说个性化教育它不但激活学生的活力，它激活了教师的职业尊严、职业活力，同时激活了学校作为一个可持续的学习共同体，在不同建设和发展的过程当中一种组织的活力。我想这个可能是个性化教育最最重要的，它不仅仅改变学生，它改变教师，改变学校。

后　记

　　站在育人目标的高度看学科目标，引导学生"自主学习""会自信表达""会合作""会交往""会独立行走""感兴趣""树立价值观"等等是我们的教育追求。2013 年 2 月底我们正式开展教学方式的变革——合作学习校本研究，旨在全面落实育人目标。在专家的引领指导下，我们围绕"组建小组""建立课堂新规则""学习活动设计""教师作用"四个方面开展实践研究。

　　在开展合作学习初期，我们以三、四年级中的 8 个班级作为实验班，参与的教师不仅仅是数学教师，而是邀请参与合作学习班级的所有任课教师共同参与，全学科教师参与更有利于实现教师从面对个体到面对小组的转变。老师们开始谨慎而大胆地变革行动，讨论每一个细节；推敲每一个设计，研究每一个孩子，设想每一个可能，期盼每一次分享……前进的路上我们有困惑、有疑问、有争辩、有惊喜、有满足、有遗憾……可以说是团队成员的互相鼓励、智慧实践使得我们步履坚定！是学生的变化和精彩使我们乐此不疲！学习与生命同行，改革与成长相伴，我们执着地坚持，不断地探索，虽然辛苦，却乐在其中！我们的"乐"，来自学生的"乐"。课堂上，孩子们苦思冥想，履行自己对同伴的承诺；讨论中，孩子们真诚交流，奉献自己对团队的热情。争辩时，旁征博引；解释后，心满意足。我们惊叹于孩子思维的缜密，感慨他们对学习的热情与力量。

　　本项课题的研究也成为引领学校、培养教师的一个极好机会。学校许多工作的开展受"小组合作学习"的启示开始变革，班主任培训、家长会、学校总结会等等，"合作分享交流"的活动模式为各项工作注入新的活力！许多老师更是在这次变革中变化、成长、成熟，成为了"专家教师"，应邀到许多学校做专题培训讲座。他们全面关注育人目标，勤学习、爱琢磨、善反思、爱挑战，课堂教学效果明显提升，学生的个性得到张扬、思维得到发展、学习力得到提升！特别是本书的几名著作者和纪金玲、李铁生、陈颖、苏世宽、李云焱、宗雪、朱冠楠、孙红艳、刘畅等数学教师，他们在自己的课堂上进行实践研究，取得了明显的效果，同时，他们还积极撰写案例，为本书的出版贡献了自己的思想和汗水。

　　在两年多的实践研究中，我们体验了北京大学教育学院陈向明教授的"小组合作学习"参与式课程，在具体情境中体验合作学习的本质、要素；我们观摩温思涵博士学习方法指导的合作学习示范课；我们多次聆听清华大学史静寰教授对我校各学科课堂的精心点评；我们在市区教研员的指导下分析教材、积极实践，特别是在我们困惑迷茫时吴正宪老师及她的团队的雪中送碳，我们小有成效时对我们的认可鼓励并为我们搭建展示平台，这些使我们信心倍增。有幸的我们还得到海淀区教委王振惠副科长、海淀教师进修学校支瑶副校长多次的亲临指导和帮助，他们无私地奉献了自己的智慧和力量。整个研究过程，我们不仅领略到各级专家、领导、特级教师的风范和睿智，他们扎实、严谨的工作作风至今历历在目，在此我们向他们表示衷心的感谢！

　　本书能够顺利出版发行，离不开七一小学全体数学老师们辛勤的思考与实践，更离不开北京大学温思涵博士从理论层面对我校教师研究材料进行系统梳理和详细编辑，在高深的理论与实践之间搭建一座桥梁，让老师们的实践研究有了理论的支持。

由于时间仓促，水平有限，本书难免有疏漏和不成熟之处，敬请读者提出宝贵建议。

常秀杰

2015 年 7 月